The Tokyo Imperial University Library System:
the collection, department and faculty

東京帝国大学図書館

図書館システムと蔵書・部局・教員

河村俊太郎
Kawamura Shuntaro

東京大学出版会

The Tokyo Imperial University Library System:
the collection, department and faculty
Shuntaro KAWAMURA
University of Tokyo Press, 2016
ISBN 978-4-13-003600-9

目　次

はじめに

近年、日本の大学図書館は大きな変革を求められている。その原因は数え上げれば枚挙に暇がない。研究の高度化と専門化の進展、電子ジャーナルやインターネットの普及をはじめとする文献のあり方の変化、学生の教育へのよりきめ細かな対応、学内での学生の居場所づくりの必要性、市場原理の導入、地域貢献の要請、人員整理の圧力、……こういったすべてが図書館に対してこれまでのあり方からの変革を様々な角度から求めている。

こういった問題への対応は、機関レポジトリ、ラーニング・コモンズ、図書館運営のアウトソーシングなど様々な形で行われている。だが、本当に「図書館」がこうした対応を行うべきなのだろうか。そうした疑問に答えるためにも、新しい役割に対応した大学図書館像、図書館理論の再考が必要となっている。

大学図書館を扱った図書からも同じことがいえる。大学図書館についての二〇〇〇年代を代表することになる著作『変わりゆく大学図書館』(勁草書房、二〇〇五年)の「はじめに」の中で、著者の逸村と竹内は、一九七六年の『大学図書館』(雄山閣出版)、一九八五年の『大学図書館の運営』(勁草書房)、一九九二年の『大学図書館の管理と運営』(日本図書館協会)といった各時代を画する図書とは違った形のアプローチをとることを宣言している。それは、「大学図書館についての体系的な記述」ではなく、大学図書館が関わるトピックについてそれぞれを解説するというアプローチである(逸村、竹内、二〇〇五、i—ii頁)。これは、『変わりゆく大学図書館』というタイトルが示すように、大学図書館がかつてない大きな変化を経験しているため、体系的な大学図書館論についてのこれまでの記述が通用しなくなりつつあることを彼らが感じていたからだと考えられる。

それでは、図書館論の再構築はいかにして可能なのだろうか。現代の問題に基づいて図書館というものを考え直すべきなのだろうか。もちろんそういったことは必要である。だが、それでは、そこから導き出された「図書館」はもはや図書館とは呼べないのではないか、という問いがついて回る。そのため、それとは別のことが必要ではないだろうか。それは、これまで図書館とはどのようなシステムであったのか、どのような役割を果たしてきたのかなど、大学図書館論のよって立っていたところをもう一度見直すことである。そのよって立っていたところこそ、これまでの大学図書館の歴史である。歴史的蓄積との関連があって初めて、ある組織が成立するのであり、歴史をたどることで、その組織的限界も見えてくる。大学図書館においても同様で、その歴史的蓄積を踏まえた上で論じてこそ、図書館としての有意義な議論がなしうる。だが、これまで大学図書館の歴史的な検討は十分になされてこなかった。その理由の一つは、図書館が図書館という殻に自らを閉じ込め、その中で論を進めてきたことにある。図書館をいったん外部から見て、外部の環境の中に位置づけることが、様々な理由から、図書館史ではなされなかった。その結果、図書館史の射程が狭くなり、十分な検討がなされないまま、新しい状況への対応にのみ追われることになってしまっている。

したがって、もう一度より強固な大学図書館論を構築するためには、図書館をその外側から眺めてみる必要がある。そこで最も重要なのは、大学図書館が所属している大学というシステムである。その中で図書館がどのように捉えられていたのか、これが最初の一歩となる。その際、次の二点を本書では重視していく。

・教員
・部局図書館

まず、教員である。大学の中には学生、管理者、職員、教員といった様々な視点を持つアクターたちがいる。その中で、本書は教員という視点から検討を行う。教員は、学生に比べて数こそ少ないが、学生が数年で大学を去っていくのに対して、長ければ数十年大学に在籍し、大学図書館の蔵書やサービスを利用する時間に十分に恵まれている。また管理者や職員と異なり、研究や教育において蔵書を使用できる立場にあったため、大学図書館の主たる利用対象者である。そして後に見るように、特に帝国大学では、大学および大学図書館の運営の中で大きな決定権を教員は保有していた。したがって、教員にとっての図書館を検討することは、大学の中で図書館がどのように位置づけられていたのかについて利用と運営両者の立場から明らかにすることになる。

そして、図書館が扱ってきた図書は、日本では、学問において歴史的に特権的な地位を得ていたメディアであった。他のメディアと比べた際に図書が情報の伝達力と保存力に優れており、学問の知識を伝達する中心的な立場にあった点と、西洋の学問を輸入し、その図書を翻訳することが中心的な価値であったという日本の学問特有の性質の二つからそれは起きている。図書が有するこういった特権から、それを扱う図書館は、利用者であり管理者である教員にとって二つの役割を持っていた。一つは、蔵書という形で自身の知識を表現し、さらにはセレンディピティ（偶然の発見）といった形で蔵書から新しい知見を受けるという、知識の基礎としての役割である。もう一つは、図書館にある図書の内容までが、少なくとも公的にアクセスできる範囲の知識となるという、知識の限界としての役割である。

もう一点本書で注目するのが、部局図書館である。特に旧帝国大学では多くの部局図書館が存在したが、大学図書館というよりも部局に属していたと考えられていたためかあまり研究の対象とされず、そのため、部局図書館と大学の中央図書館との関係を含めた図書館システムの全体像は、特に大学図書館の初期である第二次世界大戦前（以下、戦前）については、あまり明らかにされてこなかった。だが、部局図書館は大学内に存在し、後に見るように中央図書館よりも部局と深い関係を持っていた。そのため、構成員の帰属意識が、大学全体よりも部局に対して特に強い旧帝国大学に関しては、むしろ部局図書館を中心に考える必要がある。教員にとっても、部局図書館が最も身近な図書館であり、大学内での公的な最小の知識の基盤と限界となっている。そして、図書館システムは、大学内での公的な最も大きな単位での知識の基盤と限界を表しており、中央図書館だけでなくこの両者を検討することなしには、大学の中での図書館の位置づけを明らかにすることはできない。

こうして、中央図書館とは異なる部局図書館という組織を含めた図書館システム全体の検討を通して、大学の構成員である教員の知識の基盤と限界としての図書館を捉え直すことが一つの視点として成立する。

目的

以上の問題意識を受けて、本書では以下の点を明らかにする。

・東京帝国大学の教員にとって大学図書館システム、特にその蔵書はどのような存在であったか。

本書では、最も多くの大学教員を輩出し、大きな影響力を持つモデルであった東京帝国大学の図書館システムを検討することによって、日本の大学における図書館システムの原型の一つを明らかにしていく(1)。

東京帝国大学は、図書館を含め大学全体が分散的な組織形態をとってきたことが大きな特徴であり、これは当時の帝国大学において一定のモデルとして採用されていた。この分散的な組織形態や扱う学問の特性によって生じた部局ごとの図書館運営の多様性と、それらを図書館システムという一つのシステムの中で調整、統合していこうとする中央図書館との対立、妥協、協調などといった部局と中央との関係の一類型を示し、そこから図書館システム、さらには大学システムとはどのような存在であったのかを本書では明らかにする。そして、図書の持つ学問における特別な地位によって、図書館システムの検討は、大学の教員の知識の公的な基盤について明らかにすることとなる。こうして本書は、図書館史研究だけでなく、高等教育史、さらには学問史や科学史研究に対しても大きな貢献を果たすものとなる。

本書における図書館システムと大学システムを定義する。図書館システムは、大学内のただ一つの図書館ではなく、中央図書館と各部局の図書館全体からなるシステム全体を指す言葉と定義する。同様に大学システムも、ただ一つの意志を持つ大学ではなく、図書館システムや様々な部局からなるシステム全体を指すものとする。

また、各図書館の運営についての検討をする際には、その蔵書に注目する。近代の大学の目的としては、大きく分けて教育と研究があり、大学を補助する大学図書館も教育補助機能と研究補助機能がある。図書館は現在ではレファレンスサービス（情報や資料への質問に回答するサービス）をはじめ様々なサービスを行っている。蔵書だけではなく、これらのサービスによって図書館の機能は定義される。

そして、ＩＬＬ（図書館間の相互貸借サービス）などを用いれば、究極的にはすべての図書が手に入れられる。だが、本書では、図書館の利用者であるだけでなく管理者でもあった教員にとっての知識の基盤と限界として図書館を見ていくため、そこに置かれている蔵書のみに着目する。したがって、ＩＬＬで手に入る図書についてはその知識の基盤と限界の外にあるものと見なし、図書館のサービスはあくまでその図書館にある蔵書の延長線上にあるものにすぎないとする。さらに、研究室図書室など小さな部局図書館は、専門的な司書などの配置はなく、助手などの教員が事務を行っているという状態であり、利用規則すらも明文化されていなかった。そのため、現在の大学図書館の専門的なサービスであるレファレンスなどはほとんど行われる余地がなかった。

そこで、教員の知識の基盤と限界として図書館を捉えるため、また、利用規則や専門職員を持たない図書館も含むすべての図書館を一つの図書館システムの中の単位として共通のレベルで考えるため、すべての図書館に共通していた、どのような蔵書を揃えていたか、という側面から図書館の果たしうる教育補助機能と研究補助機能について主に定義する。

対象

東京帝国大学の中央図書館に留まらず、部局図書館をも対象として本書は検討していく。対象とする時期は、日本において現代まで引き継がれている学問が主に海外からの輸入によって形成され、大学と大学図書館システムが形成された戦前期である。具体的には、部局図書館の最小単位である研究室が各学部に創設された一九〇〇年頃から、太平洋戦争の影響が大学制度の面においても学問の面においても色濃くなり、通常の学問活動の維持が困難になった一九四一年までを範囲とする。

東京帝国大学の部局、特に研究と教育の中心である学部は一九四一年には七つあり、いくつかの学部にはさらにその中に一〇を超える部局図書館としての研究室図書室があった。本書では、その中から二つを対象とする。すなわち、文学部心理学研究室図書室と経済学部図書室である。この二つを対象として選択した理由は、第1章で詳しく述べるが、この二つが部局図書館の二つの典型的なパターンを代表しているからである。

研究室は大学制度上では明確に位置づけられていない。その代わりに大学内の最小単位としては、講座と学科がある。講座は教授、助教授、助手といった教員がここに所属し、その俸給と結びついている。この組織の下、研究や、学生への教育を行う。学科は講座とほぼ重なり、学生が公式に属する組織であり、単位の取得法や卒業規定といった学科課程、授与される学位などはここへの所属で決まる。研究室はこの両者と深く結びついており、半ば同じ意味で用いられている場合もあるほど、曖昧な定義であることが多い。だが、後述するように、学科と講座の間には多少のズレがある。そのため、研究室がどの学科、講座に属しているのかを検討する必要がある。

そこで、本書における研究室について定義する。研究室には、大まかにいって以下の二つの定義がある。文学部を例に見てみる。

専修課程は教員（教授、助教授、助手、外国人教師）と学生（大学院生、学部学生、研究生）によって構成されます。厳密にいえば、学部（文学部）と大学院（人文社会系研究科）は別組織ですが、文学部の各専修課程は大学院の各専攻と不可分の関係にあるので、この両者をひっくるめた、いわゆる研究室ということばが広く使われています。（中略）研究室ということばにはもう一つ別の意味があって、それは文字どおり、それぞれの専修課程に属する教員と学生がともに研究を進める部屋を指します（東京大学文学部・大学院人文社会研究科概要）。

一つめの定義は、教員と学生の両者が属する組織、すなわち講座と学科の合わさった組織である。二つめの定義は、物理的な部屋としての組織である。さらに、両者の定義を併せ持った以下のような定義もある。

教官［教員――引用者注］は勿論、学生を出入りさせて研究を指導する常置機関（東京大学文学部社会学研究室開室五十周年記念事業実行委員会、一九五四、一〇頁）

専門を同じくする教授、助手、学生等が一堂に会し、専攻分野の図書その他の設備を整えた環境の中で、研究、教育等の活動を行うもの（東京大学百年史編集委員会、一九八六、七〇三―七〇四）

本書では、この部屋としての研究室を中心とした教員（講座）と学生（学科）が一緒になって研究、教育を行う機関、組織として研究室を定義する。(2)

先行研究

以上の背景を踏まえると、本書の先行研究としては、主に三つの分野があげられる。大学図書館史、高等教育史、科学史・学問史である。

大学図書館史

まず、大学図書館一般が戦前にどのように論じられてきたのかについて見ていく。岩猿（一九九八）の研究によると、当時、小野（一九三七）を除いては日本の大学図書館について本格的に扱った研究はほぼなかった。戦前の図書館についての第二次世界大戦後（以下、戦後）の歴史的な研究としては、岩猿の研究以外には、阪田（一九八八、一九八九）などがあげられる。

次に、東京大学の大学図書館を対象とした研究を見ていくと、まず、東京大学の正史である『東京大学百年史』（東京大学百年史編集委員会、一九八七）、『東京帝国大学五十年史』（東京帝国大学、一九三二a、一九三二b）、『東京帝国大学学術大観』（東京帝国大学、一九四二a）の中の一項において扱われている。この中では東京帝国大学、さらにはその前身である蕃書調所時代からの東京大学における大学図書館の歴史について、東京大学に現在残されている利用規則、分類目録といった一次資料を中心にして述べられている。

東京大学図書館についての戦前における歴史的検討は、東京大学の正史以外でもいくつかの研究が行われている。高野（二〇〇六）は明治初期の東京大学の図書館について、一次資料を中心に実証的な研究を行っている。この研究では、大学南校時代から東京帝国大学になるまでの東京大学の図書館の歴史を、東京大学法理文学部系列の図書館に焦点を当て、分類目録や利用規則、校内での図書館の位置、他の図書館との併合などを中心にその変遷を述べている。附属図書館の司書であった薄（一九八六）は、薄自身の記憶と一次資料を用いた研究をまとめている。そこでは関東大震災後における附属図書館の復興と、第二次世界大戦中附属図書館の状況が述べられている。

だが、これらの戦前の大学図書館の研究、また部局の問題が重要とされた（文部省、一九五二、一五頁）戦後の研究においても、部局図書館史については少数の例外（例えば、滝沢（一九八八a、一九八八b、一九八八c））を除いてほぼ触れられておらず、中央図書館と部局図書館両者からなる図書館システムの歴史的な展開についての検討はほとんどない。そして、長尾（二〇一四）など数少ない例外を除いて、図書館が大学内の知識の構造を示しているという点は検討されていない。

高等教育史

高等教育史は多くの研究がなされ、それらのレビューも数多くある[3]。それらを踏まえつつ、ここでも、戦前の日本の大学、そして特に東京帝国大学を扱った研究の二つに分けて高等教育史研究について見ていく。

まず、高等教育史において古くから中心となっているのが制度史である。大久保が上代から大学令までの時代の大学やそれに類する組織についての研究を行い（大久保、一九九七）、高等教育史研究の先鞭をつけた。そして、一九七〇年代の大学改革ブームの中で非常に広範な研究が行われた。教育史専攻のものだけでなく、科学史、教育社会学、法制史など学際的な様々な分野の研究者によっても本格的な研究が行われるようになった（伊藤、一九九三、一四八―一五二頁）。一九八〇年代になり、高等教育史が専門化することで「雑多で奔放なアイディアが生まれ、それゆえに熱気やエネルギーに満ちていた状態から、地味で静かな状況へと変化」し、いったんは学際的な性格が薄れたものの

（伊藤、一九九三、一五二―一六四頁）、一九九〇年代以降には再び様々な分野の研究者が参入するようになった（谷本、二〇〇七、八七―八八頁）。

日本の大学制度のモデル論も盛んに論じられている。日本の近代の大学は、他の文物や組織と同様に明治時代に西洋から輸入したものであるか、それがどこから、どのように具体的に輸入されたのかは重要なテーマとなっている。例えば潮木は、東京帝国大学のあり方に対抗しようとした京都帝国大学の挑戦と失敗（潮木、一九九七）、フンボルトがドイツのモデルを創始したのかという検証と、フンボルトが創始したのではないにせよ、そういったドイツのモデルがアメリカや日本へどのように輸入されたか（潮木、二〇〇八）について研究を行っている。また天野も、一八八五年頃までの日本の大学が多様なモデルをどのように摂取しようとしていたのかについての検討を行っている（天野、一九七四）。

東京帝国大学に関する研究としては、先ほどもあげた『東京大学百年史』（東京大学百年史編集委員会、一九八四、一九八五、一九八六、一九八七a、一九八七b、一九八七c）、『東京帝国大学五十年史』（東京帝国大学、一九三二a、一九三二b）、『東京帝国大学学術大観』（東京帝国大学、一九四二a、一九四二b、一九四二c、一九四二d、一九四二e）、この三点が正史として書かれている。『百年史』は一九八〇年前後まで、『五十年史』は一九三〇年前後までの東京大学全体および各部局の通史をたどっており、『学術大観』は一九三〇年前後の東京大学の歴史と学問的な現状を東京大学全体および各部局それぞれに分け、述べている。

東京帝国大学は、日本最初の大学であり、戦前の日本の高等教育史が語られる場合、必ず中心として論じられるため、寺崎（二〇〇七）、中野（一九九九）など他にも多くの研究がなされている。また、竹内（二〇〇一）、遠藤（一九九五）などで、大学全体だけでなく各部局についても、その背景についての研究が進められている。

だが、高等教育史、東京大学史両者において、個別の背景を持つ講座や学部などの単位からなる一つの組織としての大学の運営についての検討はあまり進められていない。そして、図書館に関しては、すでに述べたように正史の中で取り扱われているが、図書館システムからの視点が欠けており、大学全体の中で図書館や図書に代表される知識がどのように位置づけられているのかについてもまとまった研究はない。

学問史・科学史

学問史・科学史的な観点でも、大学についての検討は進められている。その中でも、東京帝国大学は様々な学問の中心であり、多くの研究が東京帝国大学を重点的に取り扱っている。そういった研究としてまずは、帝国大学時代を中心とした開成学校から帝国大学成立までの大学史をまとめた中山の研究があげられる（中山、一九七八）。中山は、帝国大学がどのようにして官界における独占的権威と日本アカデミズムの支配を行ったかを解き明かそうとしており、その前史として開成学校から東京大学時代までの科学史的な位置づけを述べている。

各学問史においても東京帝国大学は取り上げられており、例えば心理学史では、佐藤と溝口（一九九七）、安倍など（一九八八）の日本心理学史の中では必ず登場し、個別の研究室史の研究も、東京帝国大学心理学研究室[4]やその教員は日本の心理学発祥の地であることもあり、佐藤（二〇〇二）、肥田野（一九九八）などによって研究がなされている。特に、大山と佐藤（一九九九）は、購入された実験器具と教員の興味関心との結びつきについての検討を行っている。だが、研究にとって最も一般的なメディアである図書やそれを所蔵する図書室について、そうした実験器具と同様に、知識の基盤であり限界として考えていくという視点は、歴史的な研究ではあまり注目されていない。

以上のように、戦前の図書館システムに焦点を絞った研究、および図書館外の状況、高等教育史、学問史・科学史すべてと関係づけ、図書館をより広い視点から捉えた研究は図書館情報学においては存在せず、検討が遅れている分野であるといわざるをえない。また、高等教育史、学問史・科学史においても講座、研究室、あるいは個々の研究者に注目した研究はいくつか存在しているが、それらと図書館システム、図書を関連づけた研究はほぼ存在していない。また講座や研究室、学部といった部局が集まってできたものとしての大学システムについての検討もあまり進んでいない。だが、図書、そしてそれを扱う図書館は、すでに述べたようにすべての部局と学問に共通する道具、機関であり、それが集まった図書館システムは、大学の知識の基盤であり限界となる重要な存在である。したがって、図書館システムを検討していくことで、講座や学部からなる大学運営の実態について図書という共通の単位で語ることが可能となる。つまり、戦前の東京帝国大学図書館システムについての本書の検討から浮かび上がってくる、教員にとっての図書館は、大学図書館史、高等教育史、学問史・科学史を結びつけ、それぞれの欠けている部分を埋めるものとして重要な役割を果たすものである。

研究の視点

本書における視点は大きく分けて以下の二つである。

・蔵書構成から見た各図書館
・中央と部局の関係から見た図書館システム

まず、第一の視点からの検討は、第2章、第3章、第4章が中心となる。第1章で、東京帝国大学の基本的な図書館システムを概観した上で、第2章、第3章、第4章で心理学研究室図書室、経済学部図書室、附属図書館の個々の図書館の運営に関して、蔵書を中心に検討を行う。

具体的にはそれぞれの図書館について、以下にあげる要素間の影響関係から検討する。

・学問のディシプリン
・部局運営
・教員の経歴、関心
・蔵書構成

まず、学問のディシプリンについては、その部局が専門としている学問、具体的には経済学部ならば経済学、心理学研究室ならば心理学が歴史的にどのような発展をしていったのかについて検討していく。ここから、蔵書構築のための背景として、教員が知りうる研究上の知識についての、上限とその時点における最も「普遍的」とされる内容を明らかにする。これを検討する際には、日本においてその学問がどのように導入され、どのような分野が重視されていったのかとともに、日本の学問は西洋からの輸入学問という傾向が強かったため、西洋の学問の動向も併せて見ていく。ただし、経済学は、国際的な研究者のコミュニティが形成されるのは一九三〇年代まで待たなくてはならなかったため（池尾、一九九四、九頁）、経済学の国際的動向というものをひとくくりにすることは難しい。また、経済学の主な対象は、その国の事象であり、国ごとに固有の問題設定がなされたため、本書では、日本の動向のみを検討の対象とする。また、附属図書館は、特定の学部（学問）には制度上所属していないため、専門とする学問のディシプリンについては検討しない。

二番目に、各部局がどのように図書館の運営を行っていたのかについて検討する。特に、部局全体で一つの運営を行っているのか、あるいは、講座ごと、研究室ごとに独立した運営をしているのか、または、講座や研究室がまとまって運営されているのかに注目する。また、それぞれの部局の図書館がどのような場所に建設され、教員たちとの物理的な距離はどのようなものだったのかについて明らかにしていく。これによって、大学制度の側面と物理的なスペースの側面から見た図書館の「領土」の範囲が浮かび上がる。

三番目に、それぞれの部局の教員、職員にどのような経歴や分野を専攻するものが就任したのかについて、ここでも日本が大学制度を含め西洋から輸入していたことを考慮して、各人の留学先やそこでの修学内容を考慮しつつ、検討していく。これによって、実際に教員が得ていた、または得ようとしていた研究上の知識がどのようなものだったのかについて明らかにしていく。

そして最後に、以上の検討を踏まえて、その図書館の蔵書構成がどのように形成されていったのかについて検討していく。それぞれの図書館について三つの時期に購入された図書を検討し、どのような分野の図書であるのか、どの言語の図書であるのかについて調査し、学問の動向、制度的・物理的な部局の運営、教員や職員の経歴との関係を明らかにする。これによって、各部局の図書館が、その部局の教員の中においてどのように位置づけられていたのか理解できる。また、附属図書館の検討では、心理学研究室と経済学部の二つの部局図書館との蔵書構成の違いを検討することで、どのような図書館として位置づけられていたのかについて明らかにする。

次に、第二の視点として、ここまで検討してきた図書館からなる図書館システムがどのようなものとして教員の中に位置づけられていたのかについて、第5章と第6章で取り上げる。第5章では、各部局の代表者が集まり、図書館についての協議を行った図書館商議会の議論を検討し、第6章では、大学の教員のシステムに対する意識を規定したと考えられるモデルと附属図書館が理想としていたシステムへの意識を規定していたモデルをあげ、それらのモデルを大学と図書館がどのように取り入れようとし、実際の東京帝国大学の運営にどう活かしていったのか、という点から検討する。

その際、特に以下の中央と部局の二つの関係について検討していく。

・中央図書館と部局図書館
・各部局からなる大学と図書館システム

すなわち、中央図書館と部局図書館だけでなく、大学における中央と部局を含む関係である。中央図書館が部局図書館に対して、どの程度コントロールすることができていたのか。コントロールできず部局が独立して行動していたのか。また、特に中央図書館が、大学や各部局とどのような関係にあったのか。そして、それぞれの間でどのような考え方の相違や葛藤があり、それがどのような結果になったのかを見ていく。そこから、図書によって示される東京帝国大学における学問の知識の体系は、一つの中心の下にあったのか、それとも各学問の間で独立していたのか、そして、大学の中で図書の形で公開されている知識を、個人で所蔵するのではなく、一定の範囲の構成員で共有するための図書館がどのような位置に置かれていたのかについて明らかにする。

本書の構成

本書は全6章構成となっている。まず、第1章においては、東京帝国大学の管理制度について取り扱う。システムとして東京帝国大学がどのように形成されていったのか、そしてそのシステムの中での権力関係はどのようなものだったのかについて、図書館において重要な要素である図書の購入と関わる財政制度を中心に検討する。そして、図書館に関わる制度が大学システムの中でどのように形成されたのか検討していく。その上で、第2章以降の布石として、特に学部ごとに部局図書館を見ていき、どのような運営が行われているのか、主にシステムの集中化の度合いという観点から検討していく。

次に第2章から第4章においては、こういった制度の下、各図書館がどのように運営されていたのかについて蔵書を中心に、それを規定する要素との関係から検討し、教員にとってどのように図書館が位置づけられていたのかについて明らかにする。まず、第2章と第3章は部局図書館を取り扱い、その中でも部局図書館として分散的な運営をしていた図書館と、集中的な運営をしていた図書館について、文学部心理学研究室図書室と経済学部図書室をそれぞれ代表的な例として検討を行う。両者の検討では具体的に三つの要素と蔵書の関係を検討していく。まず、心理学と経済学というそれぞれの図書室が扱っている学問の研究動向について取り扱う。次に、部局図書館の制度的および物理的側面の変遷を取り扱う。最後に、教授、助教授の経歴、研究内容を検討する。これらの要素を踏まえた上で、三つの時期について蔵書の量的分析を行い、部局図書館の図書構成がその部局の教員に対してどのような役割を担っていたのかを考察する。第4章では、附属図書館を取り扱う。まず、附属図書館の制度的および物理的側面の変遷を取り扱う。次に、司書官と司書の経歴を検討する。そして、これらの要素に加え、第2章、第3章で検討した部局図書館との関係から、附属図書館が大学の教員にとってどのような役割を担っていたのかについて考察する。

第5章と第6章では、附属図書館と部局図書館、大学と附属図書館の関係から図書館システムについて検討し、教員が図書館システムをどのように位置づけていたのかを明らかにする。まず、第5章では学部と附属図書館が一堂に会する唯一の場所である図書館商議会を検討する。どのような背景の下でそれが成立し、またどのような役割を果たしたのかについて見ていき、図書館システム内での中央と部局、そして図書館システムと大学がどのような関係を構築していたのか考察する。第6章では、大学と附属図書館の関係について、大学と図書館が採用しようとしたシステムのモデルという側面から見ていく。まず、どのようなモデルがあるのか、大学と附属図書館がどのようなモデルを採用しようとしていたのかについて見ていく。次に、こういったモデルと実際の東京帝国大学の図書館システムがどのような関係にあったのか、大学と附属図書館の関係が実際にはどのようなものであったのかについて検討する。最後に、東京帝国大学の図書館システムはどのようなものであったのか、特に教員が自身の学問的知識の中で図書館システムをどのようなものとして位置づけていたのかという視点から本論全体をまとめていく。そして、東京帝国大学および日本の学問の形成の中で、どのように公的な知識の基盤が位置づけられていたのかを明らかにする。

※本書の引用部分における漢字は、旧字は新字に、カタカナの一の字点は元のカタカナに置き換えている。

注

（1）もちろん他の大学、特に私立大学においては予算や立地などの条件において、東京帝国大学と同様の大学図書館の建設は不可能であった。そこから各大学の多様性が生まれ、実態としての各大学図書館は東京帝国大学図書館とはかなり違った形態をとっていたが、その影響は少なからずあったと考えられる。

（2）もう一つ、研究室には教授の大学内における個人的居室という意味もある。東京大学文学部においても今回の定義の中心となる研究室以外にも教授の居室としての研究室が存在している。

だが、今回はこの教員のための部屋ではなく、学生も教員も出入りに一定の自由を与えられた場所を、部屋としての研究室とする。

（3）例えば、寺崎（一九八〇）、谷本（二〇〇二、二〇〇七）、伊藤（一九九三、二〇〇六）、羽田など（二〇〇七）のレビューなどがある。

（4）心理学史の中では、場所としての研究室はしばしば実験室とも呼ばれるが、本書では研究室として統一する。

引用・参照文献

安倍淳吉／恩田彰／黒田正典監修（一九八八）『現代心理学の理論的展開』川島書店
天野郁夫（一九七四）「日本の高等教育発展過程における『モデル』問題」『大学史研究通信』第八巻、四―一六頁
池尾愛子（一九九四）『20世紀の経済学者ネットワーク――日本からみた経済学の展開』有斐閣

逸村裕／竹内比呂也（二〇〇五）「はじめに」『変わりゆく大学図書館』勁草書房、i—iv頁
伊藤彰浩（一九九三）「高等教育史研究の回顧と展望（〈特集〉創立20周年記念——高等教育研究の回顧と展望）」『大学論集』第二二巻、一四五—一六一頁
伊藤彰浩（二〇〇六）「近代日本の高等教育の歴史研究の展開」『大学論集』第三六巻、一四九—一六八頁
岩猿敏生（一九九八）「戦前のわが国における大学図書館研究」『大学図書館研究』第五四号、一—八頁
潮木守一（一九九七）『京都帝国大学の挑戦』講談社学術文庫
潮木守一（二〇〇八）『フンボルト理念の終焉？——現代大学の新次元』東信堂
遠藤潤（一九九五）「文学部神道講座の歴史的変遷」『東京大学史紀要』第一三巻、一—一六頁
大久保利謙（一九九七）『日本の大学』玉川大学出版部
大山正／佐藤達哉（一九九九）「東京大学における心理学古典実験機器について——備品台帳を手がかりとして」『心理学評論』第四二巻第三号、二八九—三一三頁
小野則秋（一九三七）「大学図書館論——我が国大学教育の本質的検討」『図書館研究』第一〇巻第二号、一五九—一六七頁
阪田蓉子（一九八八）「大学中央図書館における対学生サービスの史的変遷——貸出と開架」『図書館学会年報』第三四巻第四号、一七八—一八四頁
阪田蓉子（一九八九）「大学中央図書館における対学生サービスの史的変遷——貸出と開架（下）」『図書館学会年報』第三五巻第一号、一八—三五頁
佐藤達哉／溝口元編（一九九七）『通史日本の心理学』北大路書房
佐藤達哉（二〇〇二）『日本における心理学の受容と展開』北大路書房
薄久代（一九八六）『色のない地球儀——資料・東大図書館物語』同時代社
高野彰（二〇〇六）『帝国大学図書館成立の研究』ゆまに書房
滝沢正順（一九八八a）「工部大学校書房の研究1」『図書館界』第四〇巻第一号、二—一一頁、二三頁
滝沢正順（一九八八b）「工部大学校書房の研究2」『図書館界』第四〇巻第三号、一二〇—一三五頁
滝沢正順（一九八八c）「工部大学校書房の研究3」『図書館界』第四〇巻第四号、一六〇—一六八頁

竹内洋（二〇〇一）『大学という病――東大紛擾と教授群像』中央公論新社
谷本宗生（二〇〇二）「大学史・高等教育史研究の課題と展望〔含大学史・高等教育史研究文献目録〕」『日本教育史研究』第二一号、六七―八四頁
谷本宗生（二〇〇七）「第4章　高等教育史　第2節　日本高等教育史研究の展開」、教育史学会編『教育史研究の最前線』日本図書センター、八四―九〇頁
寺崎昌男（一九八〇）「日本における大学史研究の戦前・戦後（伊藤恒夫教授記念号）」『松山商大論集』第三一巻第四号、七九―九六頁
寺崎昌男（二〇〇七）『東京大学の歴史――大学制度の先駆け』講談社学術文庫
東京大学百年史編集委員会編（一九八四）『東京大学百年史　通史一』東京大学出版会
東京大学百年史編集委員会編（一九八五）『東京大学百年史　通史二』東京大学出版会
東京大学百年史編集委員会編（一九八六）『東京大学百年史　部局史一』東京大学出版会
東京大学百年史編集委員会編（一九八七a）『東京大学百年史　部局史二』東京大学出版会
東京大学百年史編集委員会編（一九八七b）『東京大学百年史　部局史三』東京大学出版会
東京大学百年史編集委員会編（一九八七c）『東京大学百年史　部局史四』東京大学出版会
東京大学文学部社会学研究室開室五十周年記念事業実行委員会（一九五四）『東京大学文学部社会学科沿革七十五年概観』
東京大学文学部・大学院人文社会研究科概要　大学院人文社会系研究科・文学部の仕組み　研究室 http://web.archive.org/web/20090717092152/http://www.l.u-tokyo.ac.jp/outline/kenkyu.html（参照 2016-1-26）
東京帝国大学（一九三二a）『東京帝国大学五十年史上』東京帝国大学
東京帝国大学（一九三二b）『東京帝国大学五十年史下』東京帝国大学
東京帝国大学（一九四二a）『東京帝国大学学術大観　総説　文学部』
東京帝国大学（一九四二b）『東京帝国大学学術大観　法学部　経済学部』
東京帝国大学（一九四二c）『東京帝国大学学術大観　理学部　東京天文台　地震研究所』
東京帝国大学（一九四二d）『東京帝国大学学術大観　農学部　医学部　伝染病研究所』

東京帝国大学（一九四二e）『東京帝国大学学術大観　工学部　航空研究所』
中野実（一九九九）『東京大学物語――まだ君が若かったころ』吉川弘文館
中山茂（一九七八）『帝国大学の誕生』中央公論社
長尾宗典（二〇一四）「明治期における学問編成と図書館」、井田太郎、藤巻和弘編『近代学問の起源と編成』勉誠出版、六二―八三頁
羽田貴史／大塚豊／安原義仁（二〇〇七）「大学史・高等教育史研究の10年（特集　高等教育研究の10年）」『高等教育研究』第一〇巻、三一―五〇頁
肥田野直（一九九八）「わが国の心理学実験室と実験演習――明治中期から昭和初期まで」『心理学評論』第四一巻第三号、三〇七―三三二頁
文部省（一九五二）『国立大学図書館改善要項及びその解説』文部省

第1章　大学制度上の東京帝国大学図書館

はじめに

本章では、東京帝国大学の大学制度と、そこから見た図書館システムについて検討を行う。検討する制度は以下の三つである。

・図書を購入するのに必要な予算を決定する財政制度
・大学内部と図書館の管理制度
・部局図書館の運営

まず、いったいどの機関や組織が図書館の図書の購入主体として関わっていたのかを推測する。特に、図書購入の予算額の決定という量的な面に対する影響力ではなく、どのような図書を購入するかという質的な面で、選書に対する影響力を持っていた主体について検討する。その際、どのような運営システムが東京帝国大学では形成されていたのかについても論じる。そして最後に、次章以降の検討の足がかりとして、どのような組織が図書館の運営主体だったのかについて検討する。

第1節では、三つの財政制度とそれらを補完する役割を担った研究補助費が、部局図書館の図書の質にどの程度影響を与えたのかを概観する。第2節においては、後に述べるように学内において実質的な図書購入主体の決定に関わった、大学全体と図書館の管理制度について検討する。そして第3節で、それらの制度の中で、各部局の図書館システムが、どのような運営をしていたかを検討し、文学部心理学研究室図書室と経済学部図書室が、なぜ、本書で検討するにふさわしい部局図書館であるかについて論じる。

1　図書購入費

本節では、東京帝国大学の予算において、図書購入費がどのように扱われていたか、どのような品目の下に置かれていたのかを当時の大学財政制度から検討する。戦前における大学財政制度の成立・展開過程は、法制度上では五つの期間に区分される（羽田、一九八一、五七頁）。

・一八九〇年の官立学校及図書館会計法による特別会計の導入以前
・一八九〇年の官立学校及図書館会計法による特別会計の導入
・一九〇七年の帝国大学特別会計法による定額制度の導入
・一九二一年の大学特別会計法による改革
・一九四四年の学校特別会計法による再編成

本書では、一八九〇年代から一九四一年までを範囲とするので、一八九〇年以前の官立学校及図書館会計法以前と一九四四年の学校特別会計法成立以後を除いた三つの期間について検討を行う(1)。

（1）官立学校及図書館会計法

最初の期間における法制度は、官立学校及図書館会計法である。これは、一八九〇年に発布され、帝国大学をはじめとする一七の機関(2)が独自の資金を所有し、これを政府支出金、授業料、寄付金と合わせて歳入にすることができると認めたものである。大学独自の資金は貧弱であり、政府資金に歳入の八割近くを頼ることになった（東京大学百年史編集委員会、一九八五、三八頁）とはいえ、帝国大学は特別会計により独自の財源を保有する形態となった。

この法律の成立背景には、大学内外における大学独立案の隆盛がある（東京大学百年史編集委員会、一九八五、二五―二六頁）。外山正一や菊池大麓といった当時の帝国大学教授の署名がされ、政府首脳部にまで提出された『帝国大学独立案私考』や、公式文書の体裁を完備しており、政府部内で公的に成案されたとみられる『帝国大学令改正案』、といった帝国大学独立案が大学の内外で盛んに出され、その多くは大学の財政の独立も訴えていた（寺崎、一九七九、一八六―二二九頁）。また、帝国大学教員から別に出された『帝国大学組織私案』において「天下輿論」となると取り上げられていたように、この問題は当時のジャーナリズムでも、あまり肯定的な形ではないが、大々的に論じられていた（寺崎、一九七九、二一九―二三五頁）。

だがこれらの案の意図するところは、この年から開設される帝国議会の予算議定権からの帝国大学の独立であった。国会開設が決定後、民党は民力休養をスローガンに行政費の節減を主張し、帝国大学に対しても官僚養成という面で行政と密接に結びついていた点を批判していた（東京大学百年史編集委員会、一九八五、二六頁）。そのため、政府や大学関係者は、議会から大学を独立させて、大学予算の削減や廃止を防ぐことを目指した。

このような背景があったため、この法律には、政府からの統制の意図が多分に含まれていた。まず、帝国大学は概算書を文部大臣に進達するのみであり、文部大臣が概算請求権を持つ。そして大学評議会は、法制上においては予算審議権が認められていない。執行過程においても、個々の支出が予算に合致するか否かを認定し仕払命令を発するという大きな権限を持つ仕払命令官の権限は総長のみが持ち、分科大学は財政行政上、低位に置かれていた。これらから、予算における大学、部局の自主性の保障がなかったことがわかる（東京大学百年史編集委員会、一九八五、二九頁）。

そして、決定権、自主性に加え、他の行政機関とは異なる大学の特殊な状況についても考慮されなかった。羽田は、この法律における予算科目について分析を行い、大学と学問が持つ特殊性が、行政機構の一般的計画の中に押し込まれることで、不十分な形でしか考慮されなかったことを指摘している（羽田、一九八一、六七頁）。

これは図書購入費も同様であった。図書購入費は、予算科目の項[3]である「庁費」の中に含まれていた。決定計算書各目明細書において、庁費には備品費、図書および印刷費、筆紙墨文具、消耗品、通信運搬費、標本費、試験費などの目がおかれている。だが、教育研究用と事務用の区別が明確に立てられるのは、一八九五年の科目解疏（予算科目の解説）においてであり、さらに、それでも依然として「庁費」という行政官庁一般の経費に包括されており、立法科目として成立していなかったことを羽田は指摘している（羽田、一九八一、六五頁）。しかも羽田がまとめた予算科目推移を見ていくと（羽田、一九八三、七頁）、一八九六年には、目としての図書および印刷費は消滅してしまっている。図書の費用は、目にせよ、その下位になったにせよ、行政科目として他の項目との相互の流用が大学側にとって可能であったことがわかる。

さらに、後にもう一度触れるように一八九三年に講座制が導入され、専門分化が明確にされたが、これと結びついた研究教育費は成立していない。予算は、おおむね文部省の物品会計規則による規定の個数、もしくは前々年度実費平均額を標準として概算することとなっていた。すなわち、基本的には科目ごとの実績主義であったことを羽田は指摘している（羽田、一九八一、六六頁）。

島は、こういった実情からこの財政制度を「太政官制から内閣制への近代化の外観をよそおいつつ、国会開設にそなえて、皇室財産を蓄積し、特権的官僚制を強化しようとした天皇制絶対主義者の思想」と述べている（島、一九六一、三―四頁）。羽田も、「研究機関としての特殊性が、行政機構の一般的性格の中に押し込められ、不十分な形でしか存在せず、天皇制官僚機構の一部としての性格が濃厚」とし、島の意見に同調している（羽田、一九八一、六七頁）。

（２）　帝国大学特別会計法

次の期間における法制度は帝国大学特別会計法であり、一九〇七年に制定された。この法律によって、東京帝国大学と京都帝国大学には帝国大学特別会計法が適用され、それ以外の官立学校と帝国図書館は学校及図書館特別会計法に一本化された。

この法律の成立には、二つの背景がある。一つは、帝国大学財政は、先述したように特別会計になりながらも、その大部分を政府支出金に頼っており、議会で予算削減の対象になることが多かったことである（東京大学百年史編集委員会、一九八五、三一―三二頁）。次に、日露戦争後、軍事費が拡大し、一九〇四年時点の一般会計予算の八倍となり、大学財政の確保および抑制の必要が生じたことがあげられる（東京大学百年史編集委員会、一九八五、三九頁、羽田、一九八三、一〇―一一頁）。

こうした背景を踏まえて制定された帝国大学特別会計法は、定額支出金制（東京一六七万七三二〇円、京都一〇三万五〇〇〇円）と経理委員会制度が特徴であった。従来では予算決定より前の概算決定の段階で大学側から権利が失われていたが、この法制度では予算編成手続きも内閣の概算決定に拘束されず、概算書は文部大臣を経て議会に提出されることとなった。経費科目も再編され、従来は相互に流用が不可能であった費用である庁費と修繕費、俸給及諸給・傭外国人諸給などをそれぞれ物件費、人件費として、科目の流用を可能とした。さらに外国から図書、実験用材料などを購入する場合には前金払いを認めた。外国から資材を購入する際には前金払いが必須だったので、第三者を介した煩雑な手続きが必要だったのが、これにより解消された。全体として会計制度の弾力化、合理化を行い、大学の自由裁量性を重視している（東京大学百年史編集委員会、一九八五、四〇—五一頁）。

このように、大学側が予算をある程度自由に裁量できるようにはなったが、財政における独立の確保とは必ずしもいえないと、以下の三点から羽田は指摘している。すなわち、小学校に同様の法律が施行されたとき、それは財政の保障よりも抑制のためにつくられたものであったこと、次にこの法律の背景の一つである軍事費の拡大、そしてすでにこの法律が施行される前後から政府からの支出金は定額支出とほぼ同じ額に達していたことである。そして、これらに加え、それ以前からの大学拡張の傾向とを併せて考えると、帝国大学特別会計法は「迫りくる教育財政の削減を、政府支出金額の法定ならびに財政運用の裁量性を賦与する形で克服しようとする試み」であると、羽田は述べている（羽田、一九八三、一〇—一二頁）。さらに、大学に対する研究機関としての特殊性である講座制への考慮はされていないと羽田は指摘している。その理由として、一九〇八年から一九一二年の予算書を検討し、医科大学薬物学第二講座、農科大学農政学経済学第二講座など、講座増の場合でも物件費が増えない例が見られることを指摘している（羽田、一九八三、一三—一四頁）。

さて、それではこの帝国大学特別会計法の下で、図書に関する費目はどうなっていたのだろうか。先述のように経費科目が再編されたので、その結果を再び羽田がまとめたもの（羽田、一九八三、七頁）から見ていく。庁費が目になり、研究教育費科目はさらに下位のカテゴリとなった。その結果、目としての図書購入費はやはり登場していない。図書の費用は、依然として行政科目として他の項目との相互の流用が大学側にとって可能であったことがわかる。しかも、庁費が目となることで行政科目となり、さらに広範な部分に図書購入費を流用できる（あるいは図書購入費をそちらから流用できる）ようになった。ただし、先述のように、海外からの図書の購入は行いやすくなっている。

（３）大学特別会計法

大学特別会計法は、一九二一年に公布された。帝国大学特別会計法制定以後、それまで東京と京都の二つだけだった帝国大学が新たに東北、九州、北海道に設置された。さらに、官立大学として東京商科大学、新潟、岡山、千葉、金沢、長崎に五つの単科大学が設置された。政府は、こうした大学の増加によって帝国大学、官立大学を一丸とする特別会計法を必要とし、この法律が制定された（佐藤、一九六四、四九八―五〇〇頁）。

この法律による大きな変化は基本的になく、定額制が続けられていた（東京大学百年史編集委員会、一九八五、三六九頁）が、この法律が制定される前から定額制には限界がきていた。第一次世界大戦を契機とする大学の拡張、第一次世界大戦の好況による消費者物価の倍増などの経済情勢の急激な変動といった理由により、一九一八年以降、定額支出金は毎年改訂され続けた。また、帝国大学特別会計法下では、本来臨時的な側面を持つ営繕費などの施設整備費も経常歳入から支払われることとなっていた。大学の拡張が進み、経常歳出が増える中での臨時歳出は、定額外政府支出金に頼らざるをえなくなった。このような状態では、定額制の本来の意義は失われてしまったも同然であった（東京大学百年史編集委員会、一九八五、五六―五七頁）。

さらに、当時、大学の自己収入が増加したが、そういった収入は演習林収入、病院収入などの事業的性格を帯びたものであった。もともとの制度上ではこれらも大学全体の収入であり、それぞれの収入を生み出した事業に関係なく支出されるべきであった。だが、大正期にはこの原則が崩れ、これらの収入が生み出された特定の事業に消費される傾向を強く持っていた（東京大学百年史編集委員会、一九八五、三六七頁）。

こういった状況において、大学特別会計法が一九二四年に改正され、定額制が廃止された。そして、東京帝国大学は他の帝国大学と同じ特別会計に一本化された。これは、個別大学の独自性が失われ、予算の編成・配布を文部省の権限下により置くことに他ならず、資金による独立の理念は終焉した(4)（東京大学百年史編集委員会、一九八五、三七三頁）。また、これに前後して講座を単位とする予算算定方式が確立された。この方式は一九一六年の理、工科大学においてなされた講座の増設に物件費を要求するという動きに始まり、その後それが人件費にまで広がるという形で捉えられる(5)。そして、一九二六年に講座の定員が決定され(6)、新設講座だけでなく既存講座も講座単位での予算要求がなされるようになった。ここにおいて学術機関としての大学の講座制が、文部省の段階において考慮されるようになったと、羽田は述べている（羽田、一九八三、一六―二〇頁）。だが、この予算算定方式では講座は実験、非実験といった分類しかなされず、講座の内容にそれ以上深く踏み入ったものではなかった。

図書費も、講座に基づいた算定方式の中に位置づけられていた。この予算算定方式の中では、「実験ヲ要スル講座」（器具・機械・標本と合わせて一五〇〇円）と「実験ヲ要セサル講座」（図書のみで一〇〇〇円）との区別以外では一律であった(7)。大学特別会計法の改正により、大学全体の予算の決定に関しては、政府に決定権を渡してしまったが、一定の額の範囲内とはいえ、大学内、さらには講座内における図書購入の自由が少なくともこの時期には存在していたのではないかとも考えられる。ただし、この予算制度上割り当てられた全額が講座に充てられたのかなどの学内における予算の実際の利用については不明な点も多いので、これについては大学内部の管理制度を検討する必要がある。

研究費補助

大学に対する財政制度において予算はこのように配分されていた。だが、一般的にその額は少額であり、研究を遂行するには不十分な額であることが多い。そこで、研究費の不足を補うのが、各種の補助金助成システムであった。

ここでは、戦前において助成を行った機関、団体の研究費補助の状況を概観する。

明治期には、恒常的・制度的に研究費の補助を行う機関は皆無だったが、大正時代には様々な機関が研究費の補助を行うようになる。これを象徴する出来事として、東北帝国大学の理科大学が研究を重視していることがジャーナリズムに取り上げられるなど、研究重視のイメージが一般の世論の話題として注目されたことを伊藤はあげている（伊藤、一九九二、一〇七頁）。

研究費補助の背景となるのは、大正期においては大きく分けて三つあると伊藤は指摘している。それは、第一次世界大戦、学術研究のスタイルの変化、そして大学の内部における変化である。まず、第一次世界大戦の影響で海外からの工業製品の輸入が止まり、日本は工業技術の自主的な開発に乗り出さざるをえなくなり、科学の自立的発展が求められた。さらに、未曽有の経済成長が起こり、研究に振り分ける資源の余裕ができ、企業による社会貢献思想が登場したことである。二つめの学術研究のスタイルの変化は、特に自然科学において起こった。すなわち、自然科学の一部は「巨大科学」化への道を歩み始め、より多額の資金や設備・人員が研究において必要とされる研究スタイルに移行したということである。そして三つめの大学内部の変化は、帝国大学の規模が拡張し、それに伴い財政規模も巨大化し、その構造の変革が迫られるまでになったということである（伊藤、一九九二、一〇七―一〇八頁）。昭和期に入ると、一時期は不景気下の緊縮財政により、補助は下火になるが、一九三一年の満州事変以降、再び補助が活発となり、「国策」としての学術研究の推進が求められるようになる（伊藤、一九九二、一一五―一一六頁）。この推進は、内閣閣僚の相次ぐ暗殺で軍部が実権を握り、彼らが極端なインフレ政策をとり、主に軍事関係に、国家財政を膨張させていったこと、そして、日本の産業の重化学工業化が進んだことが背景にある（広重、二〇〇二、一四三―一四四頁）。だが、「国策」としての学術研究の推進は、単に国家主義的なものであるだけでなく、「当時の未だ整備の遅れた研究環境を、大きく改善することにも貢献し、研究体制の「近代化」を大いに促進した側面も持っている」ことを伊藤は指摘している（伊藤、一九九二、一一六頁）。

以上のような背景の下、最初に補助を始めたのは、帝国学士院である。帝国学士院は学術研究の発表や紹介、またその補助を行うことを目的として一九〇六年に設立された国家機関であり、学術研究の補助奨励の一環として費用の補助を始めた。補助の開始は、一九〇七年の第一二回総会において、学術研究の補助奨励についての決議が行われてからである。当初は帝国学士院の会員のみが対象であったが、一九一九年からは帝国学士院の会員のみならず、会員の推薦によるものも許可した。さらに、それでは研究費の補助額が増えなかったので、一九二三年からは会員以外にも、官公私立大学総長もしくは学長も推薦者として認められるようになった（日本学士院、一九六二、四三一—四三六頁）。ただし、帝国学士院の研究費補助は様々な寄付金によって資金が確保されていたが、額としても件数としてもかなり小規模であった（伊藤、一九九二、一〇八—一一〇頁）。

次に、政府からの補助として、文部省による科学奨励金が始められた。一九一八年から開始され、補助額は一九一八年度で帝国学士院の約二〇倍である。当初は、官公私立の高等教育機関または研究機関の教授レベルの自然科学の研究者のみが交付対象であった。だが、一九二九年以降は文科系の研究者も対象になり、一九三九年以後は助教授・助手、一九四一年からは師範学校・中等学校教員にも配分資格が与えられ、次々とその補助対象を広げていった。そして、他の制度が整えられた後は、非大学の研究者を対象にしていくこととなる（伊藤、一九九二、一一〇—一一一頁）。

政府の他にも民間財団からの補助金も存在した。東照宮三百年記念会（創設一九一五年）、啓名会（同一九一六年）、原田積善会（同一九二〇年）、斎藤報恩会（同一九二三年）など多数の民間財団が大正時代には設立された。そのそれぞれの詳細には立ち入らないが、(8) 例えば斎藤報恩会は金属材料研究所の低温研究室設置、附属図書館の諸文庫購入など東北帝国大学に多大なる支援を与え、密接な関係を築いていた（東北大学、一九六〇、二五九—二六四頁）。これら民間財団の補助額は、帝国学士院をはるかに超えており、民間からの寄付は当時の大学にとって非常に大きな財源であった。さらに、帝国学士院の財源もその大部分は民間の寄付から成り立っていた（伊藤、一九九二、一一一頁）。

次に始められた研究費補助は一九三二年に創設された日本学術振興会（学振）によるものである。この素地には、一九三〇年頃からの産業合理化を進める動きの中で試験研究機関間の連絡統一を行い、その強化が求められたことがある。だが、これは単なる名目に終わり、緊縮財政の対象に試験研究機関があげられていさえした。より重要なのは、内閣資源局の動きである。資源局は、国家をあげたレベルで軍事目的の動員をかけるための、人的・物的資源の運用に関する事項を統括する組織であり、資源統制運用についての様々な計画、国民総動員のための教化活動、そして科学研究の振行、推進に関しての活動を行っていた。そして、研究者の中でも研究機関間の連絡統一は必要であることが同様に叫ばれていた。こういった動きが合わさって、一方では、研究の合理化を進めるための統一的な中央行政機関の設立が必要とされ、他方では研究費の増大と試験研究機関間の連絡調整の促進のための機関が求められていた（広重、二〇〇二、一四三―一五五頁）。

こうした必要性を受けて学振は設立されたが、その最大の目的は、国家の要求に沿って能率的な研究の動員を可能にするための環境を整備するといった国策としての科学の推進である。一九三〇年代後半に入るとこの方向性はますます加速していくが、伊藤が指摘するように、研究環境の改善にも役立ったという面も見逃すべきではない（伊藤、一九九二）。一九三三年に学振の研究費補助は始まるが、その額は、当時の文部省の科学奨励金と商工省や帝国学士院の補助金の合計の三倍近い（広重、二〇〇二、一六一―一六二頁）。補助金は、総合研究と個人研究に分かれており、前者は学振が組織した共同研究チームを単位として研究費を支給、後者は一般の研究者からの申請を受けてそれを審査して研究費を出した（伊藤、一九九二、一一六頁）。個人研究はほぼ横ばいだったのに対し、総合研究は圧倒的な割合で額が増加している。この総合研究こそが学振の大きな目的であり、様々な試験研究機関が連携して大規模な研究を行い、産業や軍事とそれらの研究を結びつけることが重要視されていた。共同研究チームには、大学、官僚研究機関、陸海軍、企業から委員を集め、研究を実施する際には委員以外からも広く人材を求め、特に複数の分野にわたる研究については、参加者は幅広かった（広重、二〇〇二、一六二―一六四頁）。

そして、戦前の最後に創設された研究費補助が科学研究費である。これは文部省が一九三九年から開始した。初年度は三〇〇万円で、同時期の学振の二倍以上の額を支給し、その後も額は大幅に上昇している。科学研究費では、まず文部省が各研究機関の研究者名、研究テーマ、費用などを調査し、その結果に基づき審査機関が交付先や金額を決定する。多くの場合、同一の研究事項が複数の研究機関に割り当てられており、機関の壁を超えた共同研究の促進が図られた。すなわち、学振の思想をさらに推し進めたものであり、研究者個人の研究ではなく、文部省が決める研究課題を、複数の機関にまたがる共同研究の形で推進しようとする、政府による研究の動員・統制を意図したものであった（伊藤、一九九二、一一七頁）。

以上が戦前の研究費補助の概要であるが、学振からの補助金や科学研究費など昭和期に創設された補助金は研究内容に対する政府の統制が強く、それによって購入される図書もかなり制限された可能性がある。これらの補助金が支給された学問と学部の大部分が自然科学分野である。例えば文部省の科学研究奨励金は、一九二九年まで自然科学系のみが対象であり、学振についてもおよそ一〇パーセント程度しか人文社会系には割り振られていない。戦争や産業に役立つ学問である自然科学への志向が研究費助成の背景にあったことは伊藤の指摘（伊藤、一九九二、一一七頁）する通りである。

2　管理制度

第1節では、東京帝国大学の財政制度から、政府や議会の大学に対する図書購入への影響について主に検討してきた。だが、すでに指摘したようにこの制度では、大学内での実際の配分は詳しくはわからない。なぜならば、羽田が指摘するように、帝国大学においては、しばしば実際の運用過程が法制度の枠組みと異なっていたからである（羽田、一九八三、四―五頁）。例えば、後に触れる大学評議会や教授会ももともとは大学内の慣習的な制度であり、大学管理制度の中には含まれていなかった。財政制度についても、帝国大学特別会計法において予算運用機関として経理委員会が置かれても、実際には経理委員会の前に、予算概算決定に関する学内の会議が置かれていた（東京大学百年史編集委員会、一九八五、五五頁）。

以上のように、制度だけでは捉えられない慣習的な側面が学内での実際の予算配布には作用している。だが、それに関する資料の入手は非常に困難であり、直接の検討は難しい。そこで、この節では、予算配布に特化しない学内管理制度一般について検討し、学内で図書購入に影響を与えうる主体について間接的に推察する。

まずは、戦前の東京帝国大学の管理体制について各部局の成り立ちについて見ていった後、戦前の大学管理制度の雛形となった、井上毅が行った一八九三年の帝国大学令改正を中心とする一連の改革について概観する。次に、図書に対する図書館システムが制度上どのようなものであったのかを概観する。そして、これらを踏まえて、部局レベルの図書購入においてどのような機関や部局が関わっていたかを検討する。

（１）初期の帝国大学管理制度

東京帝国大学は一九四一年の時点では七学部からなり、多くの学部は、様々な種類の学校が合併して設立された。まず東京帝国大学の前身である東京大学が、東京開成学校と東京医学校との合併によって設立されたものであった。そして、法学部、文学部、理学部、医学部の四学部が設置されたが、法文理学部の校舎は神田に、医学部の校舎は本郷に置かれていた。一八八六年の帝国大学令により東京帝国大学が誕生し、学部も本郷にすべて集結するが、この際、工部省の工部大学校が理学部の一部と合併し、工科大学（学部）となり、五分科大学（学部）となる。一八九〇年には、農商務省の東京農林学校を農科大学（学部）として合併、一九一九年に経済学部が法学部から独立し、東京帝国大学は七学部となる。

新しい学部の基となった学校は、東京帝国大学を管轄していた文部省とは異なる省の管轄であったため、制度、規則が大きく異なっており、合併にあたっては反対もあった（東京大学百年史編集委員会、一九八四、九三八―九四八頁）。こういった状況では制度運営を一本化するのは難しく、それぞれの学部による独自の運営を容認する土壌が東京帝国大学にはあったといえる。

このように様々な学校の連合体として成立した東京帝国大学は設立当初、総長、大学評議会へ学内管理の権限を集中させ、それへの文部大臣の支配を図ろうとしていた。この体制を規定した一八八六年の帝国大学令では、まず第一条において「帝国大学ハ国家ノ須要ニ応スル学術技芸ヲ教授シ及其蘊奥ヲ攻究スルヲ以テ目的トス」とあるように、国家に対する大学、学問の従属を規定しており、これは当時の文部大臣森有礼の演説などからも確かめられる(9)（東京大学百年史編集委員会、一九八四、七九七頁）。そして、学内の管理制度は、文部大臣の従属下に大学全体が置かれ、その下で総長と、総長が議長を務める大学評議会に権限が集中された。各分科大学にはこういった合議制の機関は設置されず、総長の命令の範囲内でその分科大学の事務を分科大学長が管理すると、わずかに定められているだけであった（東京大学百年史編集委員会、一九八四、七九九頁）。

寺崎は帝国大学令による大学管理の形態と方法について三つにまとめているが、同様の事実を指摘している（寺崎、一九七九、一二四―一三六頁）。寺崎のまとめた三つの形態と方法の一つめは、総長についてである。総長は、それまでは具体的な職務内容があったのに対し、帝国大学令では、学内に対しては職務の「無限定な拡大」が行われているが、その裏で文部大臣に対しては詳細な報告等の義務が課され、文部省に対する独立性は相対的に低くなっている（寺崎、

一九七九、一二七―一二八頁）。二つめは大学評議会である。それまでは非公式な組織としてあった諮詢会が正式な制度である大学評議会として認められ、また評議員も評議官になり、官職として認められた。だが、諮詢会のときは総理（総長）が評議員を指名していたと考えられるが、評議官は文部大臣による任命になっていた。次に、評議官は各分科大学から教授のみ二名と定められ、総長や分科大学長の裁量の余地は少なくなった。そして諮詢会は各レベル各部局で開けたのに対し、大学評議会は総長および文部大臣に直属し、文部省においても開催されるようになった。以上のような点から、大学評議会は文部大臣と総長の諮問機関であったと寺崎は指摘している（寺崎、一九七九、一二九―一三〇頁）。そして、寺崎のあげた三つめは、帝国大学の管理体系全体の変化である。これは、帝国大学に所属する職員と分科大学に所属する職員の系列を分けたということである。これによって各分科大学の領分は増したが、独立性、自治性が保障されたわけではないと寺崎は指摘している（寺崎、一九七九、一三三―一三四頁）。なぜならば、分科大学長は総長に対して自由裁量を持っていなかったからである。以上のことから、寺崎は、この当時の「帝国大学は、総長―分科大学（長）という職務の系列を通して文部大臣の強い監督下におかれる制度」であったと指摘している（寺崎、一九七九、一三四頁）。

だが、正式な機関として認められていた大学評議会以外にも、非公式の機関ではあったが、分科大学の教授会などが実際は重要な機能を担っているなど（寺崎、一九七九、一五九―一六一頁）、この権限集中体制の推進者であった森有礼の構想とは異なった方向に大学は進んでいた。さらに、この体制確立の中心人物であった森が横死したことによって、この体制は完全な形では実現されず、その後改革されていくこととなる（東京大学百年史編集委員会、一九八四、七九六―八〇一頁）。

（2） 井上毅の改革

帝国大学令改正の担い手となったのは、一八九三年に文部大臣に就任した井上毅であった。井上は、一八九三年三月七日から一八九四年八月二九日に病により辞職するまで第二次伊藤内閣の文部大臣としての任に就いていた。井上の在任時期は一年半程度と短かったが、その期間に様々な教育上の改革を行った[10]。東京帝国大学の改革もその一つである。ここからは、その改革内容を管理制度を中心に概観する。そして、この改革によってどのような主体が図書購入に影響を与えたのかについて検討する。

先述のように、当初の帝国大学令では制度上、大学の管理権限は大学自体にはあまりなかった。だが、「職務規程および学内制規による総長職掌中、教員、学科課程、内規、施設管理等研究と教育の機関としての大学運営の中心的事項にかんしては、議案の整理、準備権者としての総長自身の手によって評議会の審議を経るとの慣行」が成立していった（寺崎、一九七九、一五一―一五二頁）。さらに、少なくとも分科大学の法科大学と医科大学においては、選科生の正科への転入学、大学医院の医科大学からの独立などの議題では、慣行上、教授会が登場しており、他の分科大学にも同様の教授会が存在していた可能性がある（寺崎、一九七九、一五八―一五九頁）。こうした中で、大学評議会のみが大学の自治機関でよいのかという意見も現れた。例えば、各分科大学の専門性を考慮してカリキュラムや試験方法などを決定する自治権を分科大学に付与することを求める意見書が、帝国大学法科大学教授から出された（寺崎、一九八一、一四頁）。また、すでに指摘したように帝国大学が官僚養成に特化していることなど、大学が政府と結びついていることに対する大学外からの強い批判も存在していた。この批判の中で井上に最も影響を与えたものとして、寺崎は帝国大学法科大学生、石川守一の井上への書簡に言及している。この書簡では、大学において能力給が導入されていないことで教員が研究を行わないことの弊害が指摘されている。この書簡の中の文言が後にふれる講座制と結びついた教官俸給令の文言と一致しているところもあることから、寺崎はこの書簡の影響力を高く見ている（寺崎、一九七四a、八五—八六頁）。

井上はこういった意見や慣行をすくいとる形で、帝国大学令の改正等を行い、学内の自治を大幅に認めた。だが、これは、井上が大学自治への共感を持っていたことによるものではない、と寺崎は指摘している。大学の総長や分科大学長の公選制度、分科大学教授会の教員人事権については、高等官の任免権という、条約締結権、陸海軍の統帥権等とならぶ天皇大権の重要な一部だったので、改正された帝国大学令では明文化されなかった。大学自治の是認は、帝国憲法体制の枠内で、より合理的、官僚制的な支配体制を設定するため、という側面から実施された（寺崎、一九六八、二九〇—二九一頁）。

井上の行った大学改革には様々なものがあるが[11]、そのうち本書では管理制度に特に関わる以下の四つを取り上げる。

・大学評議会の改革
・分科大学教授会の創設
・講座制の導入
・教員職務俸制度の創始

まずは大学評議会改革の主要な点として、構成員の呼称・任命手続き・任期の変化と、権限の法令上の明確化・範囲の拡大の二つを寺崎はあげている（寺崎、一九七九、二七一頁）。まず、一つめの構成員に関する改革だが、任命手続きについては、一八九二年の時点で改正が行われていた。構成員が各分科大学教授より二名ずつ選出されるという形から、各分科大学長・法科大学教頭および各分科大学教授より一名ずつ選出されるという形となっており、さらに教授から選出される評議官は各分科大学教授による互選制であった。井上は、この互選制で選ばれた教授の任期を二年から三年に延ばした。また、大学評議会の構成員はこれまで評議「官」と呼ばれ、官職だったが、評議「員」と改められ、大学内部の役職となった。寺崎は、こういった些細な名称の変更も大学の運営を大学側に移すことの一例であると指摘している（寺崎、一九七九、二七一―二七二頁）。二つめは、大学評議会の権限の明確化である。それまでの帝国大学令では大学内の事項が「学科課程ニ関スル事項」と「大学院及分科大学ノ利害ノ銷長ニ関スル事項」の二つしか明文化されていなかったのが、「各分科大学ニ於ケル学科ノ設置廃止ノ件」、「講座ノ種類ニ付諮詢ノ件」、「大学内部ノ制規但勅令又ハ省令ヲ発スルノ必要アルモノハ其ノ建議案」、「学位授与ノ件」、「其ノ他文部大臣又ハ帝国大学総長ヨリ諮詢ノ件」の五つにまで増えた。[12] しかも、「学科課程ニ関スル事項」は分科大学教授会の権限に移ったので、実質的には一つから五つに増えた。そして、これらは新設された講座制に関する規定を除いて、すべて大学評議会の慣行が明文化されたものである。特に、博士学位の授与はそのすべてを大学評議会が取り上げることができるわけではなかったので、実質的に権限は拡大した。これらの大学評議会改革の目的として、役職名変更は政府・官僚から大学への大学運営の委譲、そして互選制や大学評議会の権限拡大は大学の専門性の重視があると、寺崎はまとめている（寺崎、一九七九、二七一―二七四頁）。

次に、分科大学教授会が創設され、明文上の規定を持ったことである。教授会の構成員は、議長としての分科大学長、それに加えて教授職者を原則とするとされた。教授会の権限としては、「分科大学ノ学科課程ニ関スル件」、「学生試験ノ件」、「学位授与資格審査」、「其ノ他文部大臣又ハ帝国大学総長ヨリ諮詢ノ件」の四つが明文化されている。このうち、最初の学科課程に関する事項は、先述のように大学評議会からの権限が委譲されたものである。学位の権限に関しては、大学評議会が最終的な審議を行うが、教授会は資格審査に関わるということではないかと寺崎は指摘している。この分科大学教授会の設立目的として寺崎は、井上の閣議提出案の請議書を引用して、「（教授）各自ノ責任ヲ以テ教務ヲ挙クルノ機会」を与える責任体制の確立を指摘している（寺崎、一九七九、二七六―二七七頁）。

そして、講座制の導入である。各分科大学に講座を置いて、一つの講座には一人の教授を割り当てた。そして、教授に学生への「教授」と「研究指導」を義務づけ、助教授と助手がその補佐を行うことを定めた。この際、教授が欠ける場合は、助教授、嘱託講師も担任することができるとされていた⒀（寺崎、一九七三、五―六頁）。

講座制は、管理面の改革の最後の一つである帝国大学教員の職務俸制とセットで導入された。これは、帝国大学の教員にとって初めての職務俸制であった。それ以前は、他の文部省直轄諸学校や図書館の高官と同じ法令によって、俸給が定められていた。職務俸制により、教授には本俸と職務俸の二つの給料が入ることになった。教授と助教授で差があるとはいえ、講座担任者は一定（本俸の半額またはそれ以上）の俸給を得ることができた（寺崎、一九七三、七頁）。

以上のような概要を持つ講座制が導入された理由と目的はどのようなものであったのか。寺崎は表向きの二つの理由と、背景にもう一つの理由をあげている（寺崎、一九七三、八頁、寺崎、一九七四a、七七頁）。

まず、一つめは、大学内の研究教育の責任体制明確化で、特に教授の専攻責任を強調するためである。例えば法科大学においては国法も司法も国際法もすべて教員同士で持ち回りで担当していた。これでは各学問について責任を持っているとはいえないので、一つの科目に絞って専攻させる必要があった（木村、一八九五、七三―七四頁）という木村の指摘を寺崎は引用している⒁（寺崎、一九七三、八頁）。

二つめは、業績的・能力的な俸給体系を作り上げるためである。当時の帝国大学における教員の俸給は、年功序列の俸給体系となっていて、研究業績や授業時間などを反映しておらず、若手教員はその待遇が相対的に低かった（寺崎、一九七三、八頁）。しかも、公費にせよ私費にせよ海外留学者は、他の官庁に転出してしまうケースが多かった。実際、一八七五―七六年に東京開成学校から留学した学生二一名中、大学に勤務したものは七名程度であり、帝国大学から他の官職へ流れてしまうということが往々にしてあった。そこで、能力給、業績給を導入することで若手の待遇の悪さ、昇進上の障害などを是正することが必要となった。実際にこの俸給体系によって、教員の間の俸給の格差は是正され、特に助教授層の俸給状況が改善された（寺崎、一九七四a、八四—八五頁）。

最後の三つめは、井上の教育政策全体に対する構想と密接に関係がある。井上は、議会における野党の攻勢に対抗するために、大学に限らず、教育政策全体を政府主導の下に置きたいと考えていた。そこで、体系的な学制改革構想に基づく総合的施策を行おうとしていた。その中には、実業教育と普通教育を切り離し、普通教育は尋常中学校までとし、高等中学校は高度専門教育の場とすることを目指す改革案も含まれていた。そして、官吏養成などを目的とした「実学」よりも、「研究」を中心とするアカデミーに帝国大学を改造しようとしていた[15]。そして、井上は、世論の同意を得るための制度の合理化であり、教員に対するアメともなる講座という制度を創設することとした（寺崎、一九七四a、七八—七九頁）。

以上のように、大学評議会の改革、教授会と講座制の設立、教員職務俸制度の創始といった井上の大学管理制度改革は、大学における専門性が重視されていた。そのため、政府に対する大学評議会の自治権、大学評議会に対する教授会の自治権、さらには講座に自治権が一定程度認められるようになった。

帝国大学のアカデミー化は結局実現しなかったが、井上の改革後も管理制度におけるこうした小さな単位の自治は進展していった。一九一四年に起こった沢柳事件[16]において、分科大学の教員任免権が総長の職権に対して勝利をおさめ、人事権でも教授会の優位が認められた。これは京都帝国大学の事件ではあったが、東京帝国大学の法科の教授はこのいきさつに大きく関わっていた（東京大学百年史編集委員会、一九八五、二八六—二八七頁）。

また、一九一九年の大学令の制定に伴った帝国大学令の改正においては、大学の総合制を強化し、分科大学は独立性の弱い学部になった。そして教授も各分科大学所属ではなく、大学の所属となった。大学評議会、教授会については、学位に関する審議事項が削除され、学位規則が別に制定され、また各学部から出される評議員が増員された（東京大学百年史編集委員会、一九八五、二三二—二三三頁）。ただし、この改正帝国大学令でも、学位審査委員は教授会が決定し、教授会に学位付与権限があることが明記されており（東京大学百年史編集委員会、一九八五、三四五―三四六頁）、改正による大きな変化は実質なかったと考えられる。

すでに述べたように、講座に基づいた予算が作成されるようになり、講座制はより重要な地位を学内で占めるようになっていったと考えられる。一九三九年の大学制度臨時審査委員会においても、講座の統合を教授会と大学評議会の議論によって決定することが案として出た際、法学部教授の高柳賢三が、講座は学部によっては「個別主義」であるべきで、「総合主義」に全体として向かうのは講座の独立性を失わせると述べている（東京大学百年史編集委員会、一九八五、二六七頁）。

また、大正時代になると、山本が指摘する「講座の矮小化」が始まった。まず、教授になる年齢の高齢化、学問の急激な進歩、講座の数が学問の細分化に追いつかなくなるということが起こった。その結果、新しい学問の担い手が、既存の講座の助教授になり、教授が頂点であるという研究組織としての講座制が崩れた。その結果、教授は自分の権威を守るために自らの行政上の権利をますます強く掌中におさめることに専心していった（山本、一九六八、三一―三二頁）。

さらに、講座は学部「によっては」個別主義をとるべきと高柳が述べているように、講座は学問の内容によって分化していった。この分化が起こったのがいつ頃かはわからないが、一九七五年に京都大学の大学問題検討委員会は三つに分類している。まず、人文社会系の分野においては、講座を研究単位とするよりも、むしろ各研究者独立の単位としている。講座だけでなく研究者間においても、学問的不干渉の原則が固く守られている。人事は、講座担当者の意向が大きく、それ以外の影響は小さい。次に、理学、工学、農学などの自然科学系の多くの分野では、研究に基づいたチームが形成されている。すなわち、教授、助教授、講師、助手、そして大学院生までを含めて一つの単位としている。ただし、若手の研究者は役割に見合った評価を与えられず、また、講座ごとの結束が強い反面、講座間の壁は厚い。人事においては、講座の長である教授の決定権が強い。最後に、生物化学や原子物理学などは新しい分野であり、大学の枠を超える大規模な装置が必要なことなどから、かなり早い段階で講座制の枠をとりはらった研究グループ制に移行していた。もちろん大学別の集団が基礎単位ではあるが、全国的な研究者間の交流や共同研究が盛んに行われており、若手研究者も教授などと対等な権威を持つようになっている。ただし、常に新しい分野を追い求め組織を再構成していくため、マイナーな学問の保護や研究と教育活動の統一に関しては見過ごされがちな部分もある（大学問題検討委員会、一九七二、五六―六三頁）。あくまで戦後の、特に京都大学の状況であり、分類としてもかなり大雑把ではあることを考慮に入れる必要はあるが、人文社会科学においては井上の想像以上に講座が独立している。

（3）附属図書館の研究室図書に対する権限

大学内における管理制度は、大学評議会、教授会、講座によって整備されていったが、図書には別の管理体制も存在した。それが、附属図書館を中央図書館とする大学図書館システムである。

全学的な中央図書館としての附属図書館が最初に登場したのが一八八六年である[17]。この年、帝国大学令の公布に続いて、新しい帝国大学図書館規則が制定された。それまでは、法・理・文学三学部図書館と医学部図書館とは場所が離れていた関係もあり独立して存在していた。図書館規則は一つであったが、閲覧時間や貸出冊数が異なるなど、図書の扱いは二つの館が独立して行っていた。それが本郷にすべての分科大学が集結したことで、実質上も一つになったわけである（東京大学百年史編集委員会、一九八七c、一一八八―一二〇〇頁）。

帝国大学図書館規則の第一条において、附属図書館は「大学院及ヒ分科大学ノ図書ヲ貯蔵スル所」であるとされている。すなわち、大学全体における図書を附属図書館にて一括して扱うこととなったわけである。だが、図書館規則制定前に、各分科大学と附属図書館に対して総長から、「各分科大学ニ於テ所用ノ書籍ヲ買入レ又ハ製本シタルトキハ三日以内ニ図書館ニ廻付シ捺印及登簿ヲ乞フヘシ図書館ニ於テハ二日以内ニ必捺印登簿シテ更ニ交付スヘシ」（東京大学百年史編集委員会、一九八七c、一一九八頁）という「達」が出された。これには二つの内容が含まれている。一つめはすべての図書が附属図書館に排架されるのではないということである。帝国大学図書館規則第三条からもこのことは読み取れる。その条文では、「公用ニ供スル図書ハ冊数ノ制限ヲ設ケズ帝国大学ハ書記官分科大学ハ大学長若シクハ教室主任之ヲ借受スルモノトス」とあり、「公用」により附属図書館から図書を無制限に借り出すという形で、各分科大学は自分の部局に図書を備えつけたと考えられる。図書の購入についても先ほどの「達」にあるように、各分科大学が行ったので、附属図書館は登録の手続きにしか関われなかった。

そして二つめは、附属図書館に排架されない図書の購入は、各分科大学が行ったということである。このことは、館長職以前の附属図書館のトップである管理に任じられていた田中稲城と初代館長となった和田万吉の意見書からもうかがわれる。以下、その内容を見ていく。

田中稲城は、周防国出身で、一八八一年七月に東京大学漢文科を卒業し、その後は、東京大学文学部、東京大学予備門などに勤務した後、文部書記官に任ぜられ、東京図書館と東京教育博物館兼勤となった。そして、本官を免ぜられた後、図書館に関して学習するため、英米への留学が命じられた。これは日本初の図書館に関する留学であった。まずアメリカに渡り、ハーバード、ボストン図書館、ウースター図書館、プロヴィデンス図書館、イエール大学、コーネル大学、プリンストン大学、アスターおよびレノックス図書館、ピーボディ図書館、プラット図書館などを訪問し、一八八九年七月にイギリスへ渡る。そして、リヴァプール図書館、大英博物館、オックスフォード大学、ダブリン、エディンバラ、グラスゴーなどの図書館を見学した後、同年一二月に大陸へ渡り、フランスやドイツの国立王国図書館も見学している。一八九〇年三月に帰国した後、三月に図書館管理（館長）になったと竹林はしているが、文部省職員録（明治二三年七月）では、違うものが管理になっている。田中は帝国大学文学部教授、帝国大学図書館管理と東京図書館（帝国図書館の前身）長兼任となる。そして、一八九三年九月に東京図書館専任となり、帝国大学図書館の任を解かれる（竹林、一九四二a、一六〇—一六一頁）。田中は、管理就任早々に留学で得た知見を基に「書籍注文法取扱改正ノ議」を総長に建議した。ここで田中は、「今、大学ノ注文法ハ各教員ヨリ各其所属ノ分科大学事務掛ニ申込ミ、事務掛ニ於テ之ヲ纏メテ注文ヲ為シ、其書籍ノ到著スルヲ待テ之ヲ図書館ニ回付スル事」（竹林、一九四二b、三九〇—三九二頁）と述べており、その事務上の取り扱いに責任を持つものがいないことを理由に、その改善を求めている。

和田万吉は、一八九〇年七月に帝国大学文科大学国文科を卒業し、同年一一月に帝国大学図書館に勤務することとなった。その際「図書館事業にはまったくの無知識無経験で（中略）明治二十三四年の頃には図書館に就いて講究の料となる文籍は一つも出て居らなかつたのであるから、就職当時は真のノヴイスであった」（和田、一九二七、五七頁）。だが、その後、田中の下で和漢書分類目録などに携わり、三年後の一八九三年一一月には帝国大学書記、図書館管理心得を命じられた。一八九六年七月二五日には、文科大学助教授、大学図書館管理となり、図書館のトップとなる。和田も一八九六年、「帝国大学図書館ノ規模拡張ニ関スル建議」を総長および評議員に提出し、田中と同様の指摘をしている。模範となる図書館が採用する事務の略図をあげた後、「行政部ニ属スル諸係中講書係ハ本館ニ設置サレズ、現ニ分科大学ニ於テ其事務ヲ取扱ヘリ」、「本館ガ其保管ニ帰スベキ図書ノ購買事項ニ就キテ、何等ノ関係ヲモ有」していないと述べ、欧米においてはこのようなことは全くないと批判をしている（波多野、一九四二、一九一—一九二頁）。

以上のように、附属図書館は分科大学の図書の購入を実質的に取り扱えず、それは、田中の言によれば各教員レベルでの決定で購入されていた。そういった状況を批判した田中、和田の建議を受け、館長、司書官、司書という役職、さらには、各分科大学の教授もしくは助教授と図書館長を構成員とする図書館商議会が設けられた。だが、後に詳しく述べるが、司書、司書官も部局の図書の購入については関わることができなかった。図書館商議会については具体的な資料がほとんど残されておらず、関東大震災までの議事録などの関係資料は消失してしまっている。一九二三年九月二七日開催の商議会以降の詳細は第５章で扱うが、各部局の図書の質への影響はあまり持っていなかったとみられる。

こうして、附属図書館の部局備えつけ図書への管理は改善されないまま、制度と実態の乖離は、徐々に実態に即して制度が変わることで調節されていく。まず、『東京帝国大学一覧』では、一九〇八年から農科大学が（東京帝国大学、一九〇八、四二二頁）、一九二六年からは航空研究所などの附置研究所（東京帝国大学、一九二六、二三〇頁）が、附属図書館とは別に図書を管理している、とされている。農学部については一九三五年の本郷移転後は独自の図書管理の記述はなくなるが、研究所についての変更はなされなかった（東京帝国大学、一九三六、二九〇頁）。そして、一九一八年になって図書館規則の改正が行われた。この中で、附属図書館に備えつけられる図書ではない「教室研究室其他ノ部局ニ備付ノ図書」の存在が認められ、附属図書館は東京帝国大学の図書を「貯蔵」する部局から「管理」する部局となった[18]。また、各教室研究室における図書の保存責任者は「各部局ノ主任若シクハ長」とされ、一方、図書の管理者は附属図書館になるという両者が権利を持つ複雑な状態となった。この後、戦後になるまで図書館規則においてこの部分は改正されず、附属図書館による学内の図書の一括管理という観念は慣行上においても制度上においても戦前の間は消滅した。当時の職員の証言からもこのことは裏付けられる。図書館雑誌に掲載された、司書として勤務していた永峯光名を中心とした座談会において、大学令以後、姉崎正治が館長を務めた時代（一九二四年から三四年）が語られている。ここで、姉崎の「図書館設計設備調査報告」が取り上げられ、部局図書館と中央図書館との関係がほとんど存在せず、各部局が随意に図書を購入していることに対して姉崎が不満を漏らしていることが述べられている。また、大学の行政から図書館がはずされてしまっており、新しい学科の創設があっても、学生の使う図書の変化が図書館には反映されなかったと永峯も述べている（永峯、一九六八、一六頁）。

3　部局図書館の運営

東京帝国大学の管理運営は、自然科学系は外部の予算の影響があるのに対し、人文社会系は、学部と講座単位の影響力が強く、独自の運営が可能であった。本節では、そういった各学部の図書館について、学部のどの単位で管理されていたかという運営の変遷を中心に検討し、以下の部局図書館の運営の全体的な特徴をまとめていく。

・法学部
・経済学部
・理学部
・文学部
・医学部
・工学部
・農学部

(1)　法学部

法学部は、学部における主たる教育目的が特定の分野の法学者の育成ではなく、官吏の育成にあったためか、講座数は最終的に三五までになるが、学科は法律学科と政治学科のほぼ二つしか存在していない。

初期の法学部の図書の管理については、一九〇二年に一〇年計画の原案の討議が行われる中で、法科大学図書館案が出されたこと、さらに研究室や列品室に加え書庫についても三階建て一〇〇坪の教室増設がすでに決定されていたことから（東京大学百年史編集委員会、一九八六、九八―九九頁）、学部全体で集中的に行うことが意識されていたのではないかと考えられる。だが実際には、いくつかの講座からなる研究室が一九一〇年に法文学部本館にまとめられた際に、図書は研究室ごとに置かれていた（東京帝国大学、一九四二a、一〇頁）。そのため、管理を誰が行っていたかは明らかではないが、少なくとも図書の排架は分散的になされていた。

その後、関東大震災による焼失から再建された建物では、研究室の再編が行われた。研究用の部屋が教員個人個人に与えられ、図書も中央書庫に集中して排架された（東京帝国大学、一九四二a、一〇頁）。さらにこの頃、附属図書館の司書官を事務主任にあてていた（東京大学百年史編集委員会、一九八六、二〇二頁）ことから、図書の管理は集中的になされ、管理の担当者は主に事務員であった、と考えられる。

このように法学部図書館の整備は進んでいったが、当時の法学部の閲覧室へは推薦状がない限り学生は入れなかった。そのため、法学部の図書館ではなく附属図書館を法学部生は主に利用していた（東京大学経済学部、一九七六、七六六―七六七頁）。ここから、図書館は教員を主な利用対象として運営されていたと考えられる。

（2）経済学部

経済学部は、一九一九年に法学部より独立する形で学部が設置された。講座は最終的に二〇講座にまで増えるが、学科は経済学科と商業学科の二つであった。独立前から、経済学関係の学科では「演習制度」が重要視されていた。特に、一九一〇年に外国人教師ヴェンチヒによる、演習のための特別教室、研究室および専門図書館の必要性が強調された「東京帝国大学ニ於ケル経済学教授法改良意見」（猪間、一九三二）は大きな影響力を持った。これを受け、経済学部の前身の一つであり、一九〇〇年に設立された経済統計研究室の整備が進められる。一九一一年に制定された研究室規則では、「学生研究室」、「主任及教授研究室」、「書籍室」、「演習室」を設け、「書籍ノ出納ソノ他」を任とし「所謂ビブリオテカーノ専門図書掛タルコト」である事務員一名をはじめとする研究室職員を置くことなどが、ヴェンチヒの「改良意見」を下敷きにして定められ、さらに田尻文庫などのように図書の収集も積極的に行っていた（東京大学百年史編集委員会、一九八六、九一七頁）。

法学部から独立した後も、法学部、文学部と同じ建物に居を構えたまま、教員、特に助手が選書を行い、事務員（関東大震災前後には和書係三名、洋書係二名）が図書を管理し、教員も学生も自由に閲覧できる学部図書室を形成した（東京大学百年史編集委員会、一九八六、九三四頁）。

関東大震災によって、蔵書はほぼすべて失われ、法文学部同様に研究室も失うが、一九二七年の復興後は、教員の研究個室、学生の閲覧室、二〇万部を収容しうる書庫といった様々な設備を備えた研究室を持つにいたった。これにより、以前の研究室では教授室に置かれていた資料の一部（東京大学経済学部、一九七六、六四一頁）も含め、すべて書庫に所蔵することができるようになったと考えられ、学部所蔵図書を集中管理し、教員、学生全員が必要に応じて随時利用できるという体制がよりはっきりしたといえる（東京大学経済学部、一九七六、三一一頁）。学生は選択科目であった演習に参加していないと利用できなかったにもかかわらず、学生閲覧室は常に八割方埋まっていたらしく（東京大学経済学部、一九七六、七六四―七六七頁）、学生の利用は活発に行われていた。

（3） 理学部

理学部は、増減が何度かあるが最終的には一一となる学科があり、これを運営単位とし、研究室もこの単位で設置された。

これらの学科の運営は、たとえ同じ建物に置かれていても学科が違えば運営も異なっていた。一例として、現在の生物化学科の一部にあたる動物学科の研究室が置かれた場所の変遷を見てみると、四度の移転を行っている。東京帝国大学成立前年の一八八五年から一八八八年は、青長屋と呼ばれた木造の建物に地質学科と植物学科とともに置かれた。与えられた部屋は三部屋しかなく、教授室、助手室、講義室にそれぞれあてられた。一八八八年から一八九三年には医学部本館の西翼に移転し部屋の数も五と増えた。一八九三年から一九一〇年には正門付近にある後の法学部棟に、一九一〇年から一九三四年には弥生門付近の建物に移り、地質学科と鉱物学科と同居した。一九三四年からはこれらの学科に加え、地理学科、植物学科とともに理学部二号館に移転している（東京大学百年史編集委員会、一九八七a、四九六―五〇七頁）。動物学科の研究室では、三部屋しかなかった青長屋時代を除いて、すべて学科の図書室が存在している。

図書室を含む研究室の運営は、助手が行っていたと考えられる。例えば、数学科は一九三三年に新しく就任した助手が中心となって、書庫と閲覧室を分け、閉架式にし、目録を完備し管理を厳密に行おうとしていた（東京帝国大学理学部会、一九三三、九二頁）。

ただし管理者は同じ助手であっても、各学科はかなり多様な運営方針をとっていた。数学科は閉架式の運営を行おうとしていたが、化学科では、「全く自由に、自己の書斎の如く引き出して見られる」というように開架式が維持されていた（東京帝国大学理学部会、一九三七、八二頁）。また、天文学科では、学生が観測結果の計算や息抜きを行う、勉強部屋としても運営されていた（東京帝国大学理学部会、一九三二、一五一頁）。

（4）文学部

東京帝国大学成立当初の運営は不明だが、一八九七年から講座ごとに研究室が設けられ始めた。学科は、幾度かの変遷を経て一九一〇年から講座とほぼ一致する一九専修学科が設置されるが、すでに述べたように、それ以前から学生は各研究室に実質的に所属しており、これが運営の単位であった。図書室も研究室ごとに設けられた。一八八四年に竣工した法文科の本館と呼ばれる建物を中心とし、その附近に研究室や教室が設置された。だが、関東大震災により、別の建物にあった心理学、附属病院の北側にあった教室一棟、史料編纂所を除くすべての建物が焼失した。その後すべての研究室が移転した建物が一九三五年に完成するまで、各研究室は附属病院の南や、農学部の建物などを点々としていた（東京帝国大学、一九四二b、一九五一―一九六頁）。

研究室およびそこに含まれる図書室は、管理も研究室レベルで行われており（東京大学百年史編集委員会、一九八六、四六五頁）、教員が運営していた。一九三六年以降の図書購入記録が記された心理学研究室の図書購入台帳には図書購入手順が記されており、詳しくは次章で述べるが、書店からの見計らい図書を教授が購入するか返品するかを決定すること、図書の排架だけでなく、分類、カード作成も研究室で行うことが明記されている。また、図書室は教員だけでなく学生の利用も想定されており、一九三六年から宗教学研究室の副手となった深川恒喜は、研究室の教員が執筆した著書のカード目録を作成し、学生の参考にしようと試みている（深川、一九八〇、四六頁）。

（5） 医学部

医師は医学全体を学ぶ必要があるため、医学部の学科は医科と薬科の二つにまとまっていた。ただし、講座とほぼ一致する二〇程度の教室（研究室）が分野ごとに存在していた。ただ、学部生は特定の研究室に所属するという形をとらなかったようである。その代わりに、研究室には医局員が他学部に比べ多く在籍し[19]、彼らと教員によって研究室は構成されていたと考えられる。

関東大震災以前まで、各研究室は完全に独自に運営されていた。したがって、図書室もまた各研究室がそれぞれ持つことを原則としていた。当時は専任の図書室管理者を置かず、各研究室の助手などが、片手間に管理しており、図書室の規模がある程度以上に大きくなると、多くの図書室の運営は麻痺に近い状態に陥っていた（東京大学医学部百年史編集委員会、一九六七、七四三頁）。

もちろん、図書室を適切に運営している研究室もあった。眼科学では、一九二二年に石原忍が主任となった際に、図書室や研究室が大いに改良された。石原はそれまで教授室にあった図書を別室に移し、仔細に分類した。さらにこのとき閲覧席も設けられた。石原は図書購入も積極的に行い、イタリア語やスペイン語の辞書まで購入していた（鉄門、一九五頁）。

こういった独自運営の転機になったのは関東大震災だった。震災からの再建の際に、従来分散していた各研究室のほとんどは、耐震耐火の大型建物にまとめられた。図書室もまた統合の傾向をたどり、合同図書室ないし中心的図書室が作られ始めた。ただし、これは各研究室の自由意志で行われたため、研究室によって対応はまちまちだった。旧来の通り、極端に閉鎖的な図書室を持つ研究室もあった。前述の眼科もその一つである。合同図書室の例として最大のものは、一九三八年に設立された医学部本館図書室であり、解剖学・病理学・法医学の三つの研究室（のちに血清学が加わる）合同の図書室である。他の図書室から移管された図書が、附属図書館の司書によって整理され、さらに専任の管理者が置かれるなど、この図書室は基礎医学の中心的役割を果たしていた。臨床医学は、内科図書室を中核としたかなり大きい病院図書室が中央図書館の機能を実質果たしていた。だが実際には、図書はあちこちに散在しており、管理は各研究室にゆだねられていた（東京大学医学部百年史編集委員会、一九六七、七四三―七四五頁）。

以上のように、中心的図書室は作られ、専門の管理者も置かれたが、図書そのものの実質的な管理は一部分にとどまり、図書の所在・移動に伴う責任は一元化されてはいなかった（東京大学医学部百年史編集委員会、一九六七、七四三―七四四頁）。

（6）工学部

工学部は、先述のように工部大学校と東京帝国大学の前身であった東京大学の理学部が合併する形で、一八八六年に東京帝国大学とともに成立した。前身の一つである工部大学校には、中央図書館といえる書房が一つ置かれ、専門の職員も配置されていた（滝沢、一九八八a、一二五―一二七頁）。だが、一八八六年に工科大学となってからは、その蔵書は附属図書館に移され、中央図書館はなくなったと考えられる（東京帝国大学、一九三二、一一〇〇頁、滝沢、一九八八b、一六五頁）。

工学部は、おおよそ一一の学科が単位となって運営され、研究室も学科単位で設置された。そして、工学部について、「教務室、図書室等の学科共通の要員は学科の規模が小さくてもある人数が必要で」（東京大学百年史編集委員会、一九八七b、二四一頁）という戦後の記述がある。そのため、学部では図書室は学科、研究室を構成する要素と見なされていることがわかる。図書室は、通常の助手とは異なり、図書室専属の助手が管理を行っていた（東京大学百年史編集委員会、一九八七b、七九頁、武田、一九七九、六二頁）と考えられる。

土木工学（東京大学百年史編集委員会、一九八七b、七九頁）、建築学（東京大学百年史編集委員会、一九八七b、一四〇頁）、機械工学（東京大学百年史編集委員会、一九八七b、二一四頁）、電気工学（東京大学百年史編集委員会、一九八七b、三三七頁）などの研究室の多くは、工科大学の本館に置かれていたが、各学科の人数が徐々に増えてきたため、いくつかの学科が本館外に研究室を持つようになってきた。例えば、造船学科は、一九〇三年に造兵学科と共有の建物に移った。各学科はそれぞれ独立に部屋を利用しており、図書室も学科別に設けられていた（三好、一九〇三、九二頁）。採鉱学科と冶金学科、そして応用科学科も一八九六年に工科大学本館の裏の建物に移動した（東京大学百年史編集委員会、一九八七b、四二三、四九一頁）。

研究室に置かれた図書室の実情について見ると、例えば電気工学科は、「図書室は書庫兼閲覧室、事務室等を兼ねた二室で計二二坪位、学生は閲覧机の後ろにある書棚から自由に図書、雑誌を引出して、用が済んだら元へ戻しておくやり方であった」（瀬藤、一九六九、一〇四頁）とあり、開架式で学生も利用が可能だった。それぞれの図書室は、授業の参考書を閲覧する（星合、一九六七、一四七頁）学生の利用があり、一九四三年の学生へのアンケートでは、学生向けの学部紹介パンフレットにおいて評価されている項目に、「図書室」や「図書閲覧」が入っている（岩崎、一九四三）。

（7）農学部

農学部は、一八九〇年に東京帝国大学に合併されて学部が設立されるが、その前身の前身である駒場農学校時代の一八七七年から一九三五年までの間、キャンパスは現在の教養学部がある駒場に置かれていた。その後、第一高等学校と敷地を交換して、本郷の弥生キャンパスに移転する。農学部はおおよそ講座単位で研究室が設けられていた。

本郷とは地理的に、離れていたためか、図書館の運営も本郷からは独立した運営形態をとっていた。すでに述べたように一九〇八年には、附属図書館とは別に農学部で図書を保管することが『東京帝国大学一覧』に明記されている。この記述がなされるようになったのは一八九〇年の学部創設からずいぶん遅れている。だが、同年の『一覧』では、他の学部所蔵図書についても「約六万冊ハ分チテ学内諸教室研究室等ニ配置セリ」（東京帝国大学、一九〇八、四二一頁）とその存在が初めて言及されている。そのため、この記述の遅れは、学部に置かれている図書が制度上で認められるまでのステップの一つと考えられる。

学部図書館の運営は、学部設立前から事務員が行い、主として学生を対象として、学生用図書や研究報告などの貸出と閲覧がサービスの中心であった。雑誌は学科、講座ごとに収集されていたが、総合目録の維持と管理は学部図書館が行っており、講座レベルでの運営は行わず、学部による集中制がとられていた（東京大学百年史編集委員会、一九八七a、一〇一七—一〇一八頁）。

だが、駒場から本郷へ移転した後は、戦争の影響で図書館は建設されず、図書は各学科、研究室に分散された（東京大学百年史編集委員会、一九八七a、一〇一八頁）。例えば、駒場から本郷への移転に関する当時の学生の回想では、移転される実験器具についてのみ言及されるのに対し（渡辺、一九六〇）、第二次世界大戦期の疎開に伴う移転に関する別の学生の回想では、図書と実験器具に言及されている（水江、一九六〇）。これは研究室の蔵書が増えたことを示していると考えられる。蔵書数がどのように変化したかは不明だが、雑誌だけでなく、図書に関しても学科、研究室単位の運営が中心になっていった。

（8）部局図書館の分類

以上七学部の図書館運営について検討してきたが、部局図書館の特徴は、まず何よりも、図書館運営が多様な形で行われていたことである。学部ごとだけでなく、理学部や関東大震災前の医学部のように、学部内の研究室ごとに運営が異なっている場合もある。また、時期によって運営が変わる場合もある[20]。

部局図書館の運営のあり方は多様ではあるが、大きく二つに分けられる。一つは、運営が集中している学部である。経済学部と関東大震災後の法学部、駒場時代の農学部、部分的ではあるが関東大震災後の医学部がこれにあたる。もう一つは、運営が学科、研究室ごとに分散して行われている学部である。これは、理学部、工学部、文学部、そして関東大震災前の法学部と医学部、本郷時代の農学部が当てはまる。この分類は、『部局図書館の整備・充実に関する特別委員会報告』とも合致する[21]（図1-1）。

図書館の運営は、医学部は不明だが、集中化している学部では、事務員が行っている。一方、分散化している学部では、研究室の教員、特に助手が行っている。また、研究室も集中化している学部と分散化している学部では、運営の方法が異なっている場合がある。図書館の運営が集中化している学部を見てみると、医学部と駒場時代の農学部は研究室が分散している。関東大震災後の法学部、経済学部では、学部全体で一つの研究室を運営する形をとっており、学科や講座単位での研究室は存在していない。以上のように研究室の運営が多様である集中化している学部に対し、分散化している学部における研究室はすべて、学科または講座単位で研究室が存在している。

東京大学部局図書館（室）機構図

昭和43年5月1日現在

態様		部局図書館（室）名	
A	事務所の系列に属するもの	a　2掛以上をおくもの	法，医，経済，教養，（文）
		b　1掛のみをおくもの	分院，教育，薬，地震研，東洋文化研，社研，新聞研（欠），生産研，核研，物性研，宇航研，（工）
		c　掛員のみのもの	応微研，海洋研
B	学科（教室等）に属するもの	a　中央図書室（掛長）のあるもの	工，文
		b　中央図書室（掛長）のないもの	理
C	その他	a　農，医科学研，天文台	
		b　史料編纂所	

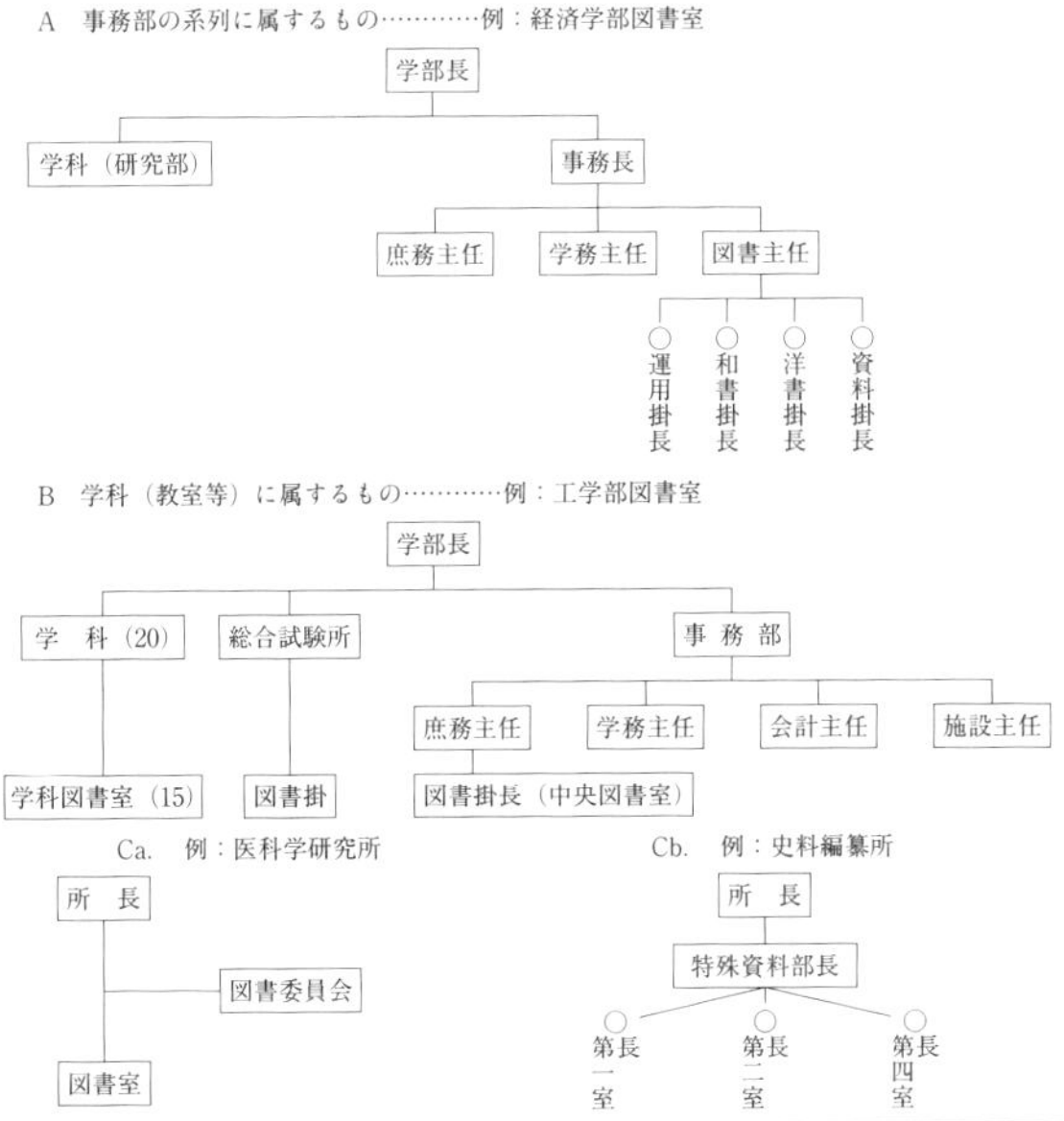

図1-1　部局図書館の分類（東京大学図書行政商議会「部局図書館の整備・充実に関する特別委員会」、1969、p. 9）

また、部局図書館の運営の変化が最も大きいのは、関東大震災の時期である。法学部、経済学部、医学部の部局図書館が震災を機に移転し、実際の移転は一〇年ほど先になるが、一九二四年には農学部も移転を決定している。そしてこの時期に、戦争の影響で図書館建設ができなかった農学部以外、運営の集中化が進められている。

(9) 本書で検討する部局図書館

ここまでの検討で、東京帝国大学の部局図書館は運営の形態によって主に二つに分かれることを指摘した。本書では、その代表例として、それぞれから一つずつ図書館を取り上げる。具体的には、分散的な運営の図書室としては文学部心理学研究室図書室を、集中的な運営の図書室としては経済学部図書室を取り上げる。

この二つを選択したのは二つの理由がある。まず、学問をいわゆる自然科学系と人文社会系に分けた場合、自然科学系に比べて、人文社会系は図書を重要視している。また、予算面から見ても、自然科学系の学部に比べて、使途が設定される研究費補助は少ない。すでに述べたように、蔵書という側面に注目して両部局図書館を検討していくが、その際、あらかじめ使途が設定されている研究費補助が多額にある場合、どうしてもその使途に合わせた図書ばかりが収集されることとなる。そういった蔵書構築も一つの形ではある。だが、本書では、そういった形よりも、むしろあらかじめ目的が設定されていない蔵書構築に注目する。そして、その際、教員が、自分自身や部局、講座レベルの学問的知識を規定する蔵書をどのように収集していったのかを見ていく。例外的に、研究費補助によってあらかじめ目的が設定された蔵書構築が行われることもあり、それには十分留意していく。

また、法学部も集中的な管理をしている図書館と考えられるが、こちらは経済学部と比べると、講座ごとに独立した運営を行っていた時期があるため、集中管理を一貫して行っていた例としては適当でない。また、文学部の中で心理学を選択したのは、以下の四つの理由からである。まず、他の文学部の中の学問に比べて、自然科学に近いためである。これは、他の文学部の学問とは図書の利用が多少異なるともいえるが、その分野で持つべき知識の全体像がある程度統一されており、一冊一冊の図書が示す学問的な意味や世界像も明確だからである。二つめに、これも自然科学と同様な点だが、索引誌の作成が早い段階から整っており、学問の量的な側面における動向をつかみやすいためである。三つめに、研究室の設置が文学部の中で二番目に早く、学問として戦前の早い段階に確立していたためである。最後に、文学部のほとんどの蔵書が消失した関東大震災の被害が比較的小さく、蔵書がほぼ全焼した他の研究室に比べ、震災前の蔵書がかなり残っているためである。

まとめ

本章では、大学制度における図書館システムの位置づけについて、特に、購入される図書の質の形成がどのような主体によって担われてきたかを中心に検討した。まず、大学予算における図書費の位置づけと、図書費策定に関わる主体が図書の質に与える影響について検討した。大学財政制度は様々に変遷しているが、戦前においては、大学財政は独立を達成できず、財政面において政府が大学の図書の質に影響を与える可能性はあった。だが、基本的に政府は研究機関としての大学の独自性をほとんど考慮していなかったため、大学の図書の質に影響を与えることはなかった。また、大学や講座が自由に利用できる予算の割合は徐々に高まっていった。また、研究費補助についても、図書の質に影響を与えうる制度は存在するが、人文社会系の学問に対して助成されることはあまりなかった。こうしたことから、人文社会系の学問においては、大学外部の組織による図書購入およびその質的な面への介入は少なかったと考えられる。

次に、大学管理制度においては、各学問の専門性が尊重され、学内における予算の配分の詳細は不明だが、学部や講座レベルでの自治が認められていた。講座はその内部の決定権をほぼ自ら保持し、特にそのトップである教授が権限を握っていた。また、人文社会系の学部においては講座間の不干渉が強く、教授会レベルでの予算調整が行われることもほとんどなかったと考えられる。図書の管理については、附属図書館を頂点とした独自のシステムが存在したが、学部レベルで購入される図書には附属図書館が関わっていなかったことからも、部局の図書の購入は、学部、あるいは講座レベルで独自に行っていたと考えられる。

そして、各部局図書館の運営形式は多様だが、集中化しているものと分散的なものの二つに分けられた。最も集中化しているもので学部レベルでのみ図書室が存在し、分散的なものは講座、研究室レベルでのみ図書室が存在していた。

以上の予算制度、学内全体および図書の管理制度、部局図書館の運営の検討を踏まえると、東京帝国大学の特に部局図書館の図書の購入の質を決定するのは、部局（に統一されつつある）レベルと講座レベルに大きく分けられるという結論になった。また、本書で研究対象とする部局図書館である文学部心理学研究室と経済学部は、その二つの種類の部局図書館の典型例であることが示された。

注

（1）一八九〇年以前の財政制度については、羽田（一九九五）、一九四四年以後の財政制度については『東京大学百年史 通史二』（東京大学百年史編集委員会、一九八五、六六三―六七九頁）などを参照。

（2）官立学校及図書館会計法の対象となる一五の機関は、帝国大学、高等師範学校、女子高等師範学校、第一、第二、第三、第四、第五、山口、鹿児島の各高等中学校、高等商業学校、高等工業学校、東京美術、東京音楽、東京盲唖の各学校、東京図書館、農林学校である。

（3）予算科目は、議会の議決が及ぶ立法科目、または議定科目と呼ばれる部、款、項、それと同じ項に含まれていれば相互に流用が可能な行政科目と呼ばれる目、目の細分あるいは節に分けられる（ジャパンナレッジ、行政科目、議定科目）。
（4）だが、予算科目上は款の位置にあり、議会で決定された後は相互に流用されず、その金額が支出されていたため、まだ一応の独立性は保たれていた（東京大学百年史編集委員会、一九八五、三七三頁）。
（5）この動きはまず、東京、京都以外の定額制でない帝国大学において起こり始めた（羽田、一九八三、一六頁）。
（6）教授、助教授、助手がそれぞれ、非実験講座においては一・一・一、実験講座においては一・一・一、臨床講座においては一・一・三。このとき初めて教授以外の講座構成員の定員が定まった（須川、一九五六、一七―一八頁）。ただし、『東京大学百年史』においては、一九二一年にはすでに新設の講座については一応このスタイルが文部省では定まっていたと指摘されている（東京大学百年史編集委員会、一九八五、二六二頁）。
（7）この額は、京都帝国大学の大正一一年度分を参照（羽田、一九八三、一七頁）にした。東京帝国大学も予算の額はともかく区分はほぼ同じであったと考えられる。
（8）当時の財団については、林／山岡（一九八四）などを参照。
（9）戦前を通じて帝国大学の法律から、「国家ノ須要」という文字がなくなることはなかった。これは、次で述べる井上の改革の中においても同様である。
（10）これについては、海後（一九六九）などを参照。
（11）寺崎は井上の大学制度上行った重要な改革として、管理制度面の改革、大学関係法制の整備、分科大学講座制の導入、教員職務俸制度の創始、名誉教授制度の採用という五つをあげている（寺崎、一九七九、二五七―二六〇頁）。
（12）これに加えて、高等教育に関する事項についても建議することができた。これは、帝国大学内にとどまらない高等教育一般に関するものと考えられると寺崎は指摘している（寺崎、一九七九、二七三頁）。
（13）助教授や助手の人数が定まるのは一九二一年、あるいは一九二六年であり、そのとき定められた定員についてはすでに述べたが、この定員が既設講座に守られることはほとんどなく、そういった講座は不完全講座と呼ばれた（須川、一九五六、一九頁）。
（14）こういった状況は法科大学のみであったとも寺崎は指摘している（寺崎、一九七四b、二九一頁）。
（15）井上が実学より虚学を重視したことは、寺崎の指摘するように、各分科大学の要求講座に対する井上の修正や、井上が起草した講座ごとの職務俸額からもうかがえる（寺崎、一九七四a、八〇―八四頁）。

(16) 一九一三年五月に京都帝国大学総長に就任した沢柳政太郎が、各分科大学教授会の同意を事前に得ることなしに、七人の教授をわずか二カ月の間に辞職させ、新進の教員の起用を図った。このことに対して法科大学教授会を中心として、教授の任免には教授会の同意が必要であると要求し、沢柳との対立に発展した。そして、各教員が辞表提出や休講などを行うことで、文部大臣に教授会有利の覚え書きを出させ、翌年の四月に沢柳を辞任に追い込んだ。この事件は、日本の大学自治慣行の形成の画期となったとされる（ジャパンナレッジ、沢柳事件）。

(17) この時点での名称は帝国大学図書館であるが、一八九七年には東京帝国大学附属図書館と名称を変更することから、以降混乱を避けるため東京帝国大学における全学的な図書を扱う部局としての図書館を「附属図書館」に統一する。

(18) 岩猿はこの図書館規則の改正を大学令の公布による大学における総合性の強化と結びつけて、図書館が全学的な図書の管理、処理が要求されたことによる結果であると評価している（岩猿、一九九二、一二九頁）。だが、図書館規則の改革は実質的には全学的な管理の崩壊であることを考えれば必ずしもこの評価は適切であるとは考えられない。

(19) 例えば、『東京大学医学部百年史』に掲載されている小児科の入局者数（東京大学医学部百年史編集委員会、一九六七、四一九頁）を参照。

(20) ただし、ほとんどの部局図書館は学生に向けてサービスを行っていた。教員の許可が必要だった法学部や利用については不明の医学部を除いて、学生の利用が少なからず想定されており、農学部のように学生へのサービスが中心であり、当時附属図書館では認められていなかった貸出を許している図書館もあった。さらに、専門的な図書は研究室にあったので附属図書館には二、三回しか入らなかった、という工学部の学生の回想（下村、一九八三、八二頁）もあり、各学部、学科、研究室の部局図書館は、少なくともそこに所属する学生をサービス対象の一つとしていたのではないかと、考えられる。

(21) 一部の部局については、本書とは異なる分類をされているが、これは戦後に変更された結果である。

引用・参照文献

伊藤彰浩（一九九二）「帝国大学と学術研究――戦前戦中期の研究環境についての一試論」、有本章編『学術研究の改善に関する調査研究――全国高等教育機関教員調査報告書』広島大学大学教育研究センター、一〇五―一二五頁

猪間驥一（一九三一）「ヴェンチヒ教授の経済学教授法改良意見」『経友』第一七巻、二九―三六頁
岩崎敏夫（一九四三）「工学部学生意向統計について」『第一工学部会報』第三〇巻、一一四―一一七頁
岩猿敏生（一九九二）「大学図書館とは何か」『大学図書館の管理と運営』日本図書館協会、一五―四〇頁
海後宗臣（一九六九）『井上毅の教育政策』東京大学出版会
木村匡（一八九五）『井上毅君教育事業小史』
佐藤憲三（一九六四）『国立大学財政制度史考』第一法規
島恭彦（一九六一）「国立大学特別会計の史的考察」『経済論叢』第九三巻第四号、二一九―二三二頁
下村尚信（一九八三）「学生時代の思い出」、東京大学電気・電子工学科同窓会編『東大電子工学科のあゆみ』東京大学電気・電子工学科同窓会、八〇―八六頁
須川義弘（一九五六）『講座白書私家版』
瀬藤象二（一九六九）大正初期の教官室、図書室、実験室　東京大学電気工学科同窓会編『東大電気工学科の生い立ち』東京大学電気工学科同窓会
大学問題検討委員会（一九七二）「大学の未来像について（答申）75別刷」京大広報
滝沢正順（一九八八ａ）「工部大学校書房の研究２」『図書館界』第四〇巻第三号、一二〇―一三五頁
滝沢正順（一九八八ｂ）「工部大学校書房の研究３」『図書館界』第四〇巻第四号、一六〇―一六八頁
武田明男「昭和13年から16年頃迄の学生生活」（一九七九）梅村先生を囲んで40年を出版する会編）『梅村先生を囲んで40年』東京大学工学部建築学科
竹林熊彦（一九四二ａ）「田中稲城著作集（一）」『図書館雑誌』第三六巻第六号、
竹林熊彦（一九四二ｂ）「田中稲城著作集（二）」『図書館雑誌』第三六巻第七号、五一六―五二九頁
寺崎昌男（一九六八）「高等教育」、海後宗臣編『井上毅の教育政策』東京大学出版会、二九九―四八八頁
寺崎昌男（一九七三）「講座制の歴史的研究序説――日本の場合（１）」『大学論集』第一巻、一―一〇頁
寺崎昌男（一九七四ａ）「講座制の歴史的研究序説――日本の場合（２）」『大学論集』第二巻、七七―八八頁
寺崎昌男（一九七四ｂ）「第五章第六節　明治政府と日本の大学」『世界教育史大系26大学史１』講談社、二七七―二九七頁

寺崎昌男（一九七九）『日本における大学自治制度の成立』評論社
寺崎昌男（一九八一）「大学の自治と学部の自治」『日本の科学者』第一六巻第五号、一三―一六頁
東京大学医学部百年史編集委員会編（一九六七）『東京大学医学部百年史』東京大学出版会
東京大学経済学部編（一九七六）『東京大学経済学部五十年史』東京大学経済学部五十年史
東京大学図書行政商議会（一九六九）「部局図書館の整備・充実に関する特別委員会」『部局図書館の整備・充実に関する特別委員会報告』
東京大学百年史編集委員会編（一九八四）『東京大学百年史　通史一』東京大学出版会
東京大学百年史編集委員会編（一九八五）『東京大学百年史　通史二』東京大学出版会
東京大学百年史編集委員会編（一九八六）『東京大学百年史　部局史一』東京大学出版会
東京大学百年史編集委員会編（一九八七ａ）『東京大学百年史　部局史二』東京大学出版会
東京大学百年史編集委員会編（一九八七ｂ）『東京大学百年史　部局史三』東京大学出版会
東京大学百年史編集委員会編（一九八七ｃ）『東京大学百年史　部局史四』東京大学出版会
東京帝国大学（一九〇八）『東京帝国大学一覧　従明治四十一年至明治四十二年』
東京帝国大学（一九二六）『東京帝国大学一覧　従大正十五年至昭和二年』
東京帝国大学（一九三二）『東京帝国大学五十年史下』
東京帝国大学（一九三六）『東京帝国大学一覧　昭和十一年』
東京帝国大学（一九四二ａ）『東京帝国大学学術大観　法学部　経済学部』
東京帝国大学（一九四二ｂ）『東京帝国大学学術大観　総説　文学部』
東京帝国大学理学部会（一九三二）『理学部会誌』第一一号
東京帝国大学理学部会（一九三三）『理学部会誌』第一二号
東京帝国大学理学部会（一九三七）『理学部会誌』第一六号
東北大学（一九六〇）『東北大学五十年史上』
永峯光名（一九六八）「姉崎正治先生と図書館」『図書館雑誌』第六二巻第五号、一〇―一八頁

日本学士院（一九六二）『日本学士院八十年史　本編』
羽田貴史（一九八一）「帝国大学特別会計の予算科目について」『福大史学』第三二巻、五七―六八頁
羽田貴史（一九八三）「大正末期の帝国大学財政制度改革――講座研究費成立の意義」『日本の教育史学』第二六巻、四―二五頁
羽田貴史（一九九五）「明治憲法体制形成期の帝国大学財政政策」『広島大学大学教育研究センター大学論集』第二五巻、四三―六五頁
波多野賢一（一九四二）「和田万吉先生伝――協会創立前後並びに大学図書館奉職当時の（一）」『図書館雑誌』第三六巻第三号、一八五―一九三頁
林雄二郎／山岡義典（一九八四）『日本の財団　その系譜と展望』中公新書
広重徹（二〇〇二）『科学の社会史〈上〉戦争と科学』岩波現代文庫
深川恒善（一九八〇）「研究室時代の思い出」、東京大学文学部宗教学研究室編『時と人と学と――東京大学宗教学研究室の七十五年』東京大学文学部宗教学研究室、四三―四八頁
星合正治（一九六七）「あの頃の教授室」、瀬藤象二先生追憶記念出版会編『瀬藤象二先生の業績と追憶』瀬藤象二先生追憶記念出版会
水江一弘（一九六〇）「アプレ一号」、紫水会編『東京大学農学部水産学科の五十年』東京大学農学部水産学科創立五十周年記念会、二二二―二二三頁
三好晋六郎（一九〇三）「我大学に於ける造船学」『造船協会会報』第二巻、八八―九二頁
山本潔（一九六八）「大学における教育・研究体制の現状」『日本の科学者』第三巻第四号、三一―四〇頁
和田萬吉（一九二七）「故田中先生を憶ふ」『図書館雑誌』第二一巻第二号、五六―五八頁
渡辺弘毅（一九六〇）「駒場から本郷へ」、紫水会編『東京大学農学部水産学科の五十年』東京大学農学部水産学科創立五十周年記念会、一九三―一九五頁
「行政科目」『法律用語辞典（第4版）』ジャパンナレッジ（オンラインデータベース）、http://www.jkn21.com（参照 2016-1-26）
「議定科目」『法律用語辞典（第4版）』ジャパンナレッジ（オンラインデータベース）、http://www.jkn21.com（参照 2016-1-26）
「沢柳事件」『国史大辞典』ジャパンナレッジ（オンラインデータベース）、http://www.jkn21.com（参照 2016-1-26）

三八五―三九三頁

「眼科医局だより」（一九二四）『鉄門』第一号、一九四―一九七頁

第2章　文学部心理学研究室図書室

はじめに

本章では、前章の東京帝国大学のシステムと部局図書館の検討を受け、東京帝国大学の部局図書館を歴史的に検討していくための足がかりとして、教員にとって、分散化した運営をしていた文学部心理学研究室図書室がどのように位置づけられていたのかを明らかにする。

すでに述べたように研究室は大学制度上では明確に位置づけられていないが、本書では、教員（講座）と学生（学科）が一緒になって研究や教育を行う機関・組織として研究室を定義する。ただし、講座と学科は微妙にずれている場合もあるので、それについては適宜留意する。

また、これもすでに述べたように、戦前の部局図書館のサービスは、蔵書の構成からのみ定義しうる。よって本章で扱う研究室図書室の機能についても同様に定義する。すなわち、研究や教育に用いられる蔵書の構成を基にその機能を検討する。

具体的な検討方法としては、大学制度史、学問史、研究室史といった視点から蔵書購入を規定する要因と実際に購入された蔵書との関係について検証する。まず戦前の日本と世界の学問状況、当時の各研究室の具体的な変遷、構成員の学問的な興味の実態、そして、それら三つの要素が研究室図書室に与えた影響を検討する。次に、研究室図書室の実態を分析し、研究室に残されている購入目録と蔵書に捺されている蔵書印から、各年の蔵書の購入の実態を推定する。この購入の実態と蔵書の規定要因となる三つの要素との関係、そして教員にとっての研究図書室の役割について検討する。

1　心理学の動向

本節では、東京帝国大学文学部心理学研究室の教員にとっての専門知識の最も「普遍的」な枠組みの一つである、心理学の、日本も含めた、世界的な研究動向について取り扱う。第1項においては、世界的な心理学の発展を取り扱い、構成主義、行動主義、ゲシュタルト心理学、精神分析という四つの主要な潮流を見ていく。第2項においては、日本の心理学の動向について述べる。そして第3項では二つの論文を参考に、心理学関係の文献数、学会発表数という量的な側面から、世界と日本における心理学の国別、部門別の動向を見ていく。

(1)　世界的な研究動向

心に関する学問は古代ギリシャからの長い伝統がある(今田、一九六二、一六―七三頁)が、心理学が他の領域から独立した学問として成立したのは、一九世紀後半のドイツのブントからだとされている。その背景については、大きく分けて二つの要因があったことをシュルツは指摘している。

一つは、哲学的な方面からの影響である。デカルトは、心と身体は別個のものであり、相互に影響を与えることができるという心身相互作用説を唱え、身体と人形とは全く同じように活動するという身体機械論的な解釈に同調していた。この人間観によって、デカルトは、心さらに広くは科学に対して、思弁的で推量的なものより、客観的な観察が重要であるとして、学術的な価値観を転換させる決定的な影響力を持った。そして、すべての知識は感覚的経験から生まれると論じたイギリスを中心とした経験主義が、心理学の初期の基盤となる。ロック、バークレイ、ヒュームといった経験主義者は、思索ではなく感覚による分析、観察を方法論としたからである（シュルツ、一九八六、一七—三九頁）。また、ドイツにおいてはヘルバルトの登場により、彼の意図とは異なった形ではあるが、実験的心理学の基礎となる思想が登場した（今田、一九六二、一七三—一七七頁）。

そしてもう一つは、生理学からの影響である。生理学は、一八三〇年代にヨハネス・ミュラーの影響の下、実験を志向する学説となっていった。ブロカの脳の研究など生理学的な様々な機制に関する成果が出され、デカルトに始まる機械論的なイメージに合致する世界観が身体においても構成されていった。特にドイツにおいてはミュラーの弟子たちが、すべての現象を物理学の用語で説明することができるという信念の下、機械論に合致する生理学の樹立を目指した（シュルツ、一九八六、四一—四四頁）。

こうした哲学と生理学の発展や思想的なバックボーンの下、大学の近代化をはじめとする学問の制度化が最も進展していたドイツで心理学や実験的な生理学がいち早く確立することとなった。ドイツの心理学を最初期に創始した人物として四人をシュルツはあげている。すなわち、ヘルムホルツ、ウェーバー、フェヒナー、ヴントである。ヘルムホルツは神経、視覚、聴覚に対する生理学的な貢献を、ウェーバーは皮膚上の二点の弁別の正確さ、そして弁別しうる重量間の最小差異に関する実験的な研究を、フェヒナーは感覚の測定と刺激測定値とを関係づけるという精神物理学を作り出した（シュルツ、一九八六、四四—五七頁）。こうして実験的数量的科学としての心理学成立のお膳立ては整ったが、その最後の一押しを行い、最初の心理学者となったのが、ヴントである。

ブントは、ハイデルベルク大学で解剖学・生理学・物理学・医学・化学を学び、ベルリン大学でミュラーにも半年間師事している。その後、ハイデルベルクに戻り生理学の研究に従事し、そこで実験科学として心理学を独立させる構想の実現に向けて動き出した。そして、一八七五年ライプチヒ大学で哲学の教授に就任し、実験心理学のための研究室を整備し、心理学の学生の育成を行った。また、雑誌 *Philosophische Studien* も創刊し、新しい科学のための事務機関を設けた（シュルツ、一九八六、六一―六五頁）。

ブントを祖とする心理学の流派は、弟子のティチェナーによって後に構成主義と呼ばれることとなる（シュルツ、一九八六、六〇頁）。ブントの心理学は大きく二つに分かれていた。すなわち、実験的心理学と民族心理学である（シュルツ、一九八六、六五頁、今田、一九六二、二〇九―二一〇頁）。

実験的心理学は内観を用いた。すなわち、研究者は一つの感覚器官に複数回刺激を与え、被験者にその間隔について報告を求めた。そして、内観の正確性を担保するため、被験者は実験用の訓練を必要としていた（シュルツ、一九八六、六六―六七頁）。ブントの実験室で行われた研究は、*Philosophische Studien* に発表され、シュルツはその内容を以下のようにまとめている。最も初期には視覚・聴覚・小感覚を対象に心理学的および生理学的な側面の研究が行われており、刺激に対する反応時間が最も注目されるトピックであった。一八九〇年代には、注意と感情を対象とした実験が研究の主要なテーマとなり、ブントは感情の三次元説[1]を展開した（シュルツ、一九八六、六九―七〇頁）。ブントの心理学上の貢献は主にこの方面においてなされた。

民族心理学は、言語・芸術・神話・社会慣習などに現れる精神発達の段階についての研究であり、実験心理学では不可能とされた高次精神過程を対象とするため、非実験的アプローチのみ可能であった（シュルツ、一九八六、六五頁）。

ブントの名声と研究室は、彼とともに学ぶことを希望する多くの人たちを世界中からライプチヒに引き寄せた。こうした学徒の中には、心理学のその後の発展に寄与した人々も多くいた。彼らはライプチヒの研究室をモデルとして研究を推進した（シュルツ、一九八六、六三―六四頁）。日本からも、後に述べる松本亦太郎をはじめとする多くの心理学者がブントの研究室で教えを受けた。

そういったブントの弟子の中で最もその体系を受け継ぎ、さらに発展させたものの一人がティチェナーであった。ティチェナーは、一八九三年、アメリカのコーネル大学に招聘され、アメリカにおいて心理学を制度として確立した。ティチェナーは思考という高次の精神過程についても研究対象にしたが、自身の内観的実験心理学に適合しない児童心理学や動物心理学などは否定した。構成主義への様々な批判とも戦い、多くの弟子を育成するが、彼の死後、アメリカでの構成主義の流れは途絶えた（シュルツ、一九八六、八八―一〇九頁、今田、一九六二、三二九―三三四頁）。

初期の心理学においてはブントの影響が大きかったが、一部ではブントと対立する形で様々な研究者が生まれていった。ドイツでは、エビングハウスなど高次精神過程を対象にするものや、ブレンターノのように観察や経験のデータを重視するものが現れた。また、ドイツ以外においても心理学に関する重要な動きがあった。それが、意識の構造ではなく意識現象の操作と過程に焦点を当て、アメリカで発展した機能主義であった。

機能主義は構成主義のように単一の学派とはならなかったが、意識の機能に関しては共通の関心を持っていた（シュルツ、一九八六、一一二―一一三頁）。機能主義の成立に影響を与えたのは、ダーウィンが一八五九年に出版した『種の起源』において初めて提唱した進化論である。シュルツはダーウィンの機能主義への影響を四点指摘している（シュルツ、一九八六、一一四―一二二頁）。一つめは、主として解剖学的な事実から、行動と心的過程の発達、そして動物と人間との間の心的機能の働き、両者の連続性の可能性を示唆したことである。二つめは、意識の内容ではなく、その果たす機能に心理学の意識を向けさせたことである。三つめは、内観以外の技法でも人間の性質を研究することができると示したことである。四つめは、心の一般法則から個人差に注目させたことである。これは、動物心理学に関心を集めさせるに十分な影響であった。

イギリスでは、進化論に影響を受けたマクデューガル、シャンド、トロッター、ウォーラスといった本能論心理学者たちが活発に活動した。マクデューガルは、アメリカのロスの『社会心理学』と並ぶ『社会心理学入門』を一九〇八年に出版し、イギリスにおける社会心理学の確立に大きな影響力を持った（カープ、一九八七、一九四―一三三頁）。

こういった流れを受け、ブントを始祖とする構成主義への批判がアメリカにおいて新しい心理学の大きな潮流となる行動主義を生み出した。

行動主義の登場した背景を、シュルツは二つ指摘している（シュルツ、一九八六、一八五―二〇四頁）。一つは、先ほどあげた、意識の内容よりもその働きを重視する機能主義の影響である。もう一つは、動物心理学の台頭である。ソーンダイク、パヴロフ、ベヒテレフらは、意識には全く言及することなしに条件反射・反応・行動といった生理学的な用語を用いることで高次の精神過程を説明することに成功した。

こういった背景の下、一九一三年にワトソンが『行動主義者の立場から見た心理学』を発表し、内観法ではなく観察やテスト、そして動物心理学の重要性を強調した。一九三〇年代からは、トールマン、ガスナー、スキナー、ハルらが、ワトソンの考え方を発展させた新行動主義を唱えた。行動主義は、その後もアメリカにおいて心理学の最も大きな潮流として、一九五〇年代まで心理学の各分野において影響力を持った（シュルツ、一九八六、二〇五―二七三頁、サトウ、二〇〇三、六六頁）。

構成主義への批判は、ドイツでも高まり、それがゲシュタルト心理学という一つの潮流となった。その背景には、先述のブレンターノに加え、カント、マッハ、現象学などの思想があった（シュルツ、一九八六、二七七―二八〇頁）。そして、ゲシュタルト心理学が一つの大きな潮流となったきっかけは、フランクフルト大学のヴェルトハイマー、コフカ、ケーラーの研究である。一九一二年に、ヴェルトハイマーが実際には運動が生じていないのに運動して見えるという現象に対する実験（「運動視に関する実験的研究」）を発表したのがゲシュタルト心理学の嚆矢とされる。ゲシュタルト心理学の考え方は、複雑な心的経験はその要素とは違うものであり、知覚の基本は構造化されたゲシュタルト（形態）であり、内観は単純な用語を用いて記述できる、というものであった。初期は感覚が主な研究対象であったが、その後レヴィンが環境と人との相互作用から心理学的現象を分析する場の理論によって、社会科学的方向性を打ち出し、一九三〇年代の終わりからは社会心理学に影響を与えた。一九二〇年代半ばにはゲシュタルト心理学は有力な学派となり、ベルリン大学を中心にして広く研究が行われた。だが、一九三三年以後はナチスが台頭し、ゲシュタルト心理学者の多くがユダヤ系であったため、大部分の研究者がアメリカなどに亡命した。そのため、ドイツでの影響力は小さくなり、アメリカに亡命した人々も行動主義に対抗するほどの影響力を持ちえなかった。だが、ゲシュタルト心理学の知見は児童心理学・精神医学などにも次第に取り入れられるようになっていった（シュルツ、一九八六、二七四―三〇九頁）。

これまでの心理学の流れとは別に、大きな影響力を持った学派として精神分析がある。精神分析は無意識を扱うことで情緒障害者を治療することを目指したため、知覚・感覚・学習といった心理学の伝統的な関心事とは大きくかけ離れていた（シュルツ、一九八六、三二一頁）。

精神分析誕生の背景には、無意識の重要性に気づいていたライプニッツやヘルバルトといった思想家の存在がある。また、催眠の医学的な価値を承認させたフランスのシャルコーや、ヒステリーの原因を身体ではなく心の障害であると見なし、催眠を治療の方法として重視したフランスのジャネの影響などもあった（シュルツ、一九八六、三二一―三一七頁）。そして、この精神障害と精神医学との結びつきがフランス心理学の特色となった（今田、一九六二、二七七―二八四頁）。こういった催眠の注目の背景には、アメリカに始まる心霊現象の流行があり、特にイギリスでは心霊研究協会が創立され、科学的な心霊研究が行われた（エレンベルガー、一九八〇、九六―九八頁）。

そして、フロイトは無意識が行動に影響すると考え、精神分析を創始した。フロイトは一八八一年に医学博士号を取得し、翌年には臨床神経学者として開業医となった。シャルコーにも学び、当初は催眠も用いて治療を行っていたが、徐々に自由連想などの独自の精神分析の方法を編み出していった。そして、一八九五年に最初の著書である『ヒステリー研究』を出版し、世間に自らの方法を広めた。一八九〇年代の半ばには、神経症における性の役割を重要視した。フロイトの精神分析の体系は、無意識を様々に分析し、パーソナリティの構造を解き明かすことを目指すものであった。二〇世紀の最初の一〇年においてフロイトの地位は大きく向上し、精神分析はドイツ以外にもアメリカをはじめ世界中に広まった。だが、一九三四年にナチスの影響でフロイトはドイツを去り、精神分析はドイツではほぼ根絶されてしまった（シュルツ、一九八六、三一八―三三九頁）。

精神分析はその成立後、親フロイト派と反フロイト派に大きく分かれ、ともに基本的にはフロイトの説に賛成だが、後者はその欠けたところや不十分なところを修正した新しい理論を創設した。親フロイト派は、オールポートやエリクソン、アンナ・フロイトであり、反フロイト派はユング、アドラー、ホーナイ、フロムらであった。反フロイト派は性の役割を低く見て、パーソナリティは目標・希望・期待や社会関係などによっても形成されるとした（シュルツ、一九八六、三四六―三七一頁）。

（2）日本の研究動向

日本でも江戸時代には心学といった心を扱う学問はあったが、その後の近代の心理学受容とは結びつかなかった。近代科学の成立および生理学的手法の確立という心理学成立に必要な分野も輸入したものであった（佐藤、一九九七b、六―一六頁）。そして、一八九〇年に、アメリカのジョンズ・ホプキンス大学でホールに学んだ元良勇次郎によりドイツの構成主義的な実験心理学が輸入され、東京帝国大学で心理学実験の授業が行われる。元良勇次郎については第3節で詳しく触れるが、多様な研究を行い、心理学以外にもかなり広い視野を持っていた。また、元良は東京帝国大学での研究室の成立、実験演習などのカリキュラムの規範化、心理学専修の成立による心理学者養成制度の確立といったことにも従事し、日本においてドイツのブントと同じような役割を果たす。

元良の跡を継ぎ東京帝国大学文科大学心理学研究室主任となったのが、松本亦太郎であった。松本についても第3節において詳しく触れるが、心理学の実践への応用の推奨、学会の整備など、心理学の全国的な組織化を行った。

戦争における心理学の応用もその一つである。松本によると、最初に海軍から相談を受けた（松本、一九三七、四六〇頁）。そして、一九一八年に、海軍は松本に「海軍実験心理学応用調査会」の顧問を嘱託した。これに続いて田中寛一や増田惟茂も海軍の嘱託となった。また、一九一八年に航空研究所が開設された。これは、第一次世界大戦で航空機が注目を集めたことが影響している。航空研究所は様々な機関と連絡をとっており、一九二〇年には航空心理部が開設された。これには松本をはじめとして、東京帝国大学関係者と東京高等師範学校関係者が参加した。一九四〇年代からはさらに陸軍とも協力関係があった。軍との協力においては、主に適性検査の研究が行われた（高砂、一九九七d、一九九七e）。

元良、松本の活躍により、日本にも心理学は浸透し、様々な大学で心理学研究室が整備され、いくつかの研究所も創設され、東京帝国大学以外でも多彩な研究が行われた。(2) そして、一九一九年には初の学術的な心理学雑誌である『日本心理学雑誌』が創刊され、一九二六年には一般向けの『心理研究』と合併して『心理学研究』となった。翌年には初の全国的組織である日本心理学会の第一回大会が開かれ、『心理学研究』が学会の機関誌となった。また、心理学関係の雑誌には『心理学研究』以外にも、一九一六年に創刊された『変態心理』や、一九一六年に創刊された『教育心理研究』、一九三一年に創刊された『応用心理』があった。

第二次世界大戦が始まり、日本が戦時下に置かれると、心理学の研究に対しても影響が現れるようになる。だが、学術的な心理学においては、軍部のイデオロギーとさほど関係のない知覚に関する研究が多かった。そのため、心理学の有用性を実社会に積極的にアピールすることとはならず、ドイツのような講座拡大につながることはなかった（高砂、一九九七f）。そして心理学における学問的活動は停滞し、一九四〇年には『教育心理研究』が休刊となり、一九四一年には心理学系の四学会が統一され心理学会が誕生したが、一九四四年には『心理学研究』も休刊した。

次に行動主義について見ていく。行動主義は、一九一四年に大槻快尊が紹介するなど比較的早くから輸入されていたが、アメリカの行動主義に対しては批判的な声が強く、戦前の日本ではあまり顧みられることはなく、戦後に強い影響力を持つこととなった。これに関連し、行動主義で行われていた動物実験も日本では戦前には少なく、戦後になってから急激に増えた（佐藤、一九九七e）。戦前に行動主義の研究を行っていたのは、東京帝国大学の増田惟茂や、関西学院の今田恵であった。特に、今田は、関西学院の初代心理学研究室主任として戦後の行動主義導入にも大きく貢献した（今田、二〇〇一）。

行動主義とは対照的に、ゲシュタルト心理学は日本で広く受容された。背景としては、哲学における現象学の輸入、ヴェルツブルグ学派の文献の輸入がブント心理学に対する不満と結びついたことがあったと松本は指摘している（松本、一九三七、四四四―四五一頁）。ゲシュタルト心理学の輸入は、ベルリン大学に留学した佐久間鼎、小野島右左雄、千輪浩、高木貞二らによってなされ、『心理学研究』などにゲシュタルト心理学の論文が掲載され始め、著書や訳書も刊行され、学会において大きな力を持った。ゲシュタルト心理学は前述のように知覚を主に扱っていたため、一九三〇年代以降の日本の心理学の主題は知覚が中心となった（高砂、一九九七b、二四二―二四三頁、吉田、一九七一、二八〇―二八二頁）。

最後に精神分析について見ていく。精神分析は、催眠学の発展という西洋の流れとは異なり、心理学の学説の一つとして日本に紹介された。一九〇三年に佐々木正直が『哲学雑誌』で紹介し、それに続いてアメリカに留学し、フロイトと実際に会った蠣瀬彦蔵により、一九一一年に『哲学雑誌』で本格的に紹介されたのが始めであるとされる。その後、『心理研究』や『変態心理』でも精神分析が紹介され、その中心的存在が大槻憲二、矢部八重吉であった。二人は一九二八年に東京精神分析学研究所を創立し、一九三三年には機関誌『精神分析』を創刊した。精神分析と医学を結びつけたのは、丸井清泰であった。丸井はアメリカに留学し、マイヤーに師事し、そこでフロイトの学説を知った。そして、丸井の弟子の古沢平作は一九三三年に東京で「古沢精神分析学診療所」を開き、精神療法としての精神分析を実践した（佐藤、一九九七d）。だが、精神分析やそれと関わる臨床心理学的な研究はあまり日本では行われなかった。その原因には福来友吉の研究についての論争がある。西欧における精神分析の背景となった催眠術、心霊主義の両者が日本においては強く結びついており、その中で福来は催眠術からスタートし、透視や念写などの心霊主義の研究を行った。だが、この研究は失敗したと判断され、福来は職を辞し、心霊主義だけでなく、臨床分野の心理学の発展が日本では遅れることとなった（小泉、二〇〇五）。

（3）　心理学の量的な動向

ここまでは、世界と日本における心理学の動向について、「重要な」出来事を中心にして述べてきたが、この方法では何を「重要な」出来事とするのかについて恣意的な見解が多大に入り込んでしまう。また、第4節で行う通時的な蔵書の量的な検討を行う際に、そのための量的な基準が必要となるが、出来事を述べていくだけでは心理学全体の動向ははっきりしない。そこで、本項では、世界と日本の心理学の量的な動向を知るために二つの論文を取り上げる。世界的な動向に関しては、世界的な抄録誌である *Psychological Index* を用いた Forty Years of Psychology（Maller, 1934）、日本の動向に関しては、日本心理学会での発表内容を用いた「発表論文から見た日本心理学界の趨勢」（永澤、一九五二）をそれぞれ取り上げる。

世界的な心理学の量的な動向

まず、世界的な心理学の動向については、Forty Years of Psychology を参考にして量的に検討する。この論文は *Psychological Index* を用いて、一八九四年から一九三三年までの世界的な心理学の動向を取り扱っている。*Psychological Index* は、世界的な心理学関係の図書および雑誌記事を分野別に分類して収録している索引誌である。一八九四年にボールドウィンとキャテルの編集により創刊された *Psychological Review* の別冊として一八九五年から刊行された。その後、一九二七年に独立した索引誌として *Psychological Abstracts* が創刊されたことにより、一九三五年に *Psychological Index* は廃刊となる。

Psychological Index が収録している文献は、アメリカだけでなく世界各国の心理学関係の文献であり、世界各国の心理学者が編集者として参加している。一九二九年における具体的な参加国の編集者を表2-1に示す。アメリカの編集者は確かに多いが、ドイツ、フランス、さらにはロシアからも参加している。

日本の心理学者は編集に参加していないが[3]、『心理学研究』の論文はいくつか掲載されている。海外の大学に送付された『心理学研究』を読んだ編集者が報告したものだと考えられる、と高砂は指摘している（高砂、一九九七c、二四九頁）。

Psychological Index で用いられている分類は、時代によって何度か変更されているが、一九二九年度版以降は表2-2に示す通りである。一三の大項目とその下の小項目からなる。大項目別にそれぞれ見てみると、教科書や心理学史、方法論に関した心理学一般を「General」で、神経や脳を対象とした生理学的な心理学を「Nervous System」で取り扱っている。心理学の基礎的な分野である感覚を「Sensation and Perception」で、感情を「Feeling and Emotion」で、学習や動作を「Motor Phenomena and Action」で、注意や思考を「Attention, Memory and Thought」でそれぞれ扱っている。続いて、応用的な分野では、社会心理学を中心として言語心理学、性心理学をも含んだ分野を

「Social Functions of the Individual」で、産業心理学を「Industrial and Personnel Problems」で扱っている。精神分析や催眠、超心理学という実験心理学からは離れた臨床的な分野を「Special Mental Conditions」で、それ以外の臨床的な分野を「Nervous and Mental Disorders」で扱っている。そして、発達心理学を「Mental Development in Man」で、教育心理学を「Educational Psychology」で、動物および植物に関する心理学を「Plant and Animal Behavior」で扱っている。Forty Years of Psychology では一九二九年以前の分類との整合性を持たせるために、「Social Functions of the Individual」と「Industrial and Personnel Problems」を「Social」に、「Special Mental Conditions」と「Nervous and Mental Disorders」を「Abnormal」に、「Mental Development in Man」と「Educational Psychol-

表 2-1　1929年版 *Psychological Index* の編集者（(　) 内は所属）

Walter S. Hunter (Clark University：米)
Raymond R. Willoughby (Clark University：米)
Howard C. Warren (Princeton University：米)
Edward S. Robinson (Yale University：米)
Samuel W. Fernberger (University of Pennsylvania：米)
Raymond Dodge (Yale University：米)
Herbert S. Langfeld (Princeton University：米)
Mary Collins (Edinburgh：英)
G. C. Ferrari (University of Bologna：伊)
Marion N. Hulin (Princeton University：米)
G. A. Jaederholm (Partille：スウェーデン)
F. A. Kingsbury (University of Chicago：米)
Otto Klemm (University of Leipzig：独)
Rovert Leeper (Clark University：米)
V. Osipov (Leningrad：露)
H. Pieron (Sorbonne：仏)
Friedrich Sander (University of Giessen：独)
F. L. Wells (Boston Psychopathic Hospital：米)

表 2-2　1929年度版における *Psychological Index* の分類（大項目のみ）

I.　General
II.　Nervous System
III.　Sensation and Perception
IV.　Feeling and Emotion
V.　Motor Phenomena and Action
VI.　Attention, Memory and Thought
VII.　Social Functions of the Individual
VIII.　Industrial and Personnel Problems
IX.　Special Mental Conditions
X.　Nervous and Mental Disorders
XI.　Mental Development in Man
XII.　Educational Psychology
XIII.　Plant and Animal Behavior

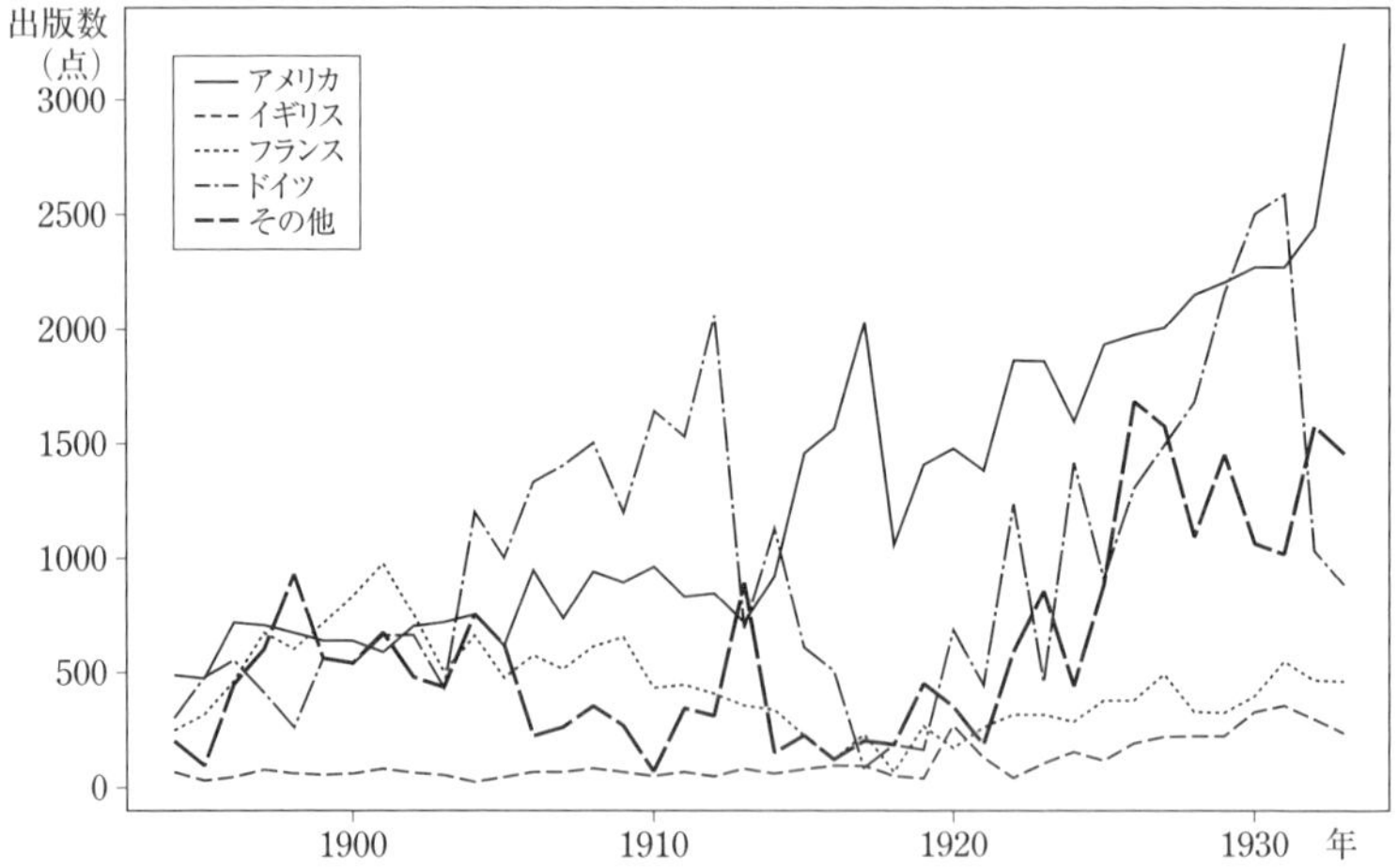

図 2-1　国ごとの出版数の変化

＊Maller, 1934, p. 537 より作成

ogy」を「Education」にまとめて一つの分類として扱っている。*Psychological Index* は、必ずしもすべての文献を網羅しているわけではなく、分類も完璧なものとはいえない。そこに一定の限界があるが、それでもすべての文献を収集しようと意図したものであり、分類も一般的な動向から大きく外れていない。そのため、当時の心理学の動向についてはここからおおよそ知ることができる。

Forty Years of Psychology では、この *Psychological Index* を用いて、世界的な心理学の動向について三つの点を検討している。一つめは、(4)国ごとの心理学関係の出版数の変化、二つめは、心理学における研究分野の流行の変化、三つめは、アメリカ、ドイツ、イギリス、フランスの心理学研究の特徴である。

まず国ごとの出版数は図2-1のようになった。時間の経過とともに全体的に増えており、おおよそ四割が英語、一割強がフランス語、三割がドイツ語であった。ただし、第一次世界大戦期と一九三二年以降は、ドイツ語の研究は減っている。第一次世界大戦期の減少についてはイギリスの海上封鎖などの戦時体制の影響（林、一九五六、二四六―二四八頁）が、一九三二年以降の減少については海外市場への進出失敗や第一次世界大戦の賠償（林、一九

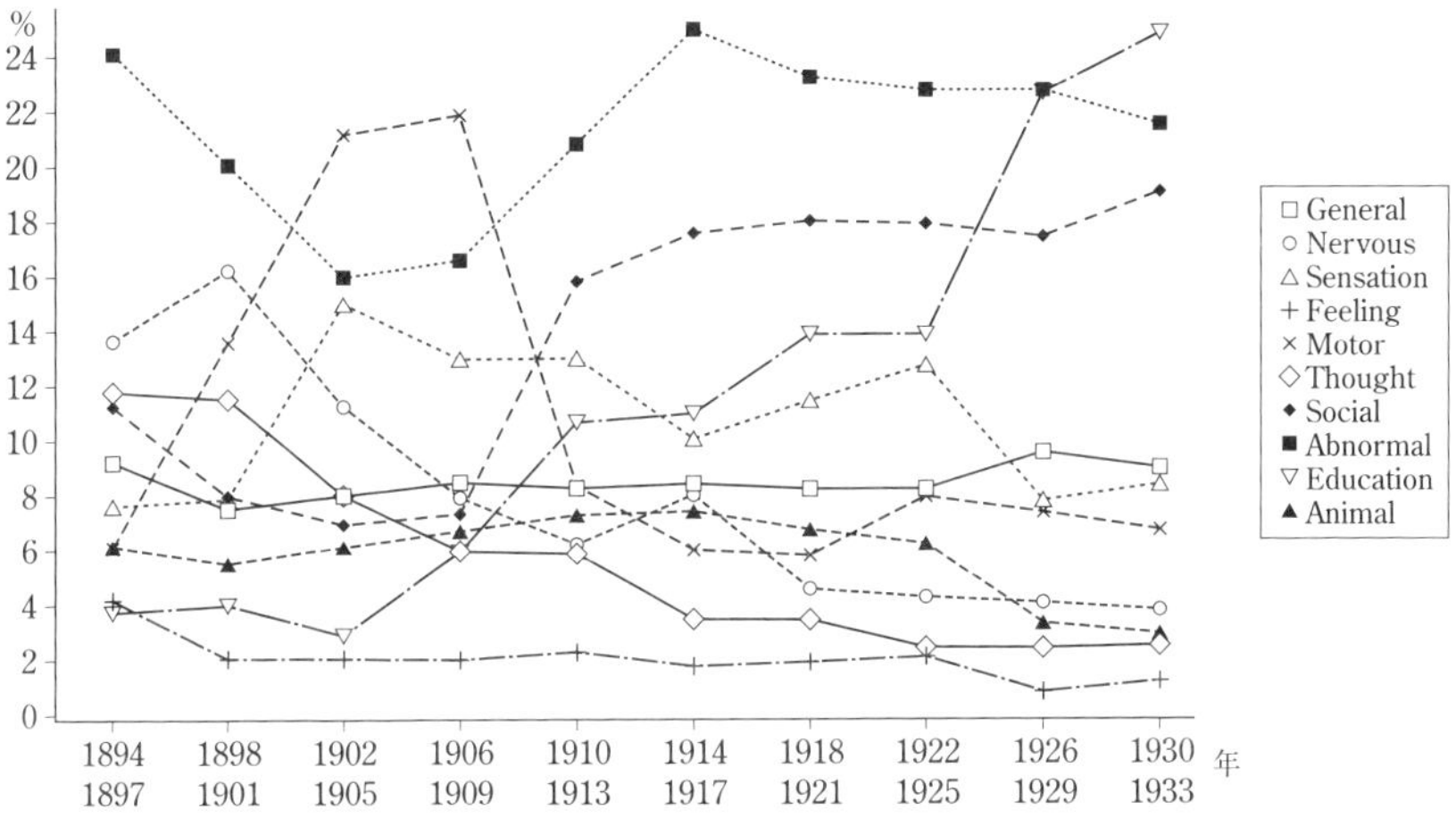

図2-2　研究分野の動向の変化

＊Maller, 1934, p. 544 より作成

五六、二八一―二八六頁）、世界恐慌の影響があったためと考えられる。

次に、研究分野の動向の変化については、図2-2のような結果となった。「Nervous System」や基礎的な分野である「Feeling and Emotion」、「Attention, Memory and Thought」は減少しており、応用的な分野である「Social Functions of the Individual」と「Industrial and Personnel Problems」、「Mental Development in Man」と「Educational Psychology」は伸びており、同じく応用的な分野である「Special Mental Conditions」と「Nervous and Mental Disorders」とを併せて、全体の半分以上を占めるまでに成長している。

最後に、各国における研究分野の特徴については、世界的に一致している点も多いが、国によって違いもある。まず、アメリカでは「Plant and Animal Behavior」や「Mental Development in Man」と「Educational Psychology」についての割合が他国より高い。逆に「Special Mental Conditions」と「Nervous and Mental Disorders」や基礎的な分野の割合は小さい。イギリスでは「Social Functions of the Individual」と「Industrial and Personnel Problems」の割合が高い。ドイツでは「Sensation and

Perception」、「Special Mental Conditions」と「Nervous and Mental Disorders」の割合が高い。フランスでも「Special Mental Conditions」と「Nervous and Mental Disorders」の割合が高い。

この結果は、これまで見てきた心理学の動向と大まかに一致している。まず出版数は、心理学の発祥地であるドイツだけでなく、行動主義が生まれたアメリカで心理学が盛んになっていったことを示している。また、基礎的な分野から様々な領域に心理学が広がっていることが示されている。ただし、感覚を中心に研究していたゲシュタルト心理学と学習を中心に研究していた行動主義の影響で、「Sensation and Perception」と「Motor Phenomena and Action」は、「Feeling and Emotion」と「Attention, Memory and Thought」より減り方が少ない。各国の特徴に関しては、応用的な分野が流行したアメリカ、社会心理学の祖の一つであるマクデューガルを輩出したイギリス、基礎的な分野を重視する構成主義とゲシュタルト心理学、それに精神分析の祖であるフロイトを生み出したドイツ、臨床心理学寄りなフランスといった傾向がそれぞれ見られる。

日本における心理学の量的な動向

次に、日本の動向について、日本心理学会等の発表件数から検討した「発表論文から見た日本心理学界の趨勢」（永澤、一九五二）を参考にして量的に見ていく。永澤は一九二七年から一九五一年までの日本心理学会における発表について分類し、分野ごとに戦前と戦後に分けた集計を行っている。

Psychological Abstracts の基準を用いた永澤の分類は表2－3で示す通りであった。「Social Functions of the Individual」と「Crime & Personal Problem」と「Industrial & Personnel」を「Social」の項目に、「Evolution & Heredity」、「Childhood & Adolescence」、「Mental Test」、「Personality & Character」、そして「Educational Psychology」を「Educational」の大項目にそれぞれまとめ、残りは対応する大項目にそのまま分類し、Forty Years

表2-3　永澤の用いた分類

1. General
2. Sensation & Perception
3. Feeling & Emotion
4. Attention, Memory, Thought
5. Nervous System
6. Motor Phenomena & Action
7. Plant & Animal
8. Evolution & Heredity
9. Special Mental Condition
10. Social Functions of the Individual
11. Industrial & Personnel
12. Childhood & Adolescence
13. Educational Psychology
14. Mental Test
15. Functional Disorder
16. Personality & Character
17. Crime & Personal Problem

表2-4　分野ごとの日本心理学発表件数

分野	日本心理学会発表の割合
General	4. 00%
Nervous System	1. 00%
Sensation & Perception	26. 00%
Feeling	5. 00%
Motor	4. 00%
Thought	11. 00%
Social	16. 00%
Abnormal	5. 00%
Educational	25. 00%
Animal	3. 00%

＊永澤（1952, p. 107）より作成

of Psychology と同じ分類とした。

日本心理学会の分野ごとの発表件数は大まかには表2－4となり、「Sensation & Perception」、「Educational」、「Social」の三つが飛び抜けている。世界的な動向においては多かった「Abnormal」は少ない。

これは、日本の心理学がドイツの実験心理学およびゲシュタルト心理学の影響を大きく受けており、基礎的な研究、特に知覚に関する研究を行っていること、また福来友吉の事件以来、臨床心理について研究することが難しくなったことを反映しており、日本の心理学の動向について大まかに反映をしている。

2　文学部心理学研究室のインフラ

東京帝国大学文学部では、学生が主に関係する学科と、教授、助教授、助手からなる講座が正式な組織としては存在していた。そして、大学管理制度に明文化されていないが、学科と講座を結びつけ、学生と教員が接する場として研究室が存在した。また、この研究室は学生と教員が物理的にふれあう部屋をも意味する。現在でも教授の教員室とは別に共用スペースとしての研究室は存

在している。本節では研究室のこの二つの側面について心理学研究室と他の研究室とを比較しながら概観し、教員にとっての制度的、物理的「領土」について明らかにする。

（1）心理学研究室に対応する学科、講座

まずは、大学制度上の研究室を、学科における位置と講座における位置という点から見ていく。心理学研究室は後に見るように一八九七年に創設されるが、その当時、東京帝国大学は、法科、医科、工科、文科、理科の各分科大学に分かれていた。当初、帝国大学令においては、法科大学のみが学科制を敷くことが規定されていたが、やがて他の分科大学も学科制を敷いた。一八九七年に文科大学は九学科を有したが[5]、心理学という名前を冠した学科は存在しなかった。ただし、文科大学では心理学が教えられており、各学科の二年次に「哲学及心理学」、哲学科の三年次には「心理学講義及演習」があった。一八八八年からは、哲学科の「随意課」ではあったが、元良勇次郎が担当する、実験心理学に基づいた実験演習となる「精神物理学」が開講された。さらに元良は一八九〇年に文科大学教授に就任した（高砂、一九九七a、四五頁）。そのため、心理学研究室に所属する学生は哲学科に在籍していたと考えられる。

一九〇四年には学科が改正され、九学科から哲学科、史学科、文学科の三学科にまとめられた。そして、学科課程も、学年ごとに授業がほぼ固定されている学年制が変更され、単位制となった。単位制とは、受験学科を一つ選び、それについて決められた必修科目約一〇単位を一定在学年度以上かけて取得し、それに加えて外国語試験に合格すれば、論文試験と口述試験からなる卒業試験受験の資格が与えられるという制度である。当初の単位制度では卒業のために必要な単位があまりに少なく、授業の修了試験も制度化されていなかった。そのため、一九一〇年から受験学科は専修学科と改称され、必修科目と選択科目から授業を選択の上、取得する単位数が二倍になり、授業の修了試験が義務化された。また、外国語試験は二カ国語以上だったのが、一カ国語でもかまわないとする学科が登場し、さらに

一九一六年には外国語がすべての学科で一カ国語となった（東京大学百年史編集委員会、一九八六、四二一―四二二頁）。この専修（受験）学科は一九あり、心理学も哲学科の中の一専修学科として独立した[6]。一九〇五年には初の心理学専修生が卒業し、その中には後に心理学研究室の三代目の教授となる桑田芳蔵も含まれていた（東京大学百年史編集委員会、一九八六、八一九―八二二頁）。

その後、一九一九年には大学令によって、文科大学が文学部に改称された。三学科制も変更を受け、専修学科がそれぞれ独立し、一九学科制となったが、心理学科については特に変化はなく、独立した学科のままであった。学科制の変更に伴い、単位制度は卒業までに修了すべき単位総数と、各学科の専門の授業において修了すべき単位数の最小限を定めるのみになった。さらに、専門研究に進もうとするものと、一般教養のために学ぼうとするものとによって単位数を変えた。また、一九二九年からは専攻学科に属する演習が必修となった（東京大学百年史編集委員会、一九八六、四二三―四二四頁）。

次に、教員の側からの制度、講座制における心理学研究室の位置づけについて述べる。すでに見たように講座制は一八九三年に創設された。当時の文学部には二〇講座あり、講座の種類は一二であった。このとき、後の専修学科では分かれることとなる国文学と国史が同じ講座になり、心理学も、他の専修学科となる倫理学と「心理学・倫理学・論理学講座」として同一の講座とされた。

ただし、心理学・倫理学・論理学講座は第一講座と第二講座があり、第一講座が心理学、第二講座が倫理学と論理学となっており、実質的には相互に独立していたとも考えられる。次項で述べる場所としての研究室も、お互いに別の部屋が割り当てられていたことからもこのことがうかがえる。また佐藤は、東京帝国大学哲学科を整備した井上哲次郎が、海外留学から帰国後、一八八八年に文部大臣への報告書の中で「哲学諸科の中心理倫理論理並に哲学史の如きは啻《ただ》に哲学専門の士に必要」と述べていることを指摘している。そして、この報告書で「心理倫理論理」が必要とされたことが心理学・倫理学・論理学講座の創設の遠因ではないかと述べている（佐藤、二〇〇二、二六八頁）。これが事実だとすると心理学・倫理学・論理学講座は、そもそも学問上のつながりもなく一つにまとめられた講座であり、共同して研究することは想定されていないということとなる。

だが、心理学研究室の初代教授である元良は倫理学についての研究も行っており、図書も出版している（元良、一八九三）。そのため、初代教授の時代には心理学と倫理学の講座と研究室はかなり学術的に近い位置にあり、両研究室図書室の間で倫理学、心理学の図書を分担して購入した可能性はある。

一九一八年になってようやく第一講座は心理学講座、第二講座は倫理学講座にそれぞれ名称が変更され[7]、他の講座との合併や分割、講座の増設は心理学講座においては、その後戦後までなかった（東京大学百年史編集委員会、一九八六、八一九頁）。

（2） 場所としての研究室

第2項では、心理学研究室がどのような物理的な場所であったのかについて述べる。

文学部における場所としての研究室は、一八九七年に国語学研究室が創設されたのを嚆矢とする。そして、心理学も同年、研究室が創設された。中には、一つの講座や学科に研究室がない場合と、共用で一つの研究室を使っている場合もあった。例えば印度哲学と宗教学は研究室を共用していて、合同で会合を開くなど密接な関係にあった（東京大学文学部宗教学研究室、一九八〇、三六頁）。このような場合、図書の購入にも影響があった可能性がある[8]。

以上のように文学部における研究室の数は、必ずしも講座や学科の数と一致していない場合もあった。だが、心理学研究室は、講座や学科の場合と同様に独立していた。次は、心理学研究室が具体的にどのような場所にあったのかについて述べる。

心理学研究室は大きく分けて三回移転しており、時期は四つに分けることができる[9]。最初は、一八九七年から一九〇三年までの時期である。松本亦太郎によれば、この時期の研究室は法文科大学本館の東北隅の人小二室にあり、比較的大きな部屋を講義室、小さな部屋を実験室として使用していた。これらの部屋のどこに図書が置かれていたかは不明だが、「器械図書の新に海外より購求せらるるもの年々相継ぎ」、そのため講義は他の教室で行い、実験室もさらにもう一部屋借りた、という記述があるので、研究室に一定の図書が置かれていたことは間違いない（松本、一九一四、五七四—五七五頁）。

当時の心理学講座の教授であった元良は、独立した研究室を比較的早くから求めた。大学側も一九〇二年に、取り壊すことになっていた医科大学の病理学教室を改築することでその求めに応じた。留学中に欧米の心理学研究室を見て回っていた松本の意見を積極的に取り入れてこの改築は行われ、翌年になって新研究室は完成した[10]。この研究室は、視覚室、聴覚室、時間研究室など一二部屋もあり、その中には図書室も含まれていた[11]（肥田野、一九九八、三一三頁）。

一九一八年になると、航空研究所内に航空心理研究部が併設された。すでに述べたように、この研究部は当時の心理学研究室の主任であった松本が主任を兼ねるなど心理学研究室とのつながりが強かった。一九一九年には、航空心理研究室が心理学研究室の東側に新設された。航空心理研究室は六室に分かれており、その中に図書室はなかったが（肥田野、一九九八、三一八—三一九頁）、現在の心理学研究室には航空心理研究室の旧蔵書が残されており、場所も隣だったことから航空心理研究室と心理学研究室で図書を分担して収集していた可能性はある。

一九二二年になると、安田講堂を建築することが決まり、その予定地にあった心理学研究室は航空心理研究室とともに移転することとなった。そして、弥生門にほど近いあたりに移転したが、間取りに大きな変化はなく、小使室が増えた程度であった。だが、この移転直後の一九二三年に関東大震災が起き、東京帝国大学も大きな損失を被った。文学部の研究室も、蔵書を含め、その多くが焼失した。ただし、心理学研究室は他の文学部とは場所が離れていたためか、被害はほとんど受けなかった（肥田野、一九九八、三一六頁）。

震災後、心理学研究室は一九三五年に完成した法文二号館に移転し、教員室、図書室、暗室、防響室など一九室を擁することとなった（東京大学百年史編集委員会、一九八六、八二七頁）。航空心理研究室も同様に移転した（肥田野、一九九八、三二九頁）。

以上のように、心理学研究室は他の研究室と部屋を共有することがなく、それどころか戦前の長い期間、独立の建物に置かれていた。そのため、図書の選択に関して、他の研究室からの影響は少なかったと考えられる。ただし、航空心理研究室とは、図書の分担収集の可能性があったことは考慮しなくてはならない。

心理学の研究室の独立性には、苧阪が指摘するような特殊性が関係していると考えられる。それは、心理学では、実験を行う必要があるということである。また、被験者は学生のことが多いため、心理学研究室は「教室員と学生と実験装置の三重作用の場であり、昼間は教育、夕方からは実験的、文献的研究の空間」となり、教員の専有スペースとしての研究室が大半を占める文学部の他の研究室とは異なる機能が必要であった。さらに、心理学の実験を行うためには、様々な用途の部屋が必要となる。まずは、工作室である。心理学の実験では、自作の実験装置が必要な場合が多い。そこで、心理学研究室には、工作室が設けられる。だが、工作室は騒音と素材の屑が出てしまうため、同じ場所にあると他の研究室に迷惑がかかってしまう。また、動物実験の動物を飼育するための飼育室、さらには、図書室、演習室、供覧実験室、準備室なども必要である。こういったことを考慮すると、心理学研究室は他とは独立した建物が必要となることがわかる（苧阪、一九八七、四七五頁）。

3　心理学研究室の教員

本項では、心理学（・倫理学・論理学）講座の教員の経歴および関心を持っていた分野、また教員による図書と図書館の利用について述べ、教員自身の知識の世界について検討する。

まず、一九四一年までの研究室の教員の変遷について述べる。教授であったのは、一八九三年から一九一二年までが元良勇次郎、一九一三年から一九二六年までが松本亦太郎、一九二六年以降は桑田芳蔵であった。次に助教授であったのは、一九〇八年から一九一三年までは福来友吉、一九一七年から一九二六年までが桑田芳蔵、一九二二年から一九三三年までが増田惟茂、一九二六年以降が千輪浩、一九三三年からはこれに高木貞二が加わる。すなわち、一九二二年以降は助教授が常に二人いた。

また、講座には教授、助教授に加え、助手の席もあった。助手は、自分の研究の他に授業外での学生の指導などに加えて、研究室の事務的な仕事を担っていたので、図書の扱いにも関わっていたと考えられる。だが、助手は講座の中では最も低い地位にあり、研究者としてのキャリアも浅かった。さらに心理学講座の助手は数年単位で交代しており、必ずしも助教授、教授に昇進することが保証されていたわけではなかった。こういったことを考慮すると、実際の講座の構成員としての助手の地位は制度内の位置づけ以上に低かったと考えられる。そういった観点からすると助手は、選書にある程度関わっていた可能性はあるが、講座や大学の専任の教員と捉えるべきではないと考えられるので、今回の検討には加えない。

（1）　元良勇次郎

初代の心理学研究室主任となった元良勇次郎は、一八五八年に三田藩の藩校の儒学者の家に生まれる。一八七五年に新島襄が創立した同志社英学校に入学し、そこでヘブンの心理学に出会った。一八七九年に上京して学農社で教鞭をとり、一八八〇年に東京大学の選科生となり、翌年東京英学校で数学教員となる。また、当時の知識界に大きな影響を与えた『六合雑誌』の創刊に関わり、生物学や教育学などに関した論文を執筆する。そして、教育に関する論文をまとめ、教育活動において児童の心理状態を把握することの必要性を訴えた『教育新論』という初めての単著を出版する（佐藤、二〇〇二、六九―七七頁）。

一八八四年から、アメリカのボストン大学へ留学する。ボストン大学を選択した理由としては、当時の勤務先である東京英和学校がボストン大学と交流していたこと、ボストン大学の哲学者、バウンが当時有名であったことがあげられる（佐藤、二〇〇二、八六頁）。ボストン大学では心理学教育は行われていなかったので、この留学は心理学を学ぶためではなかったこととなる。そして、元良はバウンの学問上の立場と意見が合わず、大学の雰囲気が自由でなかったことから、ジョンズ・ホプキンス大学に転学することとなる。佐藤はジョンズ・ホプキンス大学に残されていた元良の転学願いに関する書簡を検討し、精神物理学および実験研究への元良の関心がこのとき強かったことを指摘している（佐藤、二〇〇二、九〇―九五頁）。転学後に学んだ科目は、哲学史、心理学、教育学を中心としており、いずれもホールが担当していた。ホールは、ライプチヒ大学のブントから心理学を学び、アメリカの心理学研究に大きな影響を与えた人物である。元良はホールの指導を受け、実験心理学の共著論文を執筆し、心理学者としての基礎を固めた。そして、一八八八年にジョンズ・ホプキンス大学からPh. Dを取得し帰国する。元良の学位取得論文は、社会学、生理学、哲学、心理学などの広範囲にわたるものであり、元良の関心の広さがうかがえる。その後、東京英和学校および帝国大学文科大学講師に就任し、日本初の心理学者として様々な場所に心理学を広めることとなる（佐藤、二〇〇二、九五―一一〇頁）。

帝国大学では、先述のように実験演習を担当し、一八九〇年には、帝国大学文科大学教授に就任し、心理学の授業を一手に引き受ける。そして、一八九三年には心理学・倫理学・論理学講座の初代教授に就任し、一八九七年には研究室の初代主任となる。帰国当初は、アメリカで学んだ知識を生かして、月の錯視や読み書き難易といった感覚・知覚・言語心理の研究を行っていた。また、アメリカでの学位論文にも示されているように、社会学にも興味を持っていた。社会心理学に関する講義も行い、日本の社会心理学の起源であったとの指摘もある（佐藤、二〇〇二、一二〇―一二一頁）。また、渡米前から持っていた教育への関心を、教育・発達・異常・障害に関する問題に心理学を適用することで研究に生かしている（佐藤、二〇〇二、一四九―一五九頁）。一八九二年には精神病者の反応時間の研究、一八九六年には白内障患者の開眼時の視覚の研究、一九〇〇年頃からは児童の注意の研究、一九〇六年には障害児の注意の研究を行い、一九〇八年には遅性児童教育研究所を設立した。さらに東洋的思想の影響を受けた心元論を核とした心理学の独自の体系化も行った（佐藤、二〇〇二、二一五―二四四頁）。また、情（単純な衝動）を重視した心理学に近い倫理学の研究も行った（元良、一八九三）。

元良は、日本初の心理学者であり、アメリカのジョンズ・ホプキンス大学で心理学以外にも様々な分野を学び、学位を取得して帰国した。その際の経験を生かして、感覚、知覚、注意といった心理学の一般的な分野以外にも、社会、教育、発達、異常、障害といった様々な分野について研究を行った。

（2）　福来友吉

福来友吉は、一八六九年岐阜県に生まれる。東京帝国大学に入学後、元良の下で心理学を学び一八九九年同大学文科大学哲学科を卒業し、同大学院に進学する。当時としてはめずらしく留学を経ないまま研究を行い、一九〇六年には東京帝国大学文科大学講師に、一九〇八年には同大学助教授に就任する。その研究内容は、当初、催眠を専攻しており、一九〇六年に「催眠の心理学的研究」で文学博士号を取得している（鈴木、一九九七a、一三八―一三九頁）。

だが、その後超自然的現象、特に透視と念写に福来の関心は移っていく。その遠因に、ジェームズの影響があると鈴木は示唆している（鈴木、一九九七b、一四〇頁）。ジェームズは、機能主義心理学者であるとともに心霊主義にも関心を持っていた。福来はジェームズの著作を何冊か翻訳しており、そこから透視と念写という心霊主義に関心を持つようになったと考えられる。

福来の代表的な研究は御船千鶴子の透視実験である。福来は彼女の能力を確信し、一九一〇年生物学者や物理学者立ち会いの下、三回の大規模な実験が行われた。実験自体は成功といえるものの、一部手続きなどに疑問が残ったため猛烈なバッシングが起こり、御船は自殺してしまう。次に、長尾郁子の念写実験もあげられる。一九一〇年から一九一一年にかけて何度も実験が行われたが、実験道具の盗難などの事件により、御船事件以上のバッシングが起こり、その最中に長尾は病死してしまい、騒動は終局する。こういったバッシングが起こった後も、福来は一連の研究をまとめた著書を刊行するなど透視や念写の研究を続けたためか、一九一三年に休職処分を受け、一九一五年退職する（鈴木、一九九七b）。

（3）松本亦太郎

松本亦太郎は、一八六五年群馬県に生まれる。東京帝国大学文科大学哲学科に入学後、元良勇次郎に師事し、一八九三年に同大学院に進学する。大学院進学後は、音響の研究を行おうとするが、音楽の修養が欠けていたため研究の範囲を縮小し、音の空間知覚、すなわち音の方向および距離をいかにして知覚するかについての研究を行った（松本、一九三九、一五一頁）。一八九六年からはアメリカに留学し、ライプチヒ大学で学んだスクリプチュアに師事し、研究室助手も務めた。ここで大学院時代から研究してきた聴覚についての「聴的空間の研究」という論文をまとめ、一八九九年に帝国大学から文学博士の学位を取得する。

一八九八年からは、日本人としては初めて心理学を目的とした官費留学としてライプチヒ大学のブントの下に移り、研究を行った。この留学の最中、松本は、アメリカではハーバード大学、コロンビア大学、クラーク大学、ケンブリッジ大学、欧州ではベルリン大学、ゲッティンゲン大学、ビュルツブルグ大学、チューリッヒ大学といった各大学の心理学研究室を視察した（佐藤、一九九七c、九二―九五頁）。

一九〇〇年に帰国して東京高等師範学校・女子師範学校教授に、一九〇一年からは東京帝国大学文科大学講師に就任する。イエール大学での助手、各大学の心理学研究室の視察といった経験を生かして、東京帝国大学の心理学研究室の設立にも大きな影響を与えた。一九〇六年に京都帝国大学文科大学教授に就任し、日本で初めて心理学単独講座の教授となり、こちらでも心理学研究室を設立した。そして一九一三年に元良の後を継いで、東京帝国大学文科大学教授に就任する。研究分野は主に、感覚・知覚、反応時間、動作研究、知能や精神発達についてであり、また心理学の実験室外への応用を重視した。こういった心理学の応用の重視は、松本の弟子たちに心理学の応用的研究への展開を促した（東京大学百年史編集委員会、一九八六、八二三―八二四頁）。

（4）　桑田芳蔵

桑田芳蔵は、一八八二年鳥取県に生まれる。東京帝国大学文科大学に入学し、元良勇次郎に師事する。一九〇五年に第一回の心理学専修の卒業生となり、同大学院に進学。一九〇六年からは助手に就任し、一九一〇年にはドイツのライプチヒ大学に留学する。そこでブント、クリューガーに師事し、主に民族心理学を学ぶ。一九一二年に帰国し、翌年東京帝国大学文科大学講師に就任する。一九一七年からは東京帝国大学文学部助教授に、さらに一九二六年には、松本の定年退職により東京帝国大学文学部教授に就任する（天野、一九五五、三六一―三六二頁、大泉、二〇〇三a、四三三頁）。

桑田の研究は、民族心理学、社会心理学に重きを置いていた。民族心理学に関しては、留学先で学んだブントの民族心理学を紹介し、台湾の児童と日本の児童とを比較した調査を行った。そして、日本人の国民生活に大きな関係を持つ霊魂と祖先に対する崇拝についての論文「霊魂崇拝と祖先崇拝――民族心理学的研究」により、一九二一年文学博士の学位を授与されている。その後、ブントの民族心理学にヴェルナー、コフカからの精神発達に関する考えを調和させた独自の精神発達の法則を打ち立てた。ブントの民族心理学に社会心理学的側面が欠けているとして、桑田独自の民族心理学を構想し、また、社会心理学における内観の問題についても論じた（天野、一九五五、三六二―三六八頁）。

（5）千輪浩

千輪浩は、一八九一年岡山県に生まれる。東京帝国大学に進学後は、松本亦太郎の指導を受け、一九一六年同大学文科大学哲学科心理学専修を卒業する。卒業論文は逓信事業などにおける精神作業の綿密な研究をまとめた「精神作業に於ける疲労と練習」であった。一九二六年には松本亦太郎が定年退職し、桑田芳蔵が教授になったため、東京帝国大学文学部助教授に就任する。一九三三年ドイツのベルリン大学に留学し、ケーラーの指導を受け、ゲシュタルト心理学を受容する。一九三五年に帰国し、ゲシュタルト心理学を紹介する。また、練習についての研究も学部生のときから継続して行った。そして、桑田が定年退職したため、一九四三年東京帝国大学教授に就任する（東京大学百年史編集委員会、一九八六、八二五―八二六頁）。

（6）増田惟茂

増田惟茂は、一八八三年愛媛県に生まれる。その後、元良勇次郎に指導を受け、一九〇八年に東京帝国大学文科大学哲学科心理学専修を卒業して、同大学院に進む。卒業論文は「意志作用の比較心理学的研究」であった。主な研究領域は動物心理であり、金魚の行動観察や、動物心理学の著作の翻訳を行っていたが、実験に結びつくことはなく、独創的な成果は出せなかったと松本亦太郎は指摘している（松本、一九三三、八〇六頁）。一九一五年に東京帝国大学文科大学助手に就任する。一九一九年、実験心理学を学ぶために欧米に留学し、一九二一年帰国。翌年東京帝国大学助教授に抜擢され、航空研究所嘱託を兼務する（大泉、二〇〇三、九八九頁）。だが、増田の本領は心理学実験法・研究法の検討と組織化であった。機能心理学やゲシュタルト心理学といった当時まだ日本では下火であった学派に早くから関心を示し、心理学の対象や方法、具体的な実験法についての検討も行った。こういった関心が学位論文「心理学研究法、殊に数量的研究法に就て」につながり、一九三三年文学博士の学位が授与される（東京大学百年史編集委員会、一九八六、八二五頁）。一九二六年の『心理学研究』の創刊・編集および一九二七年の日本心理学会の設立の中心的役割を城戸幡太郎とともに果たした（松本、一九三三、八一〇頁）。

（7）　高木貞二

高木貞二は、一八九三年大阪府に生まれる。一九一八年には東京帝国大学文科大学哲学科心理学専修を卒業して、同大学院に進学する。卒業論文は、リズムに関して自ら考案した無声拍音装置を用いて実験した「律的動作の研究」という題目だった。一九一九年には、アメリカのコーネル大学に留学し、ティチェナーに師事し、ブント流の構成心理学を学ぶ。その後欧米の大学を視察し、一九二一年に帰国。翌年、京都の第三高等学校教授に就任し、さらに一九二九年京都帝国大学講師嘱託を兼務する。一九三三年、増田惟茂が急逝し、当時の心理学研究室の教員であった千輪浩と桑田芳蔵両者が海外に留学中であったため、東京帝国大学文学部助教授に就任する。一九四三年に、桑田が定年退職したことにより東京帝国大学教授に就任し、教育学部長、附属図書館長、教養学部長などを兼任しつつ一九五四年までその職にあった。人や動物の知覚に関する研究を行い、また、日本において流行し始めたゲシュタルト心理学や、操作主義的なトールマンの理論にも関心を抱いた（相良、一九六五）。

（8） 心理学研究室教員と図書・図書室

心理学の研究における、研究室、そしてその設備の一つである図書室の重要性についてはすでに述べたが、ここでは、東京帝国大学心理学研究室の教員がどのように図書・図書室を考えていたのかについて述べる。

図書・図書室について言及しているのは、管見のところ松本亦太郎のみである。まず、博士論文をイエール大学でまとめるにあたって松本は、実験的な研究と並んで「従来行はれた諸学者の研究を文献上より徹底的に渉猟しようと志し」た。イエール大学の図書館が所蔵している文献は豊富で、何冊でも自由に借りられ、図書館にない文献も議会図書館からのＩＬＬ（図書館間の相互貸借サービス）で手に入れることができた。先行研究の歴史的な検討を詳細に行えたのは、「全く如上図書館を自由に利用する機会を与へられたため」だったと述べている（松本、一九三九、一八三頁）。この記述が研究室図書館か大学図書館の本館であったかは定かではないが、松本が図書館の重要性を認識していたことは確かである。

さて、こうして図書館についての重要性を実感した松本は『実験心理学十講』で、一九〇三年に独立した建物となった東京帝国大学心理学研究室の設備の概要について述べる際に、視覚に関する実験機械を備えた視覚室や実験機械を工作するための工作室などと並んで図書室を紹介している。この紹介では、大きく分けて四つのことを述べている（松本、一九一四、五八三―五八四頁）。まず一つめは、「一般心理学参考書籍」は「大学全般の図書館」に譲り、「特殊問題」に関する図書のみ心理学研究室では収集する、という収集方針についてである。「一般心理学参考書籍」の概要は不明だが、「大学全般の図書館」とは附属図書館を指していると考えられる。ここから、少なくとも、附属図書館と研究室図書室が心理学に関する文献を分担して収集すべきという意図が松本にあったことがうかがえる。

二つめは、心理学以外の「物理生理解剖等」に関する図書、雑誌類、図画をも収集するということについてである。第1節で見てきたように心理学、特にブント以降の心理学は物理学や生物学といった自然科学分野の学問から大きな影響を受けていた。そのため、心理学以外の学問の文献も収集することが必要だと認識されていたと考えられる。ただ、対象とする学問が、物理学、生理学、解剖学といった自然科学のみなのか、それとも社会学や教育学に関する文献も収集していたかはここからだけではわからない。

三つめは、雑誌類、特に専門雑誌を重視していたことについてである。心理学は一般的な文系の学問に比べて理系に近く、自然科学を最終的な理想としていた。そのため、雑誌が早くから重要視されていた。すでに多くの雑誌が海外において刊行されており、雑誌重視の方針は心理学研究の上では当たり前ともいえることであった。だが、雑誌は図書と異なり、一冊に複数の分野の記事を掲載しており、内容からは図書室での購入の目的を特定するのが非常に難しく、図書ほど分野との関連を推定できないこと、また、現在、東京大学文学部において古い雑誌は購入した研究室ごとではなく学部図書室の分類によって保存されており、調査が困難であったこと、以上の二点を考慮し、本書では図書のみを検討する。

そして、四つめは、「諸問題に関する」というカテゴリーで参考図書の分類目録を作成していた、ということについてである。これは「諸問題に関する」というところから著者目録や書名目録ではなく、件名による分類であると考えられる。この分類については次項において分析する。

4　蔵書の分析

まず、蔵書の分析を行う前に、二つの側面から心理学研究室図書室の蔵書に関わる規則について概観する。第1項では図書購入手順の規則を検討する。図書購入主体が、実際に心理学研究室ではどのような手続きをしていたかについて述べる。第2項では蔵書となった後の規則、研究室蔵書の分類方法についての検討を行う。ここでは、心理学研究室に残されている分類表が何をモデルにしていたのかについて述べる。次に第3項では、実際に購入された蔵書の分析を行う。対象となる時期に購入された図書が、前節までにおける影響とどのように関係しているのかについて述べる。

(1) 心理学研究室における図書購入手順

ここでは実際の図書購入の手順を心理学研究室に残されていた史料から検討する。研究室の図書室としての利用法など研究室図書室に関する事項は多くが口伝であったため、文学部の研究室には史料として残されていない。心理学研究室にもこれは当てはまるが、一九三六年四月から図書購入記録が記された台帳が残されている。この台帳は何度か新しいものに代えられているが、心理学研究室に現在も保管されている最も古い台帳の遊び紙に、「図書取扱順」と書かれた手書きのメモが貼りつけられている。その内容は以下の通りである。

まず、この台帳には一九三六年四月から一九六六年三月の図書購入記録が残されていること、さらにメモに記された手順において図書受付簿記入とされている項目は一九三六年四月の段階からすべて記されていること、Dの項において一九四三年までが在任期間であった桑田芳蔵教授の名前があることから、戦後になってからではなく、一九三六年段階ですでに行われていた手順だと考えられる。

次に、各項を検討する。Aでは書店からの見計らい図書を受け入れ、重複品を返却することとなっている。ここで注目すべきことは、重複品の確認のため用いられていると思われるカードの中に、研究室のものに加え、文学部のものがあることである。重複に関してとはいえ、研究室だけではなく文学部全体の蔵書の構成が配慮されていたと考えられる。だが、文学部は、法学部や経済学部などと比較しても学問ごとのディシプリンがそれぞれの研究室によって大きく異なっており、現在でもその傾向は変わらない。戦後になって文学部に学部図書室が作られたが、学部図書室

図書取扱順

A. 書店ヨリ受入○　重複有無調べ {研究室カード / 文学部カード} {重複品返却○ / 納品票保存（番号付）}

B. 教授提出―購入ト返品ノ分類

C. 返却品―返品受領証保存○

D. 購入品―事務ヨリノ全額許可通知○ニ応ジ，書店別請求書1通桑田教授ノ印ヲ貰ヒ，事務ニ提出○

E. 購入許可通知到着○―ソノ書付ノ半分（図書支払請求伝票）ニ捺印シ書店ヨリノ見積書1通，請求書2通，トヲマトメ会計ニ提出○

F. 同時ニ備付証2通ニ，現品ヲソヘテ，図書館ニ提出○

G. 図書館ヨリ現品受領○

分類，番号ヲツケル，カード作製，レッテル貼，配列

H. 掲示

○印図書受付簿記入

はそれぞれの研究室からの図書購入申し込みを一括して取り扱うだけであり、文学部の総合的な図書館としては機能していないことを考えると、購入する図書の選書を研究室ごとに分担するまでには発展していなかったと考えられる。

Bでは重複品以外から選書が行われている。購入図書の質という点では、最も重要な手順であるが、「教授提出」

とあるように教授のみが手順の上では最終的な選書ができたと考えられる。

C以下は事務上の手続きで、事務、会計との間でのやり取りが中心となる。だが、FとGにおいては「図書館」の文字が現れる。文学部における学部レベルの図書館は戦後になるまで登場しなかったことから、これは明らかに附属図書館のことである。Fでは附属図書館への備付証二通と現品の提出が明記されている。これは、附属図書館での登録手続きのための手順であると考えられる。現在の総合図書館では関東大震災以後の全学の図書が登録されているとされる台帳が存在する。だが、全学のすべての図書を網羅しているとはいえず、心理学研究室の図書受付簿においても寄贈された図書の中には附属図書館に提出されていないものがある。

Gでは、附属図書館から図書返却後の分類やカード作製、配列などの手順が明記されている。ここで注目すべきは、分類が研究室においてなされていることである。また、心理学研究室に限らず、現在においても文学部ではすべての研究室で独自の分類を行っており、附属図書館のものとは全く異なっている。当時において目録作業は図書館の最も専門的な作業であり、図書館のアイデンティティであった。それが附属図書館ではなく、研究室で行われていたのである。

以上、研究室図書の購入に関しては、第1章で検討した通り、講座や研究室、その中でも特に教授が主体となっていた。ただし、見計らい図書を持ち込む書店と附属図書館との間にはある程度の関係が認められる。

(2) 心理学研究室図書分類の分析

本項では、心理学研究室図書の分類についての分析を行う。心理学研究室では、現在も件名による分類は存在している。これは洋書と和書、それに加え旧日本心理学会蔵書、旧航空心理学研究所蔵書、田中文庫、今村文庫、千輪文庫、八木文庫にまず分けられる。そして、洋書には一五の大項目とその下にゼロから七の小項目が、和書には七の大項目とその下にゼロから四の小項目が、旧日本心理学会蔵書には六の大項目が、旧航空心理学研究所蔵書には二つの大項目が、それぞれ存在している。かなり詳しい分類であるが、附属図書館とも文学部の中の他の研究室とも異なる分類を使用しており、心理学研究室独自のものである。実際に研究室図書を排架する際には、この分類記号と、分類番号を付与する。分類番号は、例外もかなりあるが[12]、基本的には購入順につけられるものである。

この分類の使用開始時期や、松本が指摘する分類と同じものなのか、そしてこの分類のモデルについて本項では述べる。

現在使用されている図書分類は、洋書と和書以外は戦後になって作られた。なぜなら、旧日本心理学会蔵書は、戦後、それまで東京帝国大学に置かれていた日本心理学会本部移転後に心理学研究室に寄贈されたものであり、旧航空心理研究所蔵書は、戦後解体された航空研究所の図書が寄贈されたものだからである。そして、千輪文庫、八木文庫、田中文庫、今村文庫はそれぞれ心理学研究室の構成員であった千輪浩、八木冕、田中良久、今村護郎が東京大学を退職後、研究室に残した図書であるが、千輪の退職は一九五二年、八木の退職は一九七六年、田中と今村の退職は一九七七年であり、四人とも退職は戦後であるので、この分類が作られたのはそれ以降と推定されるからである。

では洋書と和書の分類はいったいいつから用いられていたのか。ここで、さきほど検討した心理学研究室に残された最も古い図書購入台帳を再び検討する。この台帳の遊び紙には図書取扱順の紙が貼られていたが、さき紙にも紙が貼られており、図書分類表が記されている。その分類は洋書と和書の区別は存在していない。だが、和書は台帳のなかでは「邦」として洋書とは別の分類がなされており、この分類は洋書のみの分類であるといえる。表2-5にてその分類を示すが、台帳の中に記されている図書の購入記録も同様の分類を使用しているので、台帳が使用され始めた一九三六年四月から同様の分類がなされていたと考えられる。この分類と、心理学研究室で使用されている現在の分類とを比較してみると、現在のものはNの「Personality」の小項目である「Personality」と「Adjustment」がなく

表 2-5　台帳に貼られていた心理学研究室の図書分類（大項目のみ）

A.	一般
B.	神経系統
C.	感覚・知覚
D.	感情・情緒
E.	動機づけ・学習・動作・意志
F.	注意・記憶・思考
G.	社会
H.	産業・適性
I.	特殊精神状態
J.	神経精神異常
K.	精神発達
L.	教育心理
M.	動物・植物
N.	Personality
X.	雑書

なっているという点と、Bの「神経系統」が「生理学的心理学」に、Gの「社会」が「社会・言語・文化」に改称されているといった名称の変更以外はほぼそのまま利用されている。ここから、一九三六年には現在とほぼ同じ分類が用いられていた、と結論づけることができる。

これを*Psychological Index*で用いられていた分類（表2-2）と比較してみると、一部の下位分類を他の下位分類と合同または省略していることと、「Personality」と「雑書」の分類が作られている以外は全く同じである[13]。東京帝国大学の心理学が*Psychological Index*に大きな影響力を持っていなかったことを考えると、現在心理学研究室で使用されている分類は、*Psychological Index*を参考にして作成されたと結論できる。

では、この分類は松本が指摘していた研究室初期のものと同じなのだろうか。また、そうでないとしたらいつ頃から用いられていたのだろうか。心理学研究室にいまも残されている戦前期に購入された図書にもすべて現在の分類のラベルが貼られており、一見、現在と同じ分類がなされていたように見える。だが、そのラベルがはがれかかっているものの下に別の分類によるラベルが貼ってあることや、明治期、大正期の研究室図書室で購入された図書のあそび紙などに現在では用いられていない分類記号が書かれていることから、研究室開設当初は現在とは異なった分類が用いられていたことが推察される。さらに、現在の図書分類のモデルとなった*Psychological Index*は一八九五年に創刊されたが、その分類方法はすでに触れたように何度か変更が加わっている。同誌において、心理学研究室が参考にしたと思われる分類が使用されたのは一九二九年度版が最初であり、それ以前の分類においては、大項目が一一しかなく、「産業・適性」と「教育心理」についての項目がそれぞれ「社会」と「精神発達」の中の下位分類にされている。ここから、心理学研究室において用いられている分類表は一九二九年から一九三六年の間に作成されたものであり、松本の指摘していた分類とこの分類とは別の分類であると結論される。

(3) 蔵書の分析

以上、蔵書の購入法と蔵書の分類の起源について見てきたが、教員の関与が強く、附属図書館の関与はほぼないということがこれまでの検討で明らかになったことが確認された。また、心理学研究室図書室の蔵書は第1節で検討した量的な心理学の分析とほぼ同じ分類を行っていることが明らかとなった。これを踏まえて、ここからは実際に蔵書の分析を行っていく。

調査方法

まず、時期によって二つの方法を使い分けて研究室図書の購入年の調査を行い、心理学の分野に基づいている心理学研究室図書室の件名分類、出版地という二つのデータを三つの時期について取得した。その時期は以下の通りである。

(1) 一九〇八—一一年
教授：元良勇次郎、助教授：福来友吉
(2) 一九一四—一六年
教授：松本亦太郎

（3）一九三六―三七年

教授：桑田芳蔵、助教授：千輪浩、高木貞二

（1）は、福来友吉が助教授に就任している時期である。（2）は、前の時期の助教授である福来友吉が休職しており、次の時期に登場する桑田芳蔵が一九一七年に助教授に就任するまでの時期である。（3）は、次に述べるように最も信頼のできる史料である図書購入台帳が一九三六年からしか存在せず、一九三八年から一九三九年の期間は、研究室図書の増加に関して例外的な二つの事態が生じていたため、この時期とした。まず例外的な事態の一つめは、外部から寄贈された図書が多かったことである。寄贈された図書は、研究室での収集方針とは必ずしも一致するものではない。二つめは、外国からの直接購入による特定の分類の図書のまとめ買いがあったことである。通常、図書は丸善などの代理店を通して購入されるが、この時期は外国から直接一括購入された図書が大量にあり、しかもそれがすべて「感覚・知覚」の大項目に分類される図書であったことである。これは、明らかに平時の図書購入とは異なっている。この分析で比較の対象として用いるMallerの論文は一九三三年までのデータしか存在しないが、ここでは出版点数を心理学の大まかな傾向として捉えており、蔵書との厳密な比較を目的としていないので、一九三六年から一九三七年の二年間を今回の対象期間とした。

（3）に関しては、購入台帳から各年に購入された図書のデータを調査した。現在も東京大学文学部心理学研究室に保管されている購入台帳には、一九三六年四月以降の購入図書に関する著者名、書名、発行年、分類などの書誌事項を記録されており、各年に購入された図書に関する最も確実な史料である。

（1）と（2）に関しては、現在の心理学研究室に残されている蔵書に押されている蔵書印を調査した。一九三六年以前に研究室で購入された図書に関しての図書購入台帳は残されていない。だが、明治期と大正期に購入された図

書については、登録された年月日が記入された蔵書印が各図書に押されている。そこで一九一六年以前に出版されたすべての蔵書について、その蔵書印をチェックし、（1）、（2）の時期に購入された図書から直接データを得た。ただし、ここで得られたデータには一定の制約がつく。心理学研究室が過去に所蔵していた図書のうち、関東大震災では被害を受けなかったものの、その後の戦災、廃棄、附属図書館への移管等ですでに研究室には排架されていない図書がこのデータに含まれていない可能性が高い。特に、第二次世界大戦が激化し東京への空襲が激しくなった一九四三年頃から「研究室図書の一部（主として原理部門）」等を甲府へと疎開させたが、疎開先で空襲にあって図書が焼失してしまったという指摘（梅岡、末永、一九八〇、二〇五頁）がある。だが、一九一二年一二月七日時点では、一二〇〇冊余りの図書が所蔵されているとの記述（心理学研究会、一九一三、二三二頁）があり、それまでに購入された図書で現在も蔵書として残されている数は七四八冊と、六割強は現存しているので、全体の冊数と、教科書類の冊数に関してはある程度考慮するが、それ以外については考慮しない。

そして、この三つの期間に心理学研究室で購入された図書を、第1節で検討した世界および日本の心理学の動向と出版国、研究分野において比較した。心理学研究室の件名分類は先述のように *Psychological Index* を参考にして作成されたと考えられるため、同様に *Psychological Index* に近い分類を行った Forty Years of Psychology、そして「発表論文から見た日本心理学界の趨勢」と研究分野において比較ができる。[14] ただし、日本の心理学の動向とは、（3）とのみ比較した。それ以外の時期においては、先述のように、まだ日本の心理学者の全国組織である日本心理学会が成立しておらず、東京帝国大学を除いては日本にほとんど心理学者が存在しない時期だからである。そして、世界と日本の心理学の動向と心理学研究室の蔵書構成の出版国、分野（分類）の異同を、心理学研究室の三つの時期それぞれにおける教授と助教授の主な研究分野との関係から考察した。

結果

三つの期間における研究室図書が購入された出版地、分類の内訳は表2-6、表2-7に示す通りである。一九〇八年から一九一一年の期間に購入された図書の総数は二八五冊であり、出版地で分けるとアメリカ、イギリス、フランスが約三〇冊で並び、ドイツが一八七冊と全体の六割強を占め、飛び抜けて多かった。この四カ国以外の出版地は、カナダが一冊、スイスが三冊、スウェーデンが一冊であった。日本で出版されたものは寄贈で一冊あったが、購入は一冊もなかった。分類別では、大項目では「社会」が約三割と最も多く、続いて「精神発達」、「感覚・知覚」、「神経精神異常」が多い。逆に「動機づけ・学習・動作・意志」、「一般」、「動物・植物」はあまり多くない。

一九一四年から一九一六年の期間に購入された図書の総数は四三冊であり、出版地で分けると、ドイツとフランスが二割五分、アメリカが最も多く五割を占めている。他の国で出版された図書はなかった。分野別では、「社会」と「精神発達」が多いのは変わらないが、「教育心理」がこれに続く。それに加え、「感情・情緒」、「動機づけ・学習・動作・意志」も多い。一九〇八年には多かった「感覚・知覚」、「神経精神異常」は少ない。

一九三六年から一九三七年の期間に購入された図書の総数は六九冊であり、出版地で分けると、アメリカが最も多いがドイツも同程度の三割強を占めており、フランスとイギリスが一割程度を占めている。その他の国で出版された図書は、日本が三冊、オランダが一冊であった。分野別では、「一般」が最も多く、四割近くを占めており、続いて「社会」と「精神発達」が多い。それに続いて、「感覚・知覚」、「特殊精神状態」、「神経精神異常」、「動物・植物」が多い。

これをまず、世界の心理学の研究動向との比較結果について見ていく(表2-8)。研究室で購入した図書に占めるドイツの図書の割合は一九〇八年から一九一一年、一九三六年から一九三七年の二つの時期で、*Psychological Index*における割合よりも多かった。一九一四年から一九一六年の期間においては、割合に大きな差は存在しないが、これは第一次世界大戦の影響であったと考えられる。大戦中、ドイツは同盟国側に与し、連合国に与した日本とは敵対国となったため、両国の経済関係はほぼ断絶していた（工藤／田嶋、二〇〇八、八五―八六頁）。そのため、世界的な心理学の動向を超えて、日本においてドイツの図書を輸入することは難しかったと考えられる。しかし、敵対期間でさえ、心理学の動向とほぼ同じ割合で図書を購入していたことからも、ドイツの図書は一貫して多く購入されていたと考えられる。これは東京帝国大学をも含む日本の心理学は、ドイツの心理学の影響を戦前においては強く受けていたという指摘と一致する。

表 2-6　各期間に購入された分類ごとの図書数

	1908—1911	1914—1916	1936—1937
一般	10（3.51%）	3（6.98%）	25（37.88%）
神経系統	19（6.67%）	0（0.00%）	0（0.00%）
感覚・知覚	27（9.47%）	1（2.33%）	5（7.58%）
感情・情緒	21（7.37%）	3（6.98%）	1（1.52%）
動機づけ・学習・動作・意志	7（2.46%）	3（6.98%）	4（6.06%）
注意・記憶・思考	20（7.02%）	1（2.33%）	0（0.00%）
社会	88（30.88%）	13（30.23%）	9（13.64%）
産業・適性	1（0.35%）	0（0.00%）	1（1.52%）
特殊精神状態	19（6.67%）	0（0.00%）	4（6.06%）
神経精神異常	25（8.77%）	1（2.33%）	3（4.55%）
精神発達	32（11.23%）	11（25.58%）	10（15.15%）
教育心理	5（1.75%）	6（13.95%）	1（1.52%）
動物・植物	11（3.86%）	1（2.33%）	3（4.55%）
NA	0	0	3
合計	285	43	69

表 2-7　各期間に購入された国ごとの図書数

	1908—1911	1914—1916	1936—1937
ドイツ	187（65.85%）	11（26.19%）	22（31.88%）
イギリス	30（10.56%）	10（23.81%）	6（8.70%）
フランス	33（11.62%）	0（0.00%）	10（14.49%）
アメリカ	29（10.21%）	21（50.00%）	27（39.13%）
その他	5（1.76%）	0（0.00%）	4（5.80%）
NA	1	1	0
合計	285	43	69

また、ドイツ、フランス、アメリカ、イギリスの四カ国以外の国で出版された図書の購入は一貫して少ない。特に、日本の図書は、一九三六年から一九三七年以外は一冊もない。ドイツ、フランス、アメリカ、イギリスという心理学の先進国の研究成果を積極的に把握しようとする態度が見て取れる。

研究室で購入したイギリス、フランス、アメリカの図書の割合と世界的な心理学の動向の比較は、

表2-8　研究室図書と世界的な心理学の動向との出版国における比較

	研究室 (1908-11)	Index (1908-11)	研究室 (1914-16)	Index (1914-16)	研究室 (1936-37)	Index (1933)
ドイツ	187 (65.85%)	5842 (44.98%)	11 (26.19%)	2276 (29.58%)	22 (31.88%)	880 (14.00%)
イギリス	30 (10.56%)	279 (2.15%)	10 (23.81%)	249 (3.24%)	6 (8.70%)	233 (3.71%)
フランス	33 (11.62%)	2163 (16.66%)	0 (0.00%)	714 (9.28%)	10 (14.49%)	459 (7.30%)
アメリカ	29 (10.21%)	3645 (28.07%)	21 (50.00%)	3950 (51.33%)	27 (39.13%)	3261 (51.88%)
その他	5 (1.76%)	1058 (8.15%)	0 (0.00%)	506 (6.58%)	4 (5.80%)	1453 (23.11%)
NA	1		1		0	

一九〇八年から一九一一年においては、福来の研究分野である心霊主義的な心理学が盛んなイギリスの図書の割合が多く、実践への応用を重視したアメリカ、フランスは少ない。一九一四年から一九一六年においても、イギリスの図書の割合が多い。これは、以前から日本とイギリスとは日英同盟により強い関係を保っていたことも作用していると思われる。第一次世界大戦中は日本の貿易に占めるヨーロッパ諸国のシェアが軒並み低下している中、イギリスだけは、輸入のシェアこそ減少したものの、輸出のシェアは大戦前よりむしろ増加していた（高村、一九七五、四五頁）。このことからも、他のヨーロッパ諸国よりイギリスとの貿易が相対的に行いやすかったのではないかと考えられる。

図書から見た研究領域の比較については（表2-9）、一九〇八年から一九一一年の期間において、教授の研究動向と世界的な動向とはかなり一致している。「精神発達」の割合が世界的な研究動向より多いのは、元良が障害児教育の研究をしていたことから説明できる。「感情・情緒」には、心理学以外にも元良が関心を持っていた倫理学に関する図書も含まれていたことから特に高くなったと考えられる。「社会」に関して小項目まで見てみると、表2-10のようになり、性心理についての図書の購入が多い。「性」については、フロイトの精神分析をはじめとして変態心理との関係が深く、福来の研究と関わっていると考えられる。表2-9に戻って、「動機づけ」が低いのは、ドイツの構成主義の中では重要視されていなかったためと考えられる。

一九一四年から一九一六年の期間においては、松本の研究領域である「精神発達」が多い。松本の研究において最も重要であるはずの「動機づけ」があまり多くなく、第一

表2-9　研究室図書と世界的な心理学の動向との分野における比較

	研究室 (1908-11)	Index (1906-09)	研究室 (1914-16)	Index (1914-17)	研究室 (1936-37)	Index (1930-33)
一般	10 (3.51%)	1119 (8.78%)	3 (6.98%)	889 (8.59%)	25 (37.88%)	2404 (9.44%)
神経系統	19 (6.67%)	1125 (8.83%)	0 (0.00%)	834 (8.06%)	0 (0.00%)	1035 (4.06%)
感覚・知覚	27 (9.47%)	1664 (13.06%)	1 (2.33%)	953 (9.21%)	5 (7.58%)	1952 (7.66%)
感情・情緒	21 (7.37%)!	150 (1.18%)	3 (6.98%)	121 (1.17%)	1 (1.52%)	285 (1.12%)
動機づけ	7 (2.46%)	2899 (22.75%)	3 (6.98%)!	681 (6.58%)	4 (6.06%)!	1726 (6.78%)
注意	20 (7.02%)	807 (6.33%)	1 (2.33%)	395 (3.82%)	0 (0.00%)	623 (2.45%)
社会	89 (31.23%)!	1016 (7.97%)	13 (30.23%)	1824 (17.62%)	10 (15.15%)!	4738 (18.60%)
特殊精神状態	44 (15.44%)!	2246 (17.63%)	1 (2.33%)	2594 (25.06%)	7 (10.61%)	5324 (20.90%)
精神発達	37 (12.98%)!	792 (6.22%)	17 (39.53%)!	1174 (11.34%)	11 (16.67%)!	6409 (25.16%)
動物・植物	11 (3.86%)	923 (7.24%)	1 (2.33%)	888 (8.58%)	3 (4.55%)!	976 (3.83%)
NA					3	

！当時の教授，助教授の専攻領域

次世界大戦の影響もあるのかもしれないが、教員の関心と購入される蔵書の関係は少し弱くなっている。福来の事件により影響を受けた「特殊精神状態」は減少している。

一九三六年から一九三七年の期間においては、教員の専攻分野で世界的な傾向と大きな差があった項目はなく、教員の専攻分野は購入図書に反映されていなかった。よって、教員の研究分野よりも心理学一般を意識していたと考えられる。

最後に「一般」の項目についての検討を行う。この項目は、一九三六年から一九三七年の期間においてのみ割合が*Psychological Index*より多くなっている。より詳しい内訳を見ていくと、表2-11のようになり、「概論・教科書・体系的著述」の小項目が最も多く、八割（二五冊中二〇冊）を占めている。「概論・教科書・体系的著述」は心理学の入門書が主であるので、学生が自学をするための図書といえる。ただしこの項目については、すでに述べたように、「一般」の大項目に分類されると考えられる「原理部門」の図書が疎開先で焼失してしまっている、との記述があるので、それ以前の時代についても冊数が多い可能性もある。

次に、研究室購入図書と日本の心理学の動向と比較した結果は（表2-12）、日本の心理学において最も特徴的な「感覚・知覚」に関する研究が少なく、あまり影響がないといえる。

表 2-10　1908年から1911年に購入された「社会」の図書の小項目までの分類

分類	冊数
a. 社会心理・民族心理	18
b. 言語	17
c. 美学芸術	0
d. 宗教・神話	0
e. 性	42
f. 犯罪	11

表 2-11　1936年から1937年に購入された「一般」の図書の小項目までの分類

分類	冊数
a. 概論・教科書・体系的著述	20
b. 歴史・伝記	2
c. 関係諸科学	0
d. 心身関係	0
e. 方法	2
f. 生物測定学・統計学	1

心理学研究室に影響を与える可能性があった倫理学研究室と、航空心理研究室の研究分野との関係についても検討する。もし、両研究室の研究分野の図書が *Psychological Index* と差がある場合は、その分野の著書を分担して購入していた可能性がある。まず、倫理学については、自身が倫理学の研究も行っており、最も影響が強かったと考えられる元良が教授であった時代に、倫理学関係の図書が心理学研究室で購入されているかどうかについて見てみる。倫理学関係の図書は「感情・情緒」に分類されていると考えられる。この分類における *Psychological Index* との差はあるが（表2-9）、研究室の購入図書の割合の方が多いため、倫理学の図書を倫理学研究室と分担して購入はしていなかったと考えられる。航空心理研究室との関係については、その開設が一九一九年であるので、それ以降である一九三六年から一九三七年の期間においての影響の有無について見てみる。すると、航空心理が含まれる「社会」、「産業・適性」は *Psychological Index* と大きな差がないので影響はなかったと考えられる。

以上の点から、研究室図書の構成は、購入の最終決定者であった教授のみならず助教授の専門分野についてまでも初代の元良の時点では反映されていた。だが時代が下ると、ドイツの心理学の影響は一貫して強かったが、教授の専攻分野があまり反映されなくなり、研究室図書の構成と世界的な心理学の傾向が分野においてはほぼ一致することとなった。ここから、心理学研究室図書室は当初、教授だけでなく助教授の研究を補助する役割を与えられていたが、徐々にそういった機能が失われていったと考えられる。ただし、日本で最も盛んに研究されていた感覚や知覚についての図書が少なく、日本の心理学の動向とはあまり関連することはなく、選書の際の意識は特にドイツの研究動向に向けられていたと考えられる。

本章の検討から導き出される結果について述べる。教授の研究分野が蔵書構成に影響しなくなったことに関しては、以下の二つの理由が考えられる。

（a）理由1：選書を行う教授の意識の変化

具体的には、選書を行う主体である教授の中に、研究室図書室は教授や助教授の自室とは別のものであり、教員以外の学生や研究者にも役に立つ図書を入手するべきであるという意識が高まった、ということである。

表2-12　研究室図書と日本の心理学の動向との分野における比較

	研究室（1936-37）	日本心理学会発表数（1927-43）
一般	25（37.88%）	4.00%
神経系統	0（0.90%）	1.00%
感覚・知覚	5（7.58%）	26.00%
感情・情緒	1（1.52%）	5.00%
動機づけ	4（6.06%）!	4.00%
注意	0（0.00%）	11.00%
社会	10（15.15%）!	16.00%
特殊精神状態	7（10.61%）	5.00%
精神発達	11（16.67%）!	25.00%
動物・植物	3（4.55%）!	3.00%

%は小数点第二位以下四捨五入
！当時の教授，助教授の専攻領域

また、教授が自分の関心のある図書を、図書室ではなく、自室に置くようになった可能性である。すなわち、教授は自分の研究に関する図書を当初は他者にも開放していたが、時代が下ると、研究の囲い込みを行い、西欧の最先端の知識を独占しようとする意識になったことである。

中でも後者の意識の変化が強かったと思われる。なぜなら、初代教授である元良勇次郎と第二代の教授である松本亦太郎はともに海外で学位を得ており[15]、海外の図書館が開放的で利便性の高い役割を果たすことを実感していたと思われるが、第三代教授の桑田芳蔵は海外で学位を得ておらず、研究論文も発表していないので、研究における図書館の重要性をそこまで理解していなかった可能性が高いからである。

また、沢柳事件などをきっかけに大学の学部の自治は進展しており、文学部においては講座間は不干渉であった。そして、講座内における教授の研究者としての地位が相対的に下がっていた。当時あまり重要視されていない社会心理学を専攻していた桑田は、自分の研究に関わる最先端の文献を、誰でも利用可能な図書室ではなく、自室に独占的に所蔵し、教授としての権威を保とうとしていたと考えられる。

以上から、教授が自分の研究を自室に囲い込もうと意識したことによって、結果として、心理学研究室図書室の蔵書構成に対して教授が影響を与えなくなったと考えられる。

（b）理由2：洋書輸入書店の影響

次に、研究室外の要因である丸善をはじめとする洋書輸入書店の影響が考えられる。一九三六年以降の購入台帳の手順では、見計らい図書分から研究室として購入するものを選択するとしている。書店が持ち込む見計らい図書は、ある大学図書館ではそのまま蔵書として受け入れていたという指摘（丸善、一九八三、九〇三頁）もあるほど、その選択基準は日本においてかなりの信頼があった。現在でも見計らい図書は研究室に持ち込まれており、インターネットでの洋書購入が容易になるまでは、見計らい図書が洋書購入の最も重要なルートの一つであった。書店は、教員から頼まれれば、講義の資料を、型録による文献だけでなく、神田の古書店街で探すことまで行っており、洋書の輸入にとどまらず、図書館的な機能まで持っていた（丸善、一九八三、九〇三頁）。

書店が蔵書構成の変化に与えた影響としては、大きく分けて二つある。一つめは、研究室の図書購入への書店のコミットの増大によるものである。日本の図書輸入は、関税自主権が完全に得られる一九一一年より前にすでに書店によって掌握されていた可能性が高いとも指摘されている（羽生、二〇〇一、四頁）。だが、第1章で述べたように一九〇七年の帝国大学特別会計法には外国からの図書の直接購入を認める内容が盛り込まれており、学術出版に関しては直接購入がまだかなり行われていたと考えられる。そして、海外の学術出版の知識がない教授が海外から直接購入する際は、どうしても教授の専門に関する図書に偏りがちだった。だが、学術出版の世界にある程度精通した書店の影響力が増し、書店を通じて購入することで、研究室図書を世界的な学問傾向に近づけることができたのである。

二つめは、学術書に対する書店の知識の深化によるものである。書店の多くは、明治、大正になってから創業されたものである。そのため、明治期は海外の学術書についての書店の知識が乏しかったが、書店が、徐々に海外にも支店を設置し、海外の出版動向に精通するようになったことにより、海外の学術書の出版動向を的確に捉えることができるようになったと考えられる。書店については今後さらなる研究の進展が求められるが、基本的に洋書は見計らい図書のみから購入する図書が選書されたため、見計らい図書が心理学研究室図書室の図書構成に与えた影響はかなり大きかったと考えられる。

以上のことから、輸入書店の影響力が増したため、蔵書構成への教授の影響力は低下した。

教授が自身の関心のある図書を自室に囲い込もうとしたことと、輸入書店の選書が蔵書構成に反映するようになったという二つのことから、教員が心理学研究室図書室を研究で利用することはあまりなかったと考えられる。

こういった状況がその後の東京帝国大学や日本の大学図書館に影響した結果、図書を図書館で公開し、共有するという意識が醸成されにくくなってしまった。

こうした考察が確かであるかを検証するには、他の部局図書館、あるいは附属図書館、そして図書館システム全体に対する教員の意識の検討が必要となるだろう。次章以降でさらに検討していく。

まとめ

本章では、東京帝国大学文学部心理学研究室図書室の蔵書を、心理学の研究動向、当時の心理学研究室の制度的物理的位置、研究室の構成員の学的興味を踏まえた上で分析を行い、研究室図書室がその管理者かつ利用者であった教員にとってどのように位置づけられていたのかについて検討した。

まず、世界的な心理学の動向は、一九世紀後半にドイツの構成主義に始まり、アメリカの行動主義、ドイツのゲシュタルト心理学と精神分析が続いて登場した。一方日本の心理学の動向は、一九世紀末に、東京帝国大学に持ち込まれた構成主義的な心理学が力を持ち、昭和に入る一九三〇年頃になるとゲシュタルト心理学が有力になり、総じてドイツの心理学の影響が強かった。反面、行動主義や精神分析は心理学ではあまり影響力を持たなかった。その結果、感覚や知覚についての研究が多くなった。東京帝国大学文学部心理学研究室の制度的および物理的な位相については、以下のことが示された。まず、制度的には、基本的に独立した心理学という学科、講座の研究室として、図書の選択も含め他の学科、講座から影響を受けていなかった。そして、物理的な場所としても戦前のほとんどの期間は他の研究室とは独立の建物に入っており、基本的には場所的にも他の研究室の影響は受けていないと示された。文学部心理学研究室の教員の研究対象は、元良が感覚、知覚、注意、社会、教育、異常心理、福来が催眠、透視、念写、松本が動作、知覚、発達、桑田が注意、民族、社会、千輪が作業動作、増田が研究法、動物、知覚、適性検査、高木が研究法、知覚、動物であった。心理学では図書と図書室が実験室の設備の一つとして重要視され、少なくとも松本はその重要性を認識しており、大学の図書館システム全体についても意識していた。

この結果を受け、心理学研究室図書室の蔵書についての分析を行った。まず、図書の購入手順、分類についての分析を行った。そして、研究室図書の選定の最終決定は教授が行っていること、現在の分類は *Psychological Index* を基にしていることを確認した。続いて、二つの比較を通じて蔵書を分析した。一つめの比較は、世界的な心理学の動向（*Psychological Index*）とであり、出版国と分野を比較した。二つめの比較は、日本の心理学の動向（日本心理学会における発表数）とであり、分野を比較した。

その結果、以下の結論が出された。初期の研究室図書の構成は教授と助教授の専門分野と関係があった。そして、後には研究室図書の構成は世界的な心理学の傾向と分野においてほぼ一致することとなった。研究室図書の選書は、日本の心理学の動向とはあまり関連することはなく、海外、特にドイツを意識して行われていたと考えられる。そして、教員の研究にとって図書室の重要性は徐々に低下していったことが明らかになった。

その原因としては二つが考えられる。一つめは、教授の図書館体験の差と研究室における研究者としての地位の低下によって、教授が関心のある図書を自分で購入するようになったことである。二つめは、書店の影響である。書店の影響力が高まったことで、図書室は見計らい図書を中心に購入することになり、また書店自体も海外の研究動向への理解が高まり、海外の動向にあったものをより見計らいに出すようになった。

部局図書館の一方のタイプである分散的な図書館については以上のような位相が明らかになった。だが、そこから導き出された考察について、さらに検討していくために、次章では、もう一方のタイプである集中的な運営を行っていた図書館はどのような位相にあったのかを検討していく。

注

（1）〈快－不快〉・〈緊張－弛緩〉・〈興奮－鎮静〉という相互に独立した軸において感情はとらえられるという説（シュルツ、一九六八、六八頁）

（2）だが、一九三九年の日本心理学会の会員の出身校では、東京帝国大学出身者が五六パーセントに達しており、東京帝国大学の影響力は少なくとも人材供給の面では依然として存在していた（佐藤／溝口、五八三頁）。

（3）*Psychological Abstracts* の編集には一九二七年から一九三四年まではカリフォルニア大学の吉岡源之亮が、一九三五年から一九四四年までは京城帝国大学の黒田亮がそれぞれ参加している。

（4）Maller は正確には、言語ごとの出版数を検討しているが、一八九四年、一九一〇年、一九三〇年の *Psychological Index* の「General」の項について図書の言語と出版国との一致を検討してみたところ、各年数冊の文献を除いて言語と出版国は一致しており、両者は同じものと見なせるため、以降では出版国として統一して扱う。

（5）詳細な学科の変遷は以下の通りである。まず、一八八六年の段階では哲学科、和文学科、漢文科、博言科の四学科のみがあった。一八八七年からは史学科、英文学科、独逸文学科が増設された。一八八九年からはさらに国史学科が加わり、和文学科が国文学科、漢文学科が漢学科にそれぞれ改称された。そして、翌年には仏蘭西文学科が増設され、九学科制となった。

（6）残りは哲学科の中に哲学、支那哲学、印度哲学、倫理学、宗教学、美学、教育学、社会学、史学科の中に国史学、東洋史学、西洋史学、文学科の中に言語学、国文学、支那文学、梵文学、英吉利文学、独逸文学、仏蘭西文学となっていた。

（7）論理学は哲学講座に吸収された。

（8）こういった研究室、講座、学科との不一致の原因は学問の近さの他にもスペースの都合など様々な要因があると考えられるが、これについては本書の課題を超えた問題であるのでこれ以上論じない。

（9）肥田野はそれぞれの大学内での場所およびそこでの研究室の平面図を紹介している（肥田野、一九九八）。

（10）当時の正式名称は、「精神物理学実験室」だった。

（11）心理学研究室の中に図書室が含まれていることは当時の世界における心理学研究室において珍しいことではなく、東京帝国大学独自のものではない。例えば、ライプチヒ大学の心理学研究室にも図書室は存在する（苧阪、一九八七、四七八―四七九頁）。

（12）これは、紛失してしまった図書の番号を埋めるために、新しく購入した図書をその番号に当てはめる、といったケースだと考えられるが、詳細は不明である。

（13）「Personality」は一九五一年に最初の一冊が購入されており、また台帳の分類表でも後から書き加えられた形跡があるので、戦前においては用いられず戦後になって書き加えられた分類項目であると考えられる。「雑書」は現在の分類と比較してみるに、他の分類とは異なった参考資料であり、研究室図書室が図書室であるという特性による分類だと考えられる。

(14) 図書だけでなく雑誌論文も *Psychological Index* では含んでおり、本稿で検討している図書のみとは多少の傾向の違いは存在する。一八九四年、一九一〇年、一九三〇年の *Psychological Index* の「General」の項を調査したところ、雑誌論文の割合は図書より高く、一九三〇年には図書の二倍以上の点数となっているなど、心理学において雑誌論文は主要な研究発表のメディアとして位置づけられていた。また、国（言語）ごとにおいても図書と雑誌論文の割合は異なり、ドイツ（語）においては図書の割合が他よりも一貫して高かった。こういった点から、*Psychological Index* は図書数のみの傾向とはある程度違う結果を示す可能性があり比較対象としての制約は存在するが、ここでは *Psychological Index* をあくまでも心理学の大きな傾向を表しているものと考え、それと購入された図書の傾向との間の比較を行う。これは、日本心理学会の発表件数についても同様である。

(15) 松本は正確には東京帝国大学の学位を得たが、実際の論文作成は海外の大学で行われた。

引用・参照文献

天野利武（一九五五）「桑田博士とその業績」『大阪大学文学部紀要』第四巻、三六一―三七〇頁
今田寛（二〇〇一）「わが国心理学界への行動主義の受容――今田恵と関西学院大学心理学研究室を中心に」『心理学評論』第四四巻第四号、四三三―四四〇頁
今田恵（一九六二）『心理学史』岩波書店
梅岡義貴／末永俊郎（一九八〇）「東京帝国大学文学部心理学研究室」、日本心理学会編『日本心理学会五十年史　第一部』金子書房、一九三―二〇五頁
エレンベルガー、E、木村敏／中井久夫監訳（一九八〇）『無意識の発見（上）――力動精神医学発達史』弘文堂
苧阪良二（一九八七）「わが国初期の心理学実験室」『心理学評論』第三〇巻第四号、四七三―四九三頁
カープ、B、大橋英寿監訳（一九八七）『社会心理学の源流と展開』勁草書房
工藤章／田嶋信雄編（二〇〇八）『日独関係史　一八九〇―一九四五〈1〉総説／東アジアにおける邂逅』東京大学出版会

小泉晋一（二〇〇五）「日本における戦前までの「心理療法」と「精神療法」」、荒川歩／サトウタツヤ編「日本における応用／実験心理学の受容過程――過去・現在・未来をつなぐための理論と研究」立命館大学人間科学研究所、四一―五一頁
相良守次（一九六五）「高木貞二先生の業績を顧みて」『東京女子大学論叢』第一五巻第二号、i―vi頁
佐藤達哉／溝口元編（一九九七a）『通史日本の心理学』北大路書房
佐藤達哉（一九九七b）「I部第1章　日本の心理学――前史」佐藤達哉／溝口元編『通史日本の心理学』北大路書房、二一―二六頁
佐藤達哉（一九九七c）「I部第4章第3節　松本亦太郎（1865–1943）」、佐藤達哉／溝口元編『通史日本の心理学』北大路書房、九一―九九頁
佐藤達哉（一九九七d）「Ⅱ部第4章第5節　精神分析学への注目」、佐藤達哉／溝口元編『通史日本の心理学』北大路書房、一九九―二〇一頁
佐藤達哉（一九九七e）「V部第4章第2節　アカデミック心理学の展開」佐藤達哉／溝口元編『通史日本の心理学』北大路書房、五一九―五三六頁
佐藤達哉（二〇〇二）『日本における心理学の受容と展開』北大路書房
サトウタツヤ（二〇〇三）「心理学と社会」『流れを読む心理学史　世界と日本の心理学』有斐閣
シュルツ、D、村田孝次訳（一九八六）『現代心理学の歴史』培風館
心理学研究会（一九一三）「明治年間に於ける心理学発達の史料」『心理研究』第三巻、二二八―二四八頁
鈴木祐子（一九九七a）「Ⅱ部第2章1節　福来友吉の心理学研究」佐藤達哉／溝口元編『通史日本の心理学』北大路書房、一三八―一四〇頁
鈴木祐子（一九九七b）「Ⅱ部第2章2節　千里眼研究」、佐藤達哉／溝口元編『通史日本の心理学』北大路書房、一四〇―一四八頁
高砂美樹（一九九七a）「I部第3章　教育制度と心理学」、佐藤達哉／溝口元編『通史日本の心理学』北大路書房、四一―六三頁
高砂美樹（一九九七b）「Ⅲ部第1章第1節　日本心理学会の設立」佐藤達哉／溝口元編『通史日本の心理学』北大路書房、二

三八―二四五頁
高砂美樹（一九九七ｃ）「Ⅲ部第１章第３節　国際交流の進展」佐藤達哉／溝口元編『通史日本の心理学』北大路書房、二四九―二五六頁
高砂美樹（一九九七ｄ）「Ⅲ部第３章第１節　戦争と応用心理学」佐藤達哉／溝口元編『通史日本の心理学』北大路書房、二九一―二九四頁
高砂美樹（一九九七ｅ）「Ⅲ部第３章第２節　軍関係機関における心理学」佐藤達哉／溝口元編『通史日本の心理学』北大路書房、二九五―二九八頁
高砂美樹（一九九七ｆ）「Ⅲ部第３章第３節　戦時期のアカデミズム」佐藤達哉／溝口元編『通史日本の心理学』北大路書房、二九九―三〇四頁
高村直助（一九七五）「独占資本主義の確立と中小企業」『岩波講座日本歴史18　近代５』岩波書店、四三―九二頁
東京大学百年史編集委員会編（一九八六）『東京大学百年史部局史一』東京大学出版会
東京大学文学部宗教学研究室（一九八〇）『時と人と学と――東京大学宗教学研究室の七十五年』
永澤幸七（一九五二）「発表論文から見た日本心理学界の趨勢」『心理研究』第二三巻、一〇三―一一〇頁
羽生紀子（二〇〇一）「明治期日本出版と出版離陸、その後――翻訳・輸入と海外出版市場」『鳴尾説林』第九巻、一―一二頁
林健太郎編（一九五六）『ドイツ史』山川書店
肥田野直（一九九八）「わが国の心理学実験室と実験演習――明治中期から昭和初期まで」『心理学評論』第四一巻第三号、三〇七―三三二頁
松本亦太郎（一九一四）『実験心理学十講』弘道館
松本亦太郎（一九三三）「学的生涯の追憶」『心理学研究』第八巻第五号、八〇六―八一〇頁
松本亦太郎（一九三七）『心理学史』改造社
松本亦太郎（一九三九）『遊學行路の記』第一公論社
丸善（一九八一）『丸善百年史　下巻』
元良勇次郎（一八九三）『倫理学』冨山房

吉田正昭（一九七一）「第3章Ⅳ　日本」、末永俊郎編『講座心理学Ⅰ　歴史と動向』東京大学出版会、二七五—二九二頁
Maller, J. B. (1934) Forty Years of Psychology. *Psychological Bulletin*, Vol. 31, No. 8, pp. 533-559.
「桑田芳蔵」（二〇〇三）、大泉溥編『日本心理学者事典』クレス出版、四三三—四三五頁
「増田惟茂」（二〇〇三）、大泉溥編『日本心理学者事典』クレス出版、九八九—九九一頁

第3章　経済学部図書室

はじめに

本章では前章に続き、部局図書館の検討を行う。検討対象は経済学部図書室である。教員にとって経済学部の図書室がどのように位置づけられていたのかを明らかにする。これまでの章で、東京帝国大学では集中化した部局と分散化した部局の二つがあることを明らかにした。そして、分散化した運営タイプの部局図書館である文学部心理学研究室図書室が、図書館の管理者であり利用者でもあった教員にとってどのような位相にあったのかを、図書館外のコンテキストとの関係を踏まえて蔵書構成を分析し明らかにした。本章ではこれを受けて、部局図書館のもう一方のタイプである集中化した運営をしていた経済学部図書室を対象に、まず、図書館外のコンテキストである日本の経済学の動向、学部の運営の実態、教員の経歴を検討して、蔵書構成に影響を与える要因を明らかにする。その後、その要因と三つの時期において購入された蔵書の構成との比較を行うことで、教員から見た経済学部図書室の位置づけを検討していく。

この際、心理学研究室図書室と同様に図書館外のコンテキストとして、日本だけでなく世界の経済学の動向を検討する必要がある、とも考えられるが、以下の理由から本書では検討に含めない。

確かに、日本の経済学は他の学問同様に海外からの輸入に頼っていた。だが、経済学において国際的に研究者のコミュニティが形成されるのは一九三〇年代まで待たなくてはならなかった（池尾、一九九四、九頁）ため、経済学の国際的動向をひとくくりにすることは難しく、各教授が散発的に自分の専門や興味に基づいて輸入したと思われる。また、経済学の主な対象は、一国の事象であり、国ごとに固有の問題設定がなされた。そのため、本書では、海外の経済学の動向については触れず、各教員の経歴の中に含めることとする。

1　経済学の動向

心理学研究室と同様、経済学部においても教員にとって、同時代の動向が最も「普遍的」な経済学であった。杉原は、戦前の日本の経済学は以下の五つの時期に分けられる、と述べている。

Ⅰ　一八六〇―一八八七年
Ⅱ　一八八七―一九〇五年
Ⅲ　一九〇五―一九二〇年
Ⅳ　一九二〇―一九三五年
Ⅴ　一九三五―一九四五年

Ⅰは古典学派の導入期、Ⅱは諸学派の並列的摂取期、Ⅲは社会政策学派の主導期、Ⅳはマルクス経済学の隆盛期、

Vは日本主義流行の陰で理論的蓄積がなされる時期である（杉原、一九九二、一七六―一八〇頁）。

まず、江戸最末期を含むIの時期には、江戸期の数少ない交流国であったオランダを主に通じて経済学が紹介され、その後スミスなどの古典派経済学が紹介された。最初に日本に経済学を紹介したのは、オランダに一八六二年に留学した西周と津田真道である。そして、一八六七年に神田孝平がエリスの『アウトラインズ・オブ・ソーシャル・エコノミー』（一八四六）を『経済小学』として翻訳したものが日本で最初の経済学のテキストとなった。（玉野井、一九七一、六―九頁）。その後も、ウェイランド、ペリー、フォウセット夫人などの影響が広がり、亜流の古典派経済学の解説的導入が日本の西欧経済学の輸入の始まりとなった（玉野井、一九七一、一七頁）。

その後、一八七〇年代後半以降、一八八四年にアダム・スミスの『国富論』が翻訳されるなど、亜流ではない本流のイギリスの自由主義的な古典派経済学が導入され、福沢諭吉の慶應義塾と田口卯吉の経済雑誌社がその拠点となった。経済雑誌社は、『国富論』の翻訳をし、一八七九年には『東京経済雑誌』を創刊した（杉原、一九九一、一七八頁）。

IIに入る頃から、明治一四年の政変後、大隈重信らの自由主義的な思想の持ち主が下野し、ドイツ流の国家主義的な方向性に国家全体が進み、経済学においてもドイツの著作が重要視されるようになった。東京大学や独逸学協会が拠点となり、和田垣謙三、金井延、お雇い外国人のレスラー、ラートゲン、マイエットらがドイツ重視の傾向を促進した。また、一九〇〇年代には、幸徳秋水の『社会主義神髄』等によるマルクス主義の紹介や、福田徳三による近代経済学の紹介といった後の日本の経済学に大きな影響力をもたらす学派の紹介もなされた（杉原、一九九二、一七八頁）。

歴史学派の影響はIIIの時期にはますます大きくなり、社会政策学会が経済学の主流となった。日清戦争以後に日本の産業革命が進む中で、社会問題が深刻化していったことを背景として、一八九六年に、金井延、山崎覚次郎、桑田熊蔵、矢作栄蔵、高野岩三郎など主にドイツに留学したものたちが中心となって社会政策学会は作られた。最初は読書会形式だったが、大学で大会を開催して以後本格的な活動を開始した。大会のテーマは当時の重要な時事問題であり（杉原、一九九二、一六七―一六八頁）、第一回では工場法（社会政策学会第一回大会記事）、第八回では小農保護問題（社会政策学会第八回大会記事）といった具合であった。日本の経済学の中心となった社会政策学会において、その後に台頭するマルクス主義とどう向き合うかで、福田徳三がマルクス主義者の入会に反対するなど内部に対立が生じた（玉野井、一九七一、八二頁）。一九一九年第一三回大会の「労働組合」において対立は決定的となり、河上肇が『社会問題研究』を創刊してマルクス主義に接近、一九二四年の第一八回大会を最後に学会は自然消滅した（杉原、一九九二、一六八頁）。若い世代にはマルクス主義以外にも、第一次世界大戦後、日本の思想界に大きな影響を与えたリッケルト等の新カント派の哲学や左右田哲学の影響などから「経済学をもう一度根源にさかのぼって研究しようという動き」が起こった（東京大学経済学部、一九七六、一二二頁）。例えば、後に述べる森戸事件（一九二〇年）でいったん東京帝国大学を追われた大内兵衛は、「何か、根本的に自らを立て直さなくてはならぬ」という思いにかられ、多様な学問から自分の研究の出発点を探そうとする。まず、ドイツの哲学に手を出すが関心が持てず、次にコント、そしてアメリカの社会学、オッペンハイマー、メンガーなどにも触れるが、何もまとまらず、最終的にマルクスへ、特にその解説書から、関心を移していった（大内、一九六〇、一一七―一一八頁）。

Ⅳの時期にはマルクス主義が学界を席巻した。この時期はまた、東京帝国大学と京都帝国大学に経済学部が創設され、経済学研究者の育成が制度的に行われることとなり、戦前の経済学の本格的な展開時期となった。玉野井は、経済学部の独立は、国家学からの独立を目指したものだが、その契機は、社会問題と農村問題が、それらを研究する大原社会問題研究所などが開設されるほど、大きくなっていたことと、私学も含めて文系学部が拡大され、サラリーマン育成と職業教育が重視され始めていたことにある、と指摘している（玉野井、一九七一、九九頁）。

マルクス主義は、幸徳秋水らによる『共産党宣言』や『空想より科学へ』などの紹介を経て、一九二〇年代には学問としても大きな影響力を持った。それは、一九二〇年に『資本論』の最初の翻訳がなされたときから始まると杉原は指摘している（杉原、一九九二、一六九頁）。これを契機に、マルクス主義の体系的な理解が進み、本格的な導入が始まる。その当時創設されたばかりの帝国大学の経済学部も、マルクス主義の影響を大きく受けた。石田は、その後マルクス主義が社会科学を支配するまでに発展したのは、福本和夫の福本イズムの流行と『日本資本主義発達史講座』により、マルクス主義理論の普遍性、体系性、批判性が印象づけられたことによるとしている（石田、一九八四、一一二―一一九頁）。ただし、石田はその三つの特性の問題点についても指摘している（石田、一九八四、一二〇―一二二頁）。普遍性については、日本の現実から概念を抽象化するには弱く、しょせん海外からの借り物に過ぎないとしている。福本自身もコミンテルンから批判されあっさり失脚してしまう。体系性も、同様に借り物であるため、教条化していく。さらに福本イズムの亜流も登場し、いよいよ体系性は崩壊する。講座派も、マルクス主義の正当性について論じるときに同じような体質が露呈していく。そして、批判性については、国家よりも仲間に向けられることが多く、内ゲバに展開していくことが指摘されている。

学界を席巻したマルクス主義は、やがて、内部における対立や近代経済学との争いが盛んとなり、いくつかの論争が行われた。当時、学部が創設されただけでなく、経済専門誌が相次いで発刊された（長、一九八四、九五―九六頁）。一九〇六年創刊の東京高商と神戸高商が中心となった『国民経済雑誌』、一九一五年創刊の京都帝国大学の『経済論叢』、一九二〇年創刊の東京帝国大学の『経済学研究』などである。これらの学術雑誌に加えて、商業的な総合雑誌や社会運動の機関誌、新聞などが広く論壇を形成し、そこで論争は展開された。

大正の中期頃にはマルクス経済学に関する三大論争が起こった。資本蓄積＝再生産論争、価値論論争、地代論論争である。これらは、『資本論』の理論について主に検討し、マルクス主義の理論的深化と定着には貢献したが、ヨーロッパにおける論争の二番煎じであり、理論的欠陥も見受けられる、と長は指摘している（長、一九八四、九六―九九頁）。

そして、マルクス主義の理論的実証的研究が深まる中、一九二七年から一九三七年頃までの約一〇年間に起こったのが日本資本主義論争である。労農派と講座派がマルクス主義を社会認識の方法として用いて日本社会の全体像が検討された。この中で特に注目されたテーマの一つが農業問題であり、農業経済学者以外にも多くの経済学者が農業に注目した（東京大学経済学部、一九七六、三二八—三二九頁）。

マルクス主義を中心に日本の経済学は発展したが、Vの時期あたりになると日本の帝国主義化が進展して一五年戦争期に入っていく。早坂は、一五年戦争期はマルクス経済学、近代経済学、政治経済学の三つの流れがあり、特に後期は政治経済学が主流であったと指摘している（早坂、一九八四、一三七—一三八頁）。ゴットル、シュパン、リーフマン、オッペンハイマーなど全世界的に大きな影響力を持っていたドイツを中心とした研究者の思想の影響を受けつつ、日本では土方成美『日本経済学への道』（一九三八年）、難波田春夫『国家と経済』（一九三八—一九四二年）を一つの画期として政治経済学は発展した（早坂、一九八四、一四〇、一六二頁）。日本の軍国主義はそれほどイデオロギー的基礎がしっかりしているわけではなく、深い政治理念もなかったので、土方や難波田は軍国主義を基礎づけ、国家主義と経済環境を適応させることを試みた（テッサ・モーリス、一九九一、一六三—一六五頁）。当時、経済学内部だけとはいえ流行しつつあった近代経済学の純粋理論への反発もあり（早坂、一九八四、一七二頁）、政治経済学は戦時の経済学において一定の勢力を保った。

2　経済学部図書室のインフラ

教員にとっての制度的、物理的な「領土」となるインフラから経済学部とその図書室を見ていくと、およそ三つの時期に分けられる。まずは、法学部時代の経済統計研究室時代、次に経済学部として法学部から独立し、大幅に拡大した時代、そして最後に関東大震災で崩壊した図書室を再建した時代である。

（1）経済学部独立前史

経済学部は、一九一九年に法学部より独立する形で学部が設置された。だが、経済学部の源流は法学部ではなく、文学部にある。帝国大学が成立する前の東京大学において、一八七七年、文学部史学哲学及政治学科の中に経済学の授業科目が三年生用に設けられたのが嚆矢である。その後、一八七九年には学科の名称が哲学政治学及理財学科に変更となり、理財学すなわち経済学関係の授業も増加していった。そして、一八八一年には哲学科と政治学及理財学科に分かれた。

このように文学部の中で徐々に経済学は政治学と並び一定の地位を得ていくが、一八八五年に学部改変が行われ、政治学及理財学科は政治学科と改称され、さらに法政学部へと移転した。そして、帝国大学が成立した一八八六年には、法政学部は法科大学となり、一九一九年まで経済学はこの中で研究され、教えられた。まず、経済学は法科大学の政治学科の中で教えられた。一八九三年には講座制が施行され、法科大学には二二の講座が設けられ、経済学関係は四講座（「経済学、財政学」三講座、「統計学」一講座）であった。経済学関係の授業はその後順調に増加し、講座数も増加した。一九〇七年には経済学と財政学の講座が分かれ、経済学第一講座、第二講座、第三講座、第四講座、財政学講座、これに統計学を加えた合計六講座となった。さらに一九一二年までには経済学第五講座、殖民政策講座、保険学講座、商業学第一講座、商業学第二講座、商業学第三講座が創設され、合計一二となった。また、一九〇八年には政治学科から独立した経済学科が創設された。ただし、独立したとはいえ、経済学科において法律学関係の授業科目はかなり多く、これは経済学部として独立した後においても一つの特徴となった。また、一九〇九年にはさらに商業学科が設立された（東京大学経済学部、一九七六、三一―一三頁）。

こうして経済学部は徐々に自らの地位を固めるとともに、物理的な場所も得ていった。それが、経済学部およびその図書室の前身の一つとなる経済統計研究室であり、一九〇〇年に設立された。そのきっかけとなったのがエンゲル文庫である。これは高野岩三郎がミュンヘン大学に留学中の一九〇〇年に購入したエルンスト・エンゲルの所蔵本が基になっている（大島、一九六八、四八—四九頁）。この研究室は医科大学医化学教室二階に二室を借り受ける形で始まった(1)（東京大学百年史編集委員会、一九八六、九〇一頁）が、一九〇九年に文科大学本館二階の四室に移転した(2)（東京大学百年史編集委員会、一九八六、九一六頁）。

また、経済学部は授業において他の学部と大きく異なる点があった。それは演習制度である。大正時代に入ると、演習は正規の科目にも取り入れられ、経済学関係の学科では重要視されていた。特に、一九一〇年に外国人教師ヴェンチヒによる、演習のための特別の教室と、研究室および専門図書館が不可欠であることを強調した「東京帝国大学ニ於ケル経済学教授法改良意見」（猪間、一九三一）はその後の経済学部にとって大きな意味を持つものであった。学外の研究者の福田徳三もこの内容に賛成する論文を書いた（福田、一九一一）。さらに、大内兵衛が「米（こめ）の政策でも、みんなヴィンティヒに政府が聞くくらい、日本政府に対して信用がありました」と指摘するように（東京大学経済学部、一九七六、六二〇頁）、ヴェンチヒは政府に対しても一定の発言力を持っていた。そのため、ヴェンチヒの意見は大きな影響力を持った。この意見の内容は以下のようなものである。

まず、日本がここ四〇年で教育において大きな進歩を見せていることは賞賛に値するが、ここで立ち止まってはならず、「日新ノ方法ヲ以テ国民ノ大目的ニ適応センコトヲ力ムル」ことによって初めて教育の問題に進歩的な解釈を与えることができる。私は東京帝国大学の経済学の進歩のために招聘されたので、言行を持ってこれに寄与する。新しい知識の獲得が研究の目的であり、知識を普及させることが教育の目的であるが、この目的を達成するために採用する方法は学問によって異なる。特に自然科学と人文科学には根本的な違いがあり、後者に属する中でも経済学と法学ではそれぞれの特殊性がある。経済学にとって特に重要なのは次の二点である。（1）経済学は新進の学問なので、知識の集積は多くない。したがって、「単ニ此ノ僅少ナル確定的智識ヲ伝授スルヲ目的トスル教授法ハ其価値比較的ニ少シ、全体ノ教授法ハ寧ロ自己ノ判断力ヲ養フコトヲ目的（ママ）」とするべきであり、「学問上真ニ能ク研究セラレタル範囲内ニ属スル特別ナル著書論文」を研究して「批評的能力」を発達させることが、「正否尚ホ不確実ナル一般ノ理論ノ大要」を教えるよりは、はるかに重要である。（2）「現今ノ経済的生活ハ絶ヘス迅速ナル変化（ママ）」を受けているので、数年で従来の状況を一変させる重大な現象が出現することがある。したがって、学生は講義の筆記や教科書によってこれに対して確実な判断を下すことはなかなかできない。実践家を目指す学生に研究者としての能力を与え、系統的に学問や研究の方法を学ばせ、将来困難にあっても自己の力で解決できるように教育しなければならない。

だが、学生は皆「之ニ依頼スルヲ得ベキ一ノ所謂教科書」の指定を要求してくる。学生は教えられたことを暗記するのではなく、自分でその内容を研究し自分の判断力を養成するべきであると警告しても、彼らの試験の答案は「講義筆記ノ原文ヲ暗記」しそのまま答案に記載したものであった。これには様々な原因があるが、その一つは学生の心理状態に帰することができる。すなわち、試験規則が「教材ヲ単ニ機械的ニ暗記スルコトヲ奨励スル」していたため、学生が試験恐怖病になってしまっている。彼らは専門的な修養を積むよりも、避けられない試験の準備のために勉学を行っており、経済を洞察し理解する能力が麻痺している。このように、経済学の現在（一九一〇年当時）の教授法は、学生の独立した思考力や研究能力を養う点において不適当である。法科大学の学科および授業科目規程には、講義の他に「問答論文ノ起稿其他当該教授ノ適当ナリト思惟スル方法ニ依リテ学生ノ研究ヲ進ムル為メニ演習ヲ課スヘシ」とあるのに、演習は発達していない。学生を指導して研究を行わせるだけの「学問的ノ材料」を適切に利用する方法を学ばせるための教材、教室、その他の設備は最小限の要求すら満たしていない。これでは経済学の学生は不十分な教育を受けて大学を卒業することとなってしまわざるをえない。

ドイツでは演習に多大な時間を割き、その結果を図書として出版した論文が多数あることを見れば、日本の現状は遅れていることがはっきりとわかる。これを変えるための方法の一つとして以下の勧告をする。（1）経済、政治、商業各学科の学年試験の規則を改正し、毎年から二年に一度に変更する。試験と個々の講義との関係は断ち、学生に本当の専門的な学力の養成を促す。こうすれば、学生は「自己ノ判断ニ依リテ其勉学ノ方針ヲ定メテ各自時別ナル修養ヲナシ、学問的ノ書籍ヲ翻読スルノ時間（ママ）」を得られる。少なくとも夏期休暇前にすべての学生に試験を行い、それで不合格だったものには秋の再試験を行い、それでも不合格だったものは進級をみあわせるべきである。現在の制度は寛大に失しており、「学問シタル窮民」を養成してしまう恐れがあるため、こういったものをできる限り速やかに退学させることは、その学生個人から見ても国家から見ても必要である。

（2）「独逸式ノ国家学統計学の演習（ママ）」を設け、これによって学生に研究法の応用や体系的な研究の練習を行う機会を与える。演習では「特ニ大著書又ハ多数ノ離散シタル専門的書籍ヲ基礎トシテ」自分の論文、草案、意見書などを作成する能力を身につけさせる。特に外国語の書物から論文を起稿するためには適切な練習は欠かせないものであり、そのためには「特別ノ教室研究室及ヒ普通ノ図書館ヨリ独立シテ欧米部及ヒ亜細亜部ヲ具ヘタル国家学統計学ノ専門的図書室ヲ設ケ茲ニ充分適当ナル助手ヲ配置スル」ことが必要である。図書室については、「管理監督及ヒ常ニ学生ノ相談ニ応セシメンカ為メニ各主任ニ一人宛ノ若キ助手ヲ附ス」。また、この他にも、研究旅行によって学生に現在の経済生活などを見学させることも必要である。そして、官吏の任命や留学生の選考の際には研究室の主任による証明書を有するものを優先する。演習などの「精神的強制」という形でしか大学は学生に強制力を持てないからである。これらの改革には、財政上一定の犠牲と、現在の要求に適合する完全な演習室を設けるという決心が必要だが、大蔵大臣や銀行理事などの有為な人材として学生を輩出することで十分な利益が得られる。また、この演習室は、戦争で得られた新しい領土に安全な経済の基礎を与え、本土と緊密な関係を築かせることが第一の任務である。また、他国でも前例があるように、社会主義的傾向が日本でも発達しつつある。これはその国の住民の性質によっては危険なものにもなりうるが、これを抑えるのは警察の力では十分ではなく、大学が何より重要となる。これが演習室の第二の任務である。大学において研究の練習を行ってきた学生ならば、教師や指導者として不当な帰結に反対し、誤謬を正していく活動をしていくことができる。イギリスやアメリカと違い、日本やドイツは貧国なので、その資源は人にある。したがって、教育によって人の素質を発達させることができれば、国際的な成功を見込める。これを達成するためには、他国の成功例を日本においても試すべきである。

これを受けた形で、一九一一年二月には経済統計研究室の「完成」を目的とする教授陣による委員会が設置され、三月には、研究室規則の原案が提出され、教授会の協議の結果、以下のように決定した（東京大学百年史編集委員会、一九八六、九一七頁）。（1）名称を経済統計研究室として、研究範囲に「商業学」を含めること、（2）部屋は書籍室、学生研究室、主任及教授研究室、演習室とすること、（3）主任二名、「学術的事務」を担当する助手、「書籍ノ出納ソノ他」を任とし「所謂ビブリオテカーノ専門図書掛タルコト」である事務員、「器械的動作」を行う給仕をそれぞれ一名置くこと、（4）各教授は学生との面会日時を少なくとも週一回とること、（5）学生研究旅行費を毎年五〇〇円、明治四四年度図書費一万三〇〇〇円を予算化すること、（6）研究の結果は外国語で半年に一回刊行される報告書に掲載すること、である。試験内容に変更は加えられなかったが、演習を重視するための設備投資、研究旅行といった案が取り入れられていることがわかる。さらに一九一〇年の、経済および財政に関する図書購入のための「子爵田尻稲次郎記念奨学資金」による田尻文庫、「子爵児玉源太郎記念、殖民政策講座設置奨学資金」による児玉文庫、それに続く一九一一年の、植民交通に関する図書購入のための「経済学図書購入資金」、また植民政策専攻の学生や図書購入のための「浦太郎記念奨学資金」といった植民関係図書の収集（これは殖民政策講座開設を促すきっかけともなった（東京大学百年史編集委員会、一九八六、九一二頁））、そして外国人教師ベルリナーが提案した会社の定款や営業報告書を収集する商業資料文庫など図書の収集も積極的に行われた（東京大学百年史編集委員会、一九八六、九一五頁）。

（2）　経済学部独立期

それまでは法学部の一学科として発展してきた経済学だが、徐々に独立への動きが起こってきた。この背景には、第一次世界大戦後の日本資本主義の発展や、それに伴う様々な問題により、経済学の専門家への需要が高まったことがある（東京大学百年史編集委員会、一九八六、九一九頁）。

高野岩三郎は経済学部新設の経過を三つの時期に分けている（高野、一九六一、一二二―一二四頁）。第一期は、法科大学の経済学関係者内部で経済学部新設の方針を確立した時期であり、一九〇八年から一九一四年一月の間である。一九一四年一月に総長および法科大学長に経済学関係者が新学部創設を提議したことで第一期は終わり、この案が法科大学および帝国大学内部の教授会、大学評議会で可決されるまでの一九一五年一月から一九一六年二月の間が第二期である。第三期は文部省の手に創設案が移り、一九一九年二月の勅令第一三号「帝国大学及其ノ学部ニ関スル件」の公布により確定されるまでの一九一六年四月以降のおよそ三年間である。

独立には意見書を出したヴェンチヒが熱心だったのはもちろんだが、辞表を出しかけるなど職を賭してまで高野が積極的に独立に向けて行動していたことを森戸辰男は指摘している（東京大学経済学部、一九七六、八八九頁）。これは、ヴェンチヒの意見書にもあった通り、経済学と法学には教育などの面で大きな違いがあり、かつ東京帝国大学の法学の国家学としての側面の強さや、「保守的官僚的で、いかにも権威主義的なその空気」（大島、一九六八、一二六頁）に反発を感じていたためである。そんな中、独立のきっかけとなったのは、東京高等商業学校の大学昇格要求への牽制としての商科大学設置案が一九一三年に東京帝国大学評議会で決議されたことである。だが、商業学科は一九〇九年にできたばかりで分科大学として独立するには十分な準備ができていなかった。そこで、経済学関係教員は、経済・商業両科独立、分科大学設立の方針をまとめた。そして、一九一五年二月に法科大学教授会もこれを認め、「教授会内部からの「経済科大学独立」案が、学外起源の「商科大学独立」案にとって代わった（ママ）」（東京大学百年史編集委員会、一九八六、九二二頁）。

この機運に乗り、一九一五年七月には経済学関係の教員は総長に「分立理由書」を提出した。この内容は以下のようなものであった。法科大学には長い間法律と政治の学科があり、経済学は政治学科で研究や教育が行われていた。しかし、近年経済学の発達は著しいため、一九〇八年に経済学科を設け、また、欧米諸国の商業教育の状況と日本社会の要求に応じて商事経済学計算学などを基礎として私経済的観点より商業学を研究するため、一九〇九年に商業学科を設けた。その結果、法科大学における研究教育の範囲が非常に広くかつ複雑になった。そこで、学問上の性質が似ている経済と商業を法科大学より分離して一分科大学を組織するのは、「我法科大学に於る学科発達の経路上自然の趨勢と謂はざるを得」ない。分科大学として独立する理由は、経済商業の学問としての特質にある。この二つの学問は、一方においては法律政治の科目と密接な関係を有しているが、他方においては、社会の実際について材料をとってきて実験的にこれを研究する必要が大きいため、「研究室、経済資料文庫、商品陳列室等の設備を完全にし、常に之を利用」しなくてはならない。さらに、学生が実際の材料に基づいて研究する力をつけるために、演習や調査旅行などの特殊な教育方法が必要である。こういった設備、教育方法を整えるためには法科大学のように画一的な方法や組織によって研究教育するよりは、新しく一分科大学を創設するべきである、というものである（高野、一九六一、一三一―一三二頁）。そして、一九一六年三月には、大学評議会が経済科大学設置を承認した。だが、その後は独立への歩みはあまり進まず、先に述べたように高野、そして金井延が辞表を出すという状況にまで発展した。それでも、一九一八年に大学令が公布され、一九一九年に帝国大学令が改正される中で、分科大学制から学部制などの様々な改編がなされ、経済学部も独立を達成することとなった（東京大学百年史編集委員会、一九八六、九二三頁）。

経済学部の講座は最終的に二〇講座にまで増えるが、学生が属する学科は経済学科と商業学科の二つだけであった。また、講座を構成するのは教授や助教授であり、助手は実質的に講座に属さず研究室に一括して集められていたため（東京大学経済学部、一九七六、六三九頁）、他の学部でしばしば見られた講座内での強いつながりや講座間の断絶というものは少なく、学部全体で運営を行うことができる体制が整っていた。

学部の独立により、国家学からの経済学の独立が進み、学問としての新たな方向性を探ることになり、人員の拡充が行われたが、その一方で次々と教員が職を離れる事件が起こった。まず、一九一九年一〇月に、学部独立の立役者である高野岩三郎が退職した。これは、高野が国際労働会議に出席する労働代表の一人として選ばれたことをめぐって事態が紛糾したことの責任を取ったためである。続いて、一一月には松崎蔵之助が病没、松岡均平が三菱合資会社へ去った。そして、一九一九年暮に助教授の森戸辰男が、クロポトキンの無政府主義についての論考を学部の機関誌である『経済学研究』に掲載したことにより、いわゆる森戸事件が起こった。この論考が過激思想であるという指摘が学生団体である興国同志会によってなされ、雑誌は回収となり、森戸は『経済学研究』の編集権発行人である大内兵衛とともに起訴され、有罪となり職を追われた。大内は一九二一年に特赦となり、翌年経済学部に復帰したが、森戸の復帰は結局なされなかった。そして、新渡戸稲造が国際連盟から招聘され、学部を去っていった。また、学部に残った教員においても、土方成美、舞出長五郎らの若手教員は留学した。こうして経済学部は、独立はしたものの人事の面では突発的な問題が起き、研究の発展は留学した若手教員が帰国する大正時代末まで待たなければならなかっ

た（東京大学百年史編集委員会、一九八六、九三〇―九三四頁）。

そういった中において、この時期、図書については事務員（関東大震災前後には和書係三名、洋書係一名）が管理し、教員や助手が選択を行っていた。蔵書は経済統計研究室および保険研究室の二つの研究室に置かれており、ある程度集中的な管理がなされていたといえる。だが、少なくとも経済統計研究室内においては、スペースの問題もあるかと思われるが、蔵書はある程度分散して排架されていた。経済統計研究室は、三つの教授室、資料室、書庫、図書閲覧室からなっていたが、当時の教員である有沢広巳の「僕の入れられた室にエンゲルの蔵書があった」（東京大学経済学部、一九七六、六四一頁）という指摘からもわかるように図書は書庫だけではなく教授室にも置かれていた。当時学生であった脇村義太郎は「「田尻文庫」の書物と一般図書とあって、ゼミナールをやる学生はそこまで入ることができた」（東京大学経済学部、一九七六、六四一頁）と述べており、教員だけでなく一部の学生も自由に閲覧できていたことがわかる。研究室では「アダム・スミス文庫」など蔵書収集も積極的に行い、関東大震災直前には、その蔵書はおよそ四万冊に達していた（東京大学百年史編集委員会、一九八六、九三四頁）。

（3）関東大震災からの復興

ようやく若手教員の帰国後に勢力を増しつつあった経済学部だったが、そんな中において、一九二三年に関東大震災が起こる。これにより、東京帝国大学は大きな打撃を受けるが、経済学部もその例外ではなく、蔵書はほぼすべて失われ[3]、法文学部同様に研究室も失う。震災後最初の教授会で復興についての応急対策がまとめられ、（1）図書その他の復旧費として五三万円を要求する、（2）一〇月末日まで授業は休講とする、（3）バラック建て仮教室を建てるとともに、焼失を免れた工学部などの教室を借用する、（4）図書は新しい書籍雑誌の整備を優先し、同時に、一般蔵書家などに寄贈を依頼する（東京大学百年史編集委員会、一九八六、九三七頁）ことを決定した。図書は復興の優先順位が高く、学部の中で重要視されていたことがわかる。

研究室は一九二七年に復興され、経済学部の新しい建物は教員の研究個室、学生の閲覧室、図書事務室、二〇万冊を収容しうる書庫といった様々な設備を備えたものであり、研究室の名前も建物完成前の一九二三年一一月に「経済学部研究室」と変更された。これにより、以前の研究室では教授室に置かれていた資料も含め、すべて書庫に所蔵することができるようになったと考えられ、学部で所蔵している図書を集中的に管理し、教員と学生が自由に利用できる体制がより明確になったといえる（東京大学経済学部、一九七六、三二一頁）。こうして、「ともすれば特定の教官の希望に偏して購入され、しかも十分整理されず、当該教官の専用になりがちになる研究用専門図書も、きわめて客観的に購入・管理されるという体制が出来上がった」（東京大学経済学部、一九七六、三二一―三二二頁）。実際、前述のように学生は選択科目であった演習に参加していないと利用できなかったにもかかわらず、学生閲覧室は常に八割方埋まっていた（東京大学経済学部、一九七六、七六四―七六七頁）。「一般的勉学のためには主として図書館（現在は「総合図書館」と呼ばれている）を利用するが、演習のための報告準備やリポート作成準備のためには主として経済学部を利用するという体制ができた」（東京大学経済学部、一九七六、三二二頁）。

震災からの復興においては置き場所である研究室だけでなく、図書の整備にも力が注がれた。所蔵図書は慶應義塾大学、早稲田大学、銀行集会所などの図書館でも閲覧が可能となるように取り計らわれ、先述のように蔵書家からの寄贈も求めた。一九二四年二月までに七二三〇冊が集まり、京都帝国大学経済学会から一〇〇〇円が図書購入費として寄付された。寄贈の受け入れだけでなく購入も積極的に行い、図書の購入と受贈のみを目的とし、予算二万五〇〇〇円で、上野道輔を欧州に派遣した（東京大学百年史編集委員会、一九八六、九三八頁）。

こうして、研究室、図書の復興は徐々になされていったが、人事の面では震災後も危機が待っていた。まずは、一九二五年に治安維持法が公布されるなど、マルクス主義者や社会主義者に対する弾圧がさらに厳しくなる中で、東京帝国大学においてもマルクス主義に関心を持っていた大森義太郎、山田盛太郎が、それぞれ一九二八年、一九三〇年に辞表を提出した（東京大学百年史編集委員会、一九八六、九五三頁）。この後も、マルクス主義、自由主義、日本主義など学問上の立場の違いなどから起こったものであったにもかかわらず、感情的なものにまで発展してしまった学部内での対立[4]により人事は停滞し、一九三二年から一九三九年まで教授と助教授の新しい任命はなされなかった。この対立により、一九三七年には矢内原忠雄、一九三八年には有沢広巳、大内兵衛、脇村義太郎が辞任し、最終的には平賀譲総長による「平賀粛学」と呼ばれる措置がとられる。これは、当時の相互に対立していた派閥のトップである土方成美、河合栄治郎をともに休職にする、というものであった。経済学部内の争いを最小の犠牲でもっておさめようとしたものであったが、これに反発し、教員一三名が辞意を表明する事態に発展した。平賀はこれに対し、若手教員に対して慰留を要請し、本位田祥男、田邊忠男、中西寅雄、山田文雄、木村健康の五名以外は大学にとどまることとなった。その後、すでに退職していた山崎覚次郎に顧問就任を依頼し、教授会を教授助教授懇談会とし、人事などの重要事項の決定は、経済学部長事務取扱を兼ねることとなった平賀総長の判断にゆだねられる形で経済学部は再建されることとなった。他大学から非常勤講師を招聘しつつ、助手や助教授を昇任させることで人事は再び活性化し、一九四〇年には山崎顧問の任が解かれ、平賀も経済学部長事務取扱を免ぜられて教授会が再開された（東京大学百年史編集委員会、一九八六、九六四—九八五頁）。

3　経済学部の教員

この節では、それぞれの教員の経歴と研究、図書・図書室の利用実態を検討し、教員の最も専門とする知識の世界について明らかにする。

（1）教員の移り変わり

文学部時代、最初に経済学の授業を担当したのは、お雇い外国人のフェノロサである。フェノロサは英米の文献を基に、特定の一派の学説に偏してはいないが、ミルの学説を特に重視した授業を行った（玉野井、一九七一、三三頁）。一八八一年になると田尻稲次郎が講師として招聘され、日本人初の経済学の教員となる。田尻は一八八三年以降「財政学」を担当し、また、渋沢栄一ら外部の人間に講師を嘱託し、フェノロサの理論、田尻の財政、渋沢の実務を重要な柱として、東京帝国大学の経済学はその原型を築いた。フェノロサは一八八四年には、経済学の講義を離れ、和田垣謙三がその講義を担当することとなった。また、それに先立つ一八八二年からはラートゲンが統計学を担当し、ドイツ流の経済学を紹介し、明治政府もドイツへの傾倒を示していたため、日本の経済学で一時代を築いた自由主義経済学は東京帝国大学では、フェノロサの紹介後、短期のうちに顧みられなくなった（東京大学百年史編集委員会、一九八六、八七六―八八〇頁）。

一八八六年になると、文科大学から法科大学へと経済学の研究と教育は移った。その後しばらくは政治学科の一部となり、ドイツ風の「国家学」の一環として、特に社会政策学派から強い影響力を受けていた。法科大学最初期は、和田垣、田尻、ラートゲンという文学部末期と同じ体制であったが、一八九〇年に留学から帰国した金井延が理財学を担当する教授となった。講座制施行の際、金井は和田垣とともに経済学財政学の講座の第二、第一をそれぞれ担当する。一八九六年には、農科大学の農業経済担当の松崎蔵之助が、兼任で法科大学の統計学講座を分担し、一八九八年には農科大学に移った和田垣に代わって経済学財政学第一講座を担当する。さらに、経済学部の第二世代ともいうべき高野、河津暹、山崎覚次郎、松岡均平が、一九〇〇年から一九〇三年にかけて毎年一人ずつ順に助教授に任用された。高野は一九〇三年に教授になり統計学講座を担当、山崎は一九〇六年に教授になり経済学第一講座を分担し、

「貨幣論」「銀行論」を講じた。河津も一九〇七年に教授となり、同時に兼任教授として迎えられた農科大学教授の矢作栄蔵と経済学第四講座を分担して、河津は「経済学理論」や「高等経済」を、また矢作は「農政学」を講じる。また、外国人教師も積極的に登用され、一八八七年に来日したドイツ人のエッゲルトが、「理財学」「財政学」、そして、一八九〇年からは「統計学」を担当する。一八九三年からは病死したエッゲルトに代わり、ドイツ人のヴェンクステルン、ついで一八九六年からイギリス人フォクスウェル、一八九九年からアメリカ人のグリフィン、一九〇五年からはアメリカ人スプレーグが経済学、財政学、統計学（ウェンクステルンのみ）を講じた（東京大学百年史編集委員会、一九八六、八八二―八八九頁）。

一九〇八年に経済学関連の講座は、経済学科として法科大学内で独立し、一九〇九年には商業学科も設立された。ただし、商業学科には専任の講座も教員も存在せず、商業学を学ぼうとする学生や専門の図書も極めて少ない状態の中、東京高等商業学校の大学昇格問題という外的な影響の下に設置されたため、ブロックホイスとベルリナー、カヒューザックに嘱託し、また東京高等商業学校の下野直太郎などに非常勤講師を依頼した。この時期の新規の教員としては一九〇九年に農科大学教授の新渡戸稲造が法科大学を兼任し、一九一三年には専任となった。桑田熊蔵も一年間経済学第一講座を分担したが、松岡が一九一〇年に教授に昇任したのみで、それ以外には教員の新規の採用はなかなか行われず、教授のみで運営された。一九一三年になると渡辺鉄蔵が助教授になり商事経営学を講じ、一九一四年に商業学第一講座担任になり、一九一六年には教授になるが、一九一五年に兼任で助教授となり海運論を講じた市村富久は、同年をもって辞任する。一九一六年には森戸辰男、一九一七年には土方成美、森荘三郎、上野道輔が、一九一九年には舞出長五郎が助教授に任用された。外国人教師は、一九〇九年からはドイツ人ヴェンチヒが経済学を、一九一一年からはブロックホイスが商学を、一九一三年からはベルリナーが商学を、同年アメリカ人のプファイスが経済学、経済史、商業史を、一九一五年からはイギリス人カヒューザックが商業英語を担当した（東京大学百年史編集委員会、

一九八六、九〇四―九一五頁)。

一九一九年の経済学部独立以後も、陣容はほぼ変わらなかったが、先述のように独立後すぐに高野が辞任し、松崎が病没し、松岡が三菱合資会社参与となって辞任した。さらに翌年、森戸事件により森戸が大学を去り、経済学部独立後すぐに助教授となった大内も休職となり、そのさなか新渡戸も国際連盟の招聘により、形式的に籍は残ったが、実際にはほぼ経済学部に関与しなくなった。その一方で、一九一九年に森、上野が、一九二一年に土方が、一九二三年に舞出が、一九二二年に復学した大内が教授に昇進し、新たに一九一九年に糸井靖之助が、一九二〇年には矢内原忠雄、河合栄治郎が、一九二一年には本位田祥男、江原万里が助教授に就任する。このうち、糸井と江原は、それぞれ一九二四年に死去、一九二七年に病気により休職その後退職と職を離れたが、一九二三年に矢内原が、一九二六年に河合、本位田が教授に昇進した。以上の者は官庁、民間会社から招かれた者が多かったが、経済学独立後の卒業生も任用されるようになる。まず、中西寅雄、佐々木道雄が一九二三年に、そして土屋喬雄、有沢広巳、大森義太郎が一九二四年に、馬場敬治、山田盛太郎、橋爪明男が一九二五年に、脇村義太郎、油本豊吉が一九二六年に助教授となる。外国人教師は、引き続き一九三一年まで貿易をブロックホイスが、一九二一年まで商業史をプライスが、その後、一九二〇年より一九二五年までベルリナーが再任で商業を、そして、一九二三年から一九二五年までドイツ人レーデラー、一九二六年から一九二九年までチェコスロバキア人アモンが経済学を担当した。レーデラーとアモンは、若手研究者に大きな影響を与えた(東京大学経済学部、一九七六、二四―二七頁、東京大学百年史編集委員会、一九八六、九三〇―九四三頁)。

昭和初期になると、学問、言論への弾圧が厳しくなり、それが原因で大学を追われるものも多くなる。一九二八年の大森、一九三〇年の山田がそれである。また、渡辺は、東京商工会議所の専務理事になり、一九二七年に休職、その後退職した。他にも、定年により、一九二五年に金井、一九二九年に山崎、一九三一年に矢作、そして一九三五年に河津がそれぞれ退職した。人事は退職者が出る一方で停滞していたが、一九二九年に渡辺信一が、一九三〇年に山田文雄が、一九三二年に柳川昇が、それぞれ助教授に就任し、一九三五年には大河内一男が専任講師を嘱託される。教授に関しては、一九二七年に専修大学教授から助教授に就任した田辺忠男が、一九三一年に昇進し、一九二八年に荒木光太郎が農学部より兼務で、一九二七年に中西が、一九三一年に馬場、山田がそれぞれ助教授より昇進する（東京大学経済学部、一九七六、二九―三四、一〇五四頁）。

戦時下になると、学問、言論への弾圧はさらに厳しくなり、一九三七年に矢内原が退職し、一九三八年には大内、有沢、脇村が検挙、起訴され、休職となる。一九四二年には土屋も、表向きは病気によるものだが、実際はその言論のために休職となった。そして、最も大きな事件としては、一九三九年に当時総長であった平賀譲による河合、土方両者への休職処分である平賀粛学と、それへの抗議による本位田、中西、田辺、山田文雄の退職であった。この間、助教授に就任したものとしては、一九三九年に大河内（一九四五年に教授に昇進）、難波田春夫、安井琢磨（一九四四年に東北大学に転任）、高宮晋、神戸正一（一九四五年に戦死）、大塚久雄が、一九四二年に今野源八郎、安平哲二が、一九四四年には除野信道が、一九四五年には古谷弘があげられる。教授としては、一九三九年に、佐々木、土屋、橋爪、油本、渡辺、柳川らが、東北帝国大学教授より長谷田泰三（一九四二年退職）が、農学部より兼務で東畑精一が、東京商科大学教授より兼任で増地庸治郎（一九四四年に退職）が、厚生省人口問題研究所研究官から兼任で北岡寿逸（一九四二年に退職）と中川友長が、一九四二年には台北帝国大学教授より北山富久二郎が任用される（東京大学経済学部、一九七六、三三五―四八頁）。外国人教師としては、一九三一年から一九三五年までドイツ人ジンガーが務めていた（東京大学百年史編集委員会、一九八六、九四二頁）。

（2）　教員の経歴と関心

以上のように、経済学部や、その前身の法科大学経済学科などの教員はあまりに多いため、ここでは、次章の蔵書分析において重要視されている教員を中心に、その経歴と研究について検討していく(5)。

まず、東京帝国大学の経済学を初期から支えてきた金井延について述べる。金井は、一八八五年に東京大学文学部を卒業し、一八八六年にドイツ、イギリスへ留学、一八九〇年に帰国する。同年、帝国大学法科大学教授となり、一九一九年には経済学部勤務に、一九二五年に定年で退職、一九三三年に死去する。その専門とするところは主に社会政策であり、工場法をはじめとして、鉄道国有問題、簡易保険問題などに取り組んだ。また、社会政策学派の導入という経済理論上の大きな功績がある（河合、一九九一）。

松崎蔵之助は、一八八八年帝国大学法科大学経済及政治学科卒業後、一八九〇年から農科大学助教授となり、一八九二年にドイツへ留学、一八九六年に帰国後は、教授に昇進し、法科大学教授を兼任する。一八九八年より法科大学専任となり、一九一九年経済学部勤務へ、そして同年死去している。松崎は、財政学を主に担当し、その『最新財政学』は「独逸財政学の主張を消化して独自の財政学大系を建設し、明治財政学の集大成」であるといわれている（東京帝国大学、一九四二、五七七頁）。また、農業保護論にも熱心であり、農科大学の横井時敬を別にすれば、帝国大学の代表格であった（東京大学百年史編集委員会、一九八六、八九四頁）。

山崎覚次郎は、一八八九年帝国大学法科大学政治学科を卒業し、一八九一年にドイツへ留学。一八九五年に帰国し、農務省や高等商業学校教授、掛川銀行取締役などを経て、一九〇二年東京帝国大学法科大学助教授となり、一九〇六年に教授、一九一九年に経済学部勤務へ、そして一九二九年に定年退職している。その専門とするところは、貨幣、銀行論についてであり、また、オーストリア学派の限界理論に関心を寄せていた（東京大学百年史編集委員会、一九八六、八九九頁）。

高野岩三郎は、一八九五年帝国大学法科大学政治学科を卒業後、大学院に進学し、一八九九年ドイツへ留学し、ブレンターノに師事。また、統計学をマイヤーに学び、その実証主義的な学風を東京帝国大学に移植した。在外中に東京帝国大学法科大学助教授となり、一九〇三年に帰国し、教授となる。一九一九年経済学部に勤務するが同年退職、その後も一九二〇年から一九二四年まで非常勤講師を務めている。専門は統計学であり、統計データが経済・社会・労働問題の実証的解明に不可欠であることを強調した（東京大学百年史編集委員会、一九八六、八九九頁）。

新渡戸稲造は、一八八一年札幌農学校を卒業し、一八八三年まで開拓使御用掛を務めた後、東京大学へ入学。一八八四年にジョンズ・ホプキンス大学へ出発。ここでは、最初に農地問題、その後日米関係について研究している。一八八七年には札幌農学校助教授になり、同年ドイツへ留学。ドイツでは、「日本の土地所有、その分配と農業的利用について――歴史的統計的一研究」と題した論文で博士号を取得している。一八九一年に帰国後は教授となるが、一八九八年に依願免職され、台湾総督府技師、民生部殖産局長心得、臨時台湾糖務局長を経て、一九〇二年京都帝国大学法科大学教授、一九〇六年第一高等学校長兼東京帝国大学教授となり、一九一三年に東京帝国大学法科大学教授となる。一九一八年からは東京女子大学長も務め、一九一九年に経済学部勤務となる。だが、一九二〇年に国際連盟へ招聘され休職し、一九二七年に東京帝国大学を退職している。東京帝国大学での担当は、植民政策の分野であったが、それまで基本的には農業経済について研究していた。この研究上の変化は、台湾における仕事がきっかけであり、植民政策では、アジアの新しい帝国としての日本の役割からくる実際上の問題を解決することが主題となった（オーシロ、一九九二、四〇―四一、一四〇頁）。

河津暹は、一八九九年に東京帝国大学法科大学政治学科を卒業し、大学院に入学後、一九〇〇年にイギリス、ドイツへ留学。在外中の一九〇一年に東京帝国大学法科大学助教授、一九〇四年帰国後は、一九〇七年に東京帝国大学法科大学教授、一九一九年に経済学部勤務となり、一九三五年に定年で退職している。経済学の理論（原論）を主に担当し、その集大成である『経済原論』には、歴史学派とオーストリア学派の融合、古典学派およびマルクス経済学への反発が読み取れる（東京大学経済学部、一九七六、一五二―一五三頁）。また、この理論を体系化するためには幅広い研究を前提としていたため、河津の研究は、農業、工業、商業、社会政策、交通、金融、植民とあらゆる分野にわたっていた（東京帝国大学、一九四二、七一五頁）。

矢作栄蔵は、一八九五年に帝国大学法科大学政治学科を卒業後、大学院に進み、高等師範学校経済学講師、日本勧業銀行鑑定役などを務めた後、一九〇一年に東京帝国大学農科大学助教授となり、一九〇二年にドイツ、フランス、イギリスへ留学する。ここでは、主にボン大学のゴルツに師事する。一九〇七年に帰国すると、東京帝国大学農科大学教授兼法科大学教授となり、一九一九年に経済学部兼勤、一九三一年に定年退職している。矢作は、東大教授の傍ら、大正後期から昭和初期にかけて政府の農業関係の各種審議会にほぼ必ず参加しており、日本の農政に大きな影響を与えていた。ただし、学問的に目立った業績はなく、授業もドイツ流の伝統に従った常識的な概説でほぼ内容も変わらず、独自の見解は見られない。その研究・講義の水準は日本の中でも高いものではなかった（東京大学経済学部、一九七六、三三三―三三四頁）。

松岡均平は、一九〇〇年に東京帝国大学法科大学卒業後、一九〇三年に東京帝国大学法科大学助教授となり、翌年休職するも、一九〇五年にイギリス、フランス、ドイツ、アメリカへと留学する。留学中に復職し、帰国後の一九〇九年に東京帝国大学法科大学教授となり、一九一九年に経済学部勤務となるが、同年休職し、そのまま退職となった。後述する『国民経済雑誌』の「最近の経済学界」に示された一九一二年から一九一四年に公刊された松岡の研究は、植民に関する研究が九本、産業に関する研究が四本、交通に関する研究が二本、経済事情に関する研究が二本となっている。『東京大学経済学部五十年史』によると、一九一九年に交通政策の授業を担当している（東京大学経済学部、一九七六、一一一五頁）が、交通に関してだけでなく、植民、産業に関する研究も行っていたことがわかる。

ヴェンチヒは、一八九三年にライプチヒ大学で博士号を取得し、マールブルク大学、グライフスワルド大学、ミュンスター大学、ハレ大学の教授を務めた後、一九〇九年東京帝国大学に招かれ、経済学および財政学を講じた。一九一三年にはドイツの文部大臣となったため、帰国した（武内、一九八三、四六頁）。日本滞在中は、陶器に関心を持っていたと大内は述べている（大内、一九三一、一〇頁）。

ブロックホイスは、一八七九年にアントワープ高等商業学校を優等の成績で卒業し、商業学士の学位を取得する。一時アントワープ市で勤務の後、オーストラリアのシドニーの商会で働く。一八九二年高等商業学校教師として来日し、会計学を教える。一九一三年から東京帝国大学にも出講し、一九三一年から経済学部講師となるが、同年死去。商業実務などの学科を担当する（武内、一九八三、四〇一－四〇二頁）。日本人のための商業用の辞書編纂（祖山／大田黒、一八九七、Blockhuys, 1911）を積極的に行い、日本人への商学の教育に強い関心を持っていたことがうかがえる。

ベルリナーは、一九〇五年ゲッティンゲン大学で博士号を取得し、兵役、ライプチヒ市公立商業学校教務事務、ライプチヒ高等商業学校保険数学、統計学および商業経営学講義担当を経て、一九一三年に東京帝国大学法科大学教師として招聘される。一九一四年に第一世界大戦勃発に伴い本国より招集され、その後日本の俘虜収容所に収監されるが、一九二〇年再び復職し、経済学部教師となる。商業学などの学科を担当する。日本の貿易の組織や経営に関心があったようで、それに関する著書もドイツで出版している。高橋は、これら日本や中国に関する一連の書物は収容所にいる間に行われた研究によるものではないか、と述べている（武内、一九八三、四二八頁、高橋、二〇〇二）。

プライスは、一九〇一年、ボストンのタフツ大学を卒業し、同年ハーバード大学大学院に入学し、一九〇五年に博士号を取得。当時は貿易の独占についての歴史を研究していたようである（Price, 1906）。その後、ウィスコンシン大学経済学部およびイエール大学経済学部で経済学を講じる。一九一三年に東京帝国大学経済学部教師として経済学および経済学史を講じ、一九二一年に軽井沢で事故死する（武内、一九八三、三七一頁）。その興味の中心は宗教と経済学であり、それぞれの歴史について広い知識を持っており、また、彼の経済学は、宗教と一体をなすもので、Christian Industrial Ethics と称することができる、とプライスの親友であるブキャナンは証言している（土方、一九二一、一五五頁）。また講義も、限界効用説からミルまで幅広く経済学を講じており（土方、一九二一、一五六頁）、経済学の歴史への知識のほどがうかがえる。

渡辺鉄蔵は、一九一〇年東京帝国大学法科大学政治学科を卒業し、同年にイギリス、ドイツ、ベルギーに留学し、一九一三年に帰国。イギリスでは、造船所、炭鉱などを見学し経営研究の方向を模索したが十分なものを得られなかった。その後、ドイツに渡ってシェアーの影響を受けた。同年東京帝国大学法科大学助教授となる。一九一六年に教授となり、一九一九年からは経済学部勤務、一九二七年に休職し、一九二九年に退職している。その専門は経営学であり、日本に経営学を導入した第一人者であった。その収穫は、一九二二年『商事経営論』にて語られた。この書はドイツの経営学の体系化の論点について論じ、経営学に学問的性格があることを主張した。その後、学者間の形式的方法論の交換から脱することを目指し、一九二六年の『工場経営論』がその一つの具体的な成果となった。これは、アメリカのテイラーらの研究に影響を受けつつ、工業生産の現実的な組織について研究する必要を説く、日本で最初の体系的な工業経営の研究書であった（東京大学経済学部、一九七六、四七六―四八〇頁）。

森荘三郎は、一九一三年に東京帝国大学法科大学を卒業後すぐに、ドイツ、フランス、イギリス、アメリカへ留学し、一九一七年に帰国し、東京帝国大学法科大学助教授となる。一九一九年に経済学部勤務となり、教授にも昇進する。そして、一九四七年に依願退職する。その専門は保険学であり、西欧の保険思想と制度の紹介を行った（東京大学百年史編集委員会、一九八六、九四九頁）。

上野道輔は、一九一二年東京帝国大学法科大学経済学科を卒業し、一九一三年にイギリス、ドイツ、アメリカに留学する。一九一七年に帰国後、東京帝国大学助教授となり、一九一九年から経済学部勤務、同年教授に昇進する。一九四九年に定年にて退職する。専門は会計学であり、留学中はドイツの会計学を学び、その研究をしつつ、それに比較的近いアメリカの会計学も日本では早い段階から取り込んでいた（東京大学経済学部、一九七六、六三一頁）。

土方成美は、一九一五年に東京帝国大学法科大学経済学科を卒業後、大学院に進み、一九一七年に法科大学助教授となり、アメリカ、スイス、フランスへ留学する。アメリカのハーバード大学や、フランスのパリ大学で財政学や経済原論の授業を聴講するが、帰国後に行う財政学の授業の構築を優先する必要があり、自由な研究はできなかった（土方、一九六七、四八三―四八六頁）。一九一九年には経済学部勤務となり、一九二一年に帰国後、教授に昇進する。一九三九年に平賀粛学により休職となり、そのまま一九四一年に退職する。留学から帰国した当初は、財政学を適用しつつ、限界効用説の立場からマルクス経済学の価値論を特に批判した（東京大学経済学部、一九七六、二九八頁）。昭和初期には、国民所得の研究など日本経済の統計的研究を行っている。時局が戦争に傾くにつれ、経済統制についての関心が高まり、日本精神との関係から独自の論を展開していった（土方、一九六七、四八八―四九〇頁）。

舞出長五郎は、一九一七年に東京帝国大学法科大学政治学科卒業後、大学院に進み、一九一九年助教授になった後、経済学部勤務となる。一九二〇年に主にドイツに留学し、マルクスの研究を行い、一九二二年に帰国。一九二三年に教授に昇進し、一九五二年に定年退職する。経済学史および経済原論がその専門であり、リカードやミルといった古典学派と、マルクスを主な研究対象としていた。一九二七年マルクス価値論をめぐって土方と論争を行っているが、戦中には徐々にマルクスから離れていった（東京大学経済学部、一九七六、一五八―一六六頁）。

河合栄治郎は、一九一五年に東京帝国大学法科大学を卒業し、農商務省に進み、一九二〇年に東京帝国大学経済学部助教授となる。一九二二年より一九二五年までイギリス、アメリカ、ドイツ、フランスへ留学する。一九二六年には教授に昇進するが、一九三九年には平賀粛学により休職し、一九四四年に死去する。マルクス主義とは距離を取りつつ、経済学という分野に縛られず、広く社会思想史および社会政策の研究を行った（東京大学百年史編集委員会、一

九八六、九四九頁)。

本位田祥男は、一九一六年に東京帝国大学法科大学政治学科卒業後、一九一七年に農務省に入り、一九二一年に東京帝国大学経済学部助教授となる。一九二三年よりイギリス、ドイツ、アメリカ、フランス、イタリアに留学し、一九二五年に帰国する。翌年、教授に昇進し、一九三九年に平賀粛学に抗議し、退職した。その研究は、主にドイツのゾンバルトに依拠した西洋経済史であった。また、日本の製糸業や、協同組合に関する研究も行っている(東京大学百年史編集委員会、一九八六、九四九頁)。

江原万里は、一九一五年に東京帝国大学法科大学政治学科卒業後、住友総本店に入社。一九二一年から東京帝国大学経済学部助教授となるが、このころから病に侵される。そして、一九二七年に東京帝国大学を休職し、一九二九年に退職する。病のため、十分な活動はできなかったようだが、熱心なキリスト教徒であり、経済とキリスト教との関係について関心を持っていた(東京大学経済学部、一九七六、四〇八―四〇九頁)。

土屋喬雄は、一九二一年に東京帝国大学経済学部経済学科を卒業し、そのまま助手となり、一九二四年に助教授となる。一九二七年に、ドイツ、イタリア、アメリカに留学、一九二九年に帰国、一九三九年より教授に昇進するが、一九四二年に休職。一九四四年にそのままいったん退職するが、一九四五年に復職。一九四七年にまた退職するが、一九五二年に再び復職し、一九五七年に定年退職となった。日本経済史を専門とし、江戸時代の財政についての検討を行い、留学から帰国した後は、明治初期にまで研究対象を拡大し、日本資本主義論争の一部であるマニファクチュア論争に参加した(東京大学経済学部、一九七六、一九一―一九三頁)。

山田文雄は、一九二三年に東京帝国大学経済学部経済学科を卒業し、大学院に進む。一九二七年に京城帝国大学助教授になった後、一九三〇年に東京帝国大学経済学部助教授となる。一九三一年に教授となるが、一九三九年に平賀粛学への抗議により退職する。専門は工業経済学で、紡績業研究を行い(東京大学百年史編集委員会、一九八六、九六一頁）、近代経済学の成果を利用しつつ論を展開した（東京大学経済学部、一九七六、三四四―三四六頁）。

渡辺信一は、一九二五年に東京帝国大学経済学部経済学科を卒業し、助手となり、同年にいったん休職し、軍務に服する。一九二七年に復職後、一九二九年に助教授となり、一九三九年に教授となる。一九四四年に再び軍務に服した後、一九四六年に復職するが、同年退職する。専門は農業経済で、農村人口問題を集中的に研究した（東京大学百年史編集委員会、一九八六、九六二頁）。

田辺忠男は、一九一六年に東京帝国大学法科大学経済学科を卒業後、三井合名会社に入社し、横浜護謨株式会社、私立専修大学教授を務めた後、一九二七年に東京帝国大学経済学部助教授となる。一九二九年から一九三〇年まで、フランス、ドイツに留学し、一九三一年に教授に昇進するが、一九三九年平賀粛学に抗議し退職する。経済学研究方法論について、新歴史学派から出発し、労働価値説や限界効用価値説を否定しつつ、カッセル流の相対的価格論を主張しているが、その全体像は把握されないまま終わった（東京大学百年史編集委員会、一九八六、九六〇頁）。

有沢広巳は、一九二二年に東京帝国大学経済学部を卒業し、助手となり、一九二四年に助教授となる。一九二六年から一九二八年までドイツとアメリカに留学するが、一九三八年に休職する。一九四五年に教授として復職し、一九五六年に定年退職する。統計学の講座を担当し、その講義を行う傍ら、脇村義太郎らとともに世界経済についての共同研究を行った（『有澤廣巳の昭和史』編纂委員会、一九八九a、二〇八頁）。脇村とは一九三一年に欧米の主要業種の独占体の比較研究も行っている（東京大学百年史編集委員会、一九八六、九六一頁）。マルクス主義論争がややもすれば空論になる中で、「統計分析を中心に置きながら現実を的確に把握するという面において大きな貢献」（『有澤廣巳の昭和史』編纂委員会、一九八九b、六九―七〇頁）をした。

矢内原忠雄は、一九一七年に東京帝国大学法科大学政治学科を卒業後、住友総本店を経て、一九二〇年東京帝国大学経済学部助教授となり、同年、アメリカ、イギリス、ドイツ、フランスへ留学する。一九二三年に帰国後、教授となるが、一九三七年に矢内原事件で退職。一九四五年に復職し、一九五三年に定年退職する。専門は、植民政策で、留学中は、「自分の専門は日本に帰ったら勉強できるというので、出来るだけ視野を広くし、まあ、今の言葉では教養を積む」(矢内原、一九六五、二八頁)ことを中心としていたが、イギリスでの留学中は、大英博物館の読書室にて『国富論』等を読みつつ、「英国植民省に就て」という論文を仕上げている(福田、二〇〇一、五四―五五頁)。矢内原の植民政策の研究は、統治者から政策を考えるのではなく、科学的実証的に分析を行って理論を検証し、さらにマルクス主義的方法を用いた点にある(矢内原、一九九八、三八一頁)。その体系は、三つに大別され、帝国主義の理論的研究および植民地体制に関する一般的研究、日本を主とした帝国主義の実証的研究、植民史および植民学説史であった(東京大学経済学部、一九七六、四六三頁)。

中西寅雄は、一九二〇年に東京帝国大学経済学部商業学科を卒業後、助手となり、一九二三年に助教授となる。同年イギリス、ドイツ、アメリカに留学し、一九二六年に帰国する。一九二七年に教授に昇進するが、一九三九年に平賀粛学に抗議し退職する。専門は経営学で、留学も主に商事経営学研究のためであった。既存のドイツの経営学を批判しつつ、マルクス経済学を理論的支柱とした(東京大学経済学部、一九七六、四八一―四八五頁)。

馬場敬治は、一九二〇年に東京帝国大学工学部電気工学科を卒業後、一九二三年に東京帝国大学経済学部経済学科を卒業し、一九二五年に助教授となる。一九二八年にドイツ、フランス、アメリカへと留学し、一九三〇年に帰国。一九三一年に教授となり、一九五七年に定年退職する。専門は経営学であり、一九二六年『産業経営の職能と其の分化』においてアメリカ経営学を批判的に検討し、一九二七年『産業経営理論』、一九三一年『経営学研究』、一九三四年『経営学の基礎的諸問題』においては、ドイツ経営学の批判的研究を行い、一九五四年『経営学と人間組織の問題』においてアメリカの経営学に回帰し、自身の学説を完成させた(山本、一九六一、一三頁)。

佐々木道雄は、一九二〇年に東京帝国大学経済学部商業学科を卒業し、助手となる。一九二一年より休職し、軍務に服した後、一九二三年より復職。同年助教授となる。一九二五年にイギリス、ドイツ、アメリカに留学し、一九二七年に帰国。一九三九年に教授となるが、一九四四年に再び一年間軍務に服する。その後は一九五八年に定年退職するまで教授職を務める。専門は会計学で、金利計算数表の作成などを行った（東京大学百年史編集委員会、一九八六、九六一頁）。留学先のドイツのベルリンでは、ニュックリッシュの経営学、ライトナーの会計学の講義を受けていた（『有澤廣巳の昭和史編纂委員会』、一九八九b、一五頁）。

脇村義太郎は、一九二四年東京帝国大学経済学部商業学科を卒業し、大学院に入学後、即助手となり、一九二六年に助教授となる。一九三五年より留学し、一九三七年に帰国、一九三八年に休職し、一九四五年に退職するが、同年教授として復職し、一九六一年に定年退職する。会計学の立場からの株式会社研究に始まり、一九三〇年頃には世界の海運関係の研究を精力的に発表し、一九三五年頃までは貿易論に重点を置きつつ、特に戦後は経営史の分野にも大きな功績を残した（東京大学経済学部、一九七六、五二〇―五二二頁）。

大内兵衛は、一九一三年東京帝国大学法科大学経済学科を卒業後、大蔵省へ進む。一九一六年にアメリカに留学し、翌年帰国する（大内、一九六〇、五〇八頁）。一九一九年に東京帝国大学経済学部助教授となるが、一年後に森戸事件で休職、退職する。一九二一年にはドイツ、イギリス、フランス、アメリカに留学し、その間に復職。一九二三年に帰国後、教授に昇進する。一九三八年に休職となるが、一九四五年に復職し、一九四九年に定年で退職する。最初のアメリカ留学はウォールストリートの調査を主に行い、コロンビア大学の講義を受講した（大内、一九六〇、六一―六二頁）。二度目の留学は、ハイデルベルク大学の講義の受講や、留学生同士の勉強会への参加、新聞の熟読などは行ったが、勉強はあまり熱心に行わなかった（大内、一九六〇、一二一―一三八頁）。財政学を専攻し、社会主義理論を基礎とした理論を開拓した（東京大学百年史編集委員会、一九八六、九四七頁）。

荒木光太郎は一九一九年に東京帝国大学経済学部経済学科卒業後、大学院に入学。その後すぐに、東京帝国大学農学部助教授となり、一九二三年にドイツ、イギリス、アメリカ、フランスに留学し、一九二六年に帰国。一九二七年より教授となり、一九二八年から経済学部と兼勤、一九三五年より経済学部が主となり、一九四一年に経済学部専任となる。一九四五年に退職している。貨幣制度論を中心に、貨幣理論、物価、そして貨幣政策をオーストリア学派の経済理論に基づき論じた（東京大学百年史編集委員会、一九八六、九六〇頁）。

油本豊吉は一九二四年東京帝国大学経済学部経済学科を卒業後、大学院に進学し、助手となる。一九二六年に助教授となり、一九三一年、ドイツ、イタリア、アメリカに留学し、一九三三年に帰国。一九三九年に教授となり、一九四五年に退職する。古典派経済学にさかのぼる貿易理論の発展をたどり、ケアンズに依拠した貿易理論から体系化を試みた（東京大学百年史編集委員会、一九八六、九六一頁）。

ジンガーは、ベルリン大学、フライブルク大学、ストラスブルグ大学で学んだ後、記者や経済雑誌の主事を経て一九二三年に教職に就く。そして、一九三〇年に東京帝国大学に招聘される（武内、一九八三、二〇二頁）。彼の業績は大きく三つに分けられ、第一に貨幣論、第二にプラトンおよびギリシャの社会と経済に関する古典関係のもの、第三に日本論である（太田、一九八四、二八頁）。

助成金に関しては、一九一三年、一九二二年については個人に対してのものはなく、一九三一年については、土屋が「明治初期経済史ノ根本資料ニ基ク研究」、河合が「欧米ニ於ケル社会政策ノ研究」という研究事項でそれぞれ啓明会、日下奨学財団法人から得ている（吉田／本田、一九四〇、一五五、一六二頁）。

（3） 経済学部教員と図書・図書室

第2節で述べたように、東京大学経済学部においては、インフラとして図書室が重要視されていたが、本節では実際に経済学の教員が図書、あるいは図書室というものを研究や教育においてどのように用いていたのかについて述べ、この後の蔵書の分析への足がかりとしたい。

経済学では、先述のようにヴェンチヒの提言ですでに現れていたが、演習形式の授業において図書と図書室が重要視されていた。その様子を表す例として以下のようなことがあった。高野岩三郎の演習において、森戸辰男が報告を行い、大内兵衛が批評を担当した。「大内がその批評のなかで引用した数字に高野は首をひねり、その数字はどこから出たか、その原本は経済統計研究室にあるはずだからそこで確かめて来なさい、と言った。大内が探してもそれは見つからなかった。こんどは高野自ら研究室からその原本を持って来て、引用の数字が間違っている事がわかった」（大島、一九六八、六七頁）。また、糸井靖之の演習を受けていた脇村義太郎は、「研究室の図書室で〔演習の課題についての――引用者注〕統計の本を開いてやっていると、だいたい日にいっぺんみにくる。そのときに、これはちょっと困るといった問題を出すと、先生が教えてくれる」（東京大学経済学部、一九七六、七六五―七六六頁）。経済学部では、このような図書や図書室を用いた演習を通して研究の基礎を学び、学生は自らの研究に活かしていった。例えば、脇村同様、糸井に学んだ有沢広巳は、「資料に基づかない主張を僕は信用しない」という実証主義を重んじていた（『有澤廣巳の昭和史』編纂委員会、一九八九b、一五七頁）。

また、本章の最初に述べたが、経済学は輸入学問であり、外国の学問動向を特に注意する必要があった。大内兵衛は明治後期の経済学の状況について、「山崎〔覚次郎――引用者注〕の貨幣論に対して、桑田〔熊蔵――引用者注〕は早くから労働問題に着目して、たんねんにドイツの雑誌を読んで毎年二、三の論文を書いた。そういう事をするのがアカデミックな学者の資格であり義務であった。例えば、小野塚〔喜平次――引用者注〕、高野〔岩三郎――引用者注〕、福田〔徳三――引用者注〕、山崎みなそういうことをやっている。」（大内、一九六〇、四八頁）[6]と、外国語の資料の重要性を指摘している。

また、講義においても図書は重要なものであった。大内は、講義の内容を高めるため、様々な図書を利用している。

まず、教科書としてエーベルヒの教科書を用い、これに日本の事実をつけ加え、エーベルヒの学説への批判を行った授業から始まり、阿部賢一の『財政学』を教科書に利用し、やや自由主義的な点の矛盾を指摘しつつ、批評した。ただ批判的に用いるというだけでなく、自らの思想と合致する社会主義の財政学については、マルクス・エンゲルスの財政の図書などイギリスやドイツの文献を熱心に読んでいる。大内は自らも教科書として、また自己のこれまでの財政学研究の成果として『財政学大綱』を出版した(大内、一九六〇、一六二―一六六頁)[7]。

そして、経済学において、図書・図書室が最も必要とされた分野は経済史であろう。それが顕著なのは土屋喬雄が経済史の分野だけにとどまらず、様々な図書を経済学部図書室に収集したことである。例えば地誌である。当時の研究室主任からはそこまで細かい分野は必要ないのではないか、といわれていたが、土屋は「日本の経済の歴史を勉強するのに、東京、大阪、大都会のことばかり勉強してもだめだ。日本の国民経済は中央と地方と両方でできているのだから、地方の村のことを書いた歴史とか、そういうものだって必要です」(東京大学経済学部、一九七六、七九六頁)と説得し、地誌をかなり購入した。また、そのうちに、土屋は社史、銀行史、実業家の伝記も必要だと考えた。これは土屋が、経済史の中に経営史も入り、企業の歴史も経済史の研究には必要と考えたからである。そして、これらの図書も積極的に購入した。こういった資料はその後教員になった山口和雄の演習で活かされていった(東京大学経済学部、一九七六、七九七頁)。この土屋の積極的な図書収集の意図は「経済史は資料がないと、しょうがないですからね」(東京大学経済学部、一九七六、七九七頁)、という発言に集約される。

ただし、脇村は、経済学部図書室について語るとき、「みんなが本がほしい、買いたいといえばあった。みなそれほど注文しなかった」(東京大学経済学部、一九七六、八〇八頁)と指摘しており、また、基本的な洋書については、特にインフレが進んでいた時代は留学先で購入するものが多く、自身も給料を本と雑誌、新聞を買うことに費やしていたと述べている(脇村、一九九一、二二六頁)。そのため、むしろ土屋のような教員は例外であり、教員の多くは、学部図書室の重要性は認識しつつ、自分が今まさに必要としている図書は自費で購入していたのではないかし考えられる。以上のように、図書室、あるいは図書の存在は東京帝国大学経済学部の研究および教育において重要な位置にあり、一つのコアであったということができる。ただし、自分のみが重要視している分野についての図書は教員自身が購入していたのではないかと考えられる。

4　蔵書の分析

本節では、いくつかの史料から実際に経済学部図書室で各年に購入された図書を調査し、これまであげた要素が実際に蔵書構成とどのように関わっていたのかについての分析を心理学研究室と同様に行う。

(1)　蔵書の購入法

研究室にはすでに述べたように、主任二人と助手、事務員が置かれていた。「主任の主要な職務は、図書の整備充実と助手の監督」(東京大学百年史編集委員会、一九八六、九三二頁)だったので、蔵書購入の最終的な決定権はおそらく主任にあったと思われる。ただし、脇村義太郎は自身が助手であった一九二四年頃には二つの方法で購入していた、と述べている(脇村、一九九一、一一二―一一五頁)。一つめは、助手と助教授による書店(主に丸善)が持ってきた見計らい図書からの選定である。この選定は、外国の経済雑誌のブック・レビューや『タイムズ』の「リテラリー・サプリメント」を参考にしていたようである。二つめは、教員が所望する図書の購入である。脇村によると、この方法ではそれほど注文はなかったが、ある時代に特定の教員が大量に買うことがあった。例えば、土屋が明治前期の日本の経済史、それに地方史を購入する、森が保険の本を購入するといったことがあった。ただし、土屋については他の教員から購入し過ぎではないかと問題視され、一時期控えるということもあった（東京大学経済学部、一九七六、八〇八頁）。

（2）　調査方法

第2節で見たように経済学部図書室は、法学部から独立する前の研究室時代、独立した後、関東大震災で研究室が被災するまでの時代、そして研究室が再建された後の時代に分けられる。そこで、今回の分析では、それぞれの時期から一九一三年、一九二二年、一九三一年の三つの期間を取り上げる。それぞれの期間を一年としたのは、予算期間という単位から見ると、一年が一つの区切りとしては最小の単位であり、また「ともすれば特定の教官の希望に偏して購入され、しかも十分整理されず、当該教官の専用になりがちになる研究用専門図書も、きわめて客観的に購入・管理されるという体制が出来上がった」（東京大学経済学部、一九七六、三二一―三二二頁）という前提に基づき、一年ごとでは蔵書の購入に大きな変動はないと考えられるためである。

それぞれの期間の教員編成は、以下の通りである。

1　一九一三年

教授：八（金井、松崎、山崎、高野、新渡戸、河津、矢作、松岡）、外国人教師：四（ヴェンチヒ、ブロックホイス、ベルリナー、プライス）、助教授：一（渡辺（鉄））

2　一九二二年

教授：八（金井、山崎、新渡戸、河津、矢作、渡辺（鉄）、森、上野）、外国人教師：二（ブロックホイス、ベルリナー）、助教授：五（土方、河合、本位田、江原、舞出）

3　一九三一年

教授：一二（河津、矢作、森、上野、舞出、矢内原、大内、土方、河合、中西、荒木、田辺）、外国人教師：一（ジンガー）、助教授：八（佐々木、土屋、有沢、馬場、脇村、油本、渡辺（信）、山田）

一九一三年の経済関係の講座は、法学部の中の経済学第一、第二、第三、第四、統計学、財政学、殖民政策、商業学であった。すでに見たように、学部としては独立していなかったが、この頃にはすでに法学部の中でも経済関係の講座は一つの研究室を持っていた。一九二二年になると、法学部から経済学部が独立し、先述のものに加えいくつかの講座が設立され、森、上野と五人の助教授が加わり、また、高野や松崎が退職している。外国人講師は、ヴェンチヒ、プライスが退職した以外は同じ陣容である。一九三一年になると、教員の数がさらに増加し、講座担当が交代し、助教授も昇進、退職、新規任用により全く異なる顔ぶれになっている。また、外国人教師もベルリナー、ブロックホイスからジンガーになっている。

各時期に購入された研究室における図書について、附属図書館の分類、和漢書か洋書かの二点のデータを、三つの時期について取得した。

一九三一年に関しては、『図書原簿』から購入された図書のデータを調査した。『図書原簿』は、関東大震災以後に東京帝国大学で所蔵された図書に関する著者名、書名、発行年、分類などの書誌事項を記録している台帳である。ただし、この台帳は関東大震災で焼失してしまっているため、一九一三年と一九二二年に関しては、東京帝国大学図書館が当時発行していた『増加図書月報』からデータを得た。

そして、それぞれの時期に購入された図書の分野（分類）、和漢書と洋書どちらの図書であるのかについてのデータをとり、比較を行い、これまで検討してきた要因との関係から考察を行った。

表3-1　1931年の和漢書と洋書の大分類

和漢書		洋書
	総記	GENERAL WORKS
	哲学	PHILOSOPHY
宗教	神道	RELIGION & THEOLOGY
	語学	LANGUAGES
	文学	LITERATURE
	芸術	FINE ARTS
	歴史	HISTORY
	伝記	BIOGRAPHY
	地理	GEOGRAPHY
	教育	EDUCATION
	法律	LAW
政治	行政	POLITICS & ADMINISTRATION
	経済	ECONOMICS
	商業	COMMERCE
	財政	PUBLIC FINANCE
	統計	STATISTICS
	社会	SOCIAL SCIENCES
	理学	MATHEMATICS & NATURAL SCIENCES
	工学	ENGINEERING
医学	薬学	MEDICINE
	兵事	MILITARY & NAVAL SCIENCES
	農業	AGRICULTURE
	雑産業	INDUSTRIES, MANUFACTURES, MECHANIC TRADE
	家政	DOMESTIC SCIENCES
諸芸	遊技	SPORTS & AMUSEMENTS

和漢書と洋書の分類は日本語と英語という表記の違い以外はほぼ同じ分類だった（表3-1）ため、日本語で分類した和漢書のものに統一した。また、それぞれの年代において図書の分類が表3-2のように多少異なっているため、一九一三年のものに統一した。ただし、経済や商業、統計、社会学といった経済関係の分類については、経済学部の学問と密接な関係があり、より詳しい分類を見る必要があると考え、一九三一年の分類に統一した。その際、和漢書と洋書を手作業で再分類した。一九二二年の洋書については、政治、経済、社会学の小分類として政治、経済、財政、統計、社会があったので、これを利用し、経済のみを再分類した（表3-3、表3-4、表3-5、表3-6）。

また、『図書原簿』には、一つの本に二つ以上の分類がつけられている場合があった。これについては、分類の数だけ合計の冊数を増やした。例えば、分類が二つつけられている一冊の本は、それぞれの分類として一冊ずつカウントした。

表3-2　1913年と1922年と1931年に購入された経済学部図書室の分類

1913	1922	1931
総載	総載	総記
哲学　宗教　教育	哲学　宗教　教育	哲学
		宗教　神道
		教育
語学　文学	語学　文学	語学
		文学
歴史　伝記　地理	歴史　伝記　地理	歴史
		伝記
		地理
法律	法律	法律
政治，経済，社会学	政治，経済，社会学	政治　行政
		経済
		—経済学　経済一般
		—経済史　経済事情
		—経済政策
		—交通　運輸
		—貨幣　金融　物価　取引所　信託会社
		—保険
		—会社　組合
		—移民　植民
		—経済　雑
		商業
		財政
		統計
		社会
理学	理学	理学
工学	工学	工学
医学	医学	医学　薬学
陸海軍	兵事	兵事
産業	産業	農業
		雑産業
美術　遊技	美術　諸芸	家政
		芸術
		諸芸　遊技

表 3-3　1913 年の和漢書の政治、経済、社会の再分類結果

分類	冊数
法律	1
政治	11
経済学　経済一般	43
経済史　経済事情	8
経済政策	2
交通　運輸	8
貨幣　金融　物価　取引所　信託会社	24
保険	6
会社　組合	4
移民　植民	4
商業	27
財政	18
統計	5
社会	12
産業	12
合計	185

表 3-4　1922 年の和漢書の政治、経済、社会の再分類結果

分類	冊数
政治	21
経済学　経済一般	12
経済史　経済事情	9
経済政策	1
交通　運輸	2
貨幣　金融　物価　取引所　信託会社	18
保険	4
会社　組合	4
移民　植民	3
商業	23
財政	6
社会	66
産業	2
不明	6
合計	177

それぞれの時期の教員の主な研究分野と経済学図書室の分類との対応は、表3－7、表3－8、表3－9にて示す。

また、比較対象として、『国民経済雑誌』の「最近の経済学界」に見る日本の経済学各分野の図書の発行状況を利用した。『国民経済雑誌』は、一九〇六年に日本で最初に創刊された経済学・経営学の月刊学術雑誌であり、経済学の全国的なメディアとして機能していた。『国民経済雑誌』の中の一項目である「最近の経済学界」は、毎号掲載される新刊紹介で、日本の経済学各分野の図書および雑誌記事について、独自の分類を加え紹介している。本誌はその後神戸高商の機関誌になるが、国内の文献の書誌情報の提供は長く保持されており（杉原、一九八七、三五―三八頁）、信頼できる情報源といえる。

この「最近の経済学界」を、東京帝国大学経済学図書室と比較するために、研究室図書の分類に合わせた形（表3－10）で一九一三年と一九二二年と一九三一年に掲載された図書のデータを取得した（表3－11、図3－1）。

ただし、この比較の問題点として、「最近の経済学界」と研究室図書の分類の不一致がある。例えば、「最近の経済学

表3-5　1913年の洋書の政治、経済、社会の再分類結果

分類	冊数
哲学　宗教　教育	4
語学　文学	10
歴史　伝記　地理	11
法律	2
政治	19
経済学　経済一般	77
経済史　経済事情	70
経済政策	3
交通　運輸	70
貨幣　金融　物価　取引所　信託会社	142
保険	15
会社　組合	9
移民　植民	48
経済　雑	0
商業	21
財政	60
統計	30
社会	193
工学	1
産業	14
不明	65
合計	864

表3-6　1922年の洋書の経済の再分類結果

分類	冊数
哲学　宗教　教育	6
歴史　伝記　地理	6
法律	1
政治	1
経済学　経済一般	81
経済史　経済事情	108
経済政策	47
交通　運輸	22
貨幣　金融　物価　取引所　信託会社	87
保険	64
会社　組合	11
移民　植民	34
経済　雑	2
商業	168
財政	9
統計	2
社会	121
理学	11
工学	4
医学	1
産業	74
不明	62
合計	922

界」においては、「統計」にあたる図書が非常に多い。これは様々な分野の統計をこの項目に入れてしまっているためと考えられ、これは東京帝国大学の分類と異なっている。こういった点を考慮しつつ、考察を行う必要がある。

(3)　結果

和漢書・洋書の各図書分類の冊数をまとめたものが表3-12、表3-13、図3-2、図3-3である。まず、和漢書・洋書それぞれの分類内での時系列を比較していく。和漢書について経済学の下位分類から見ていくと（表3-12、図3-2）、「経済学　経済一般」が一九一三年に他の年と比べて割合が高くなっている。「貨幣　金融　物価　取引所　信託会社」は一九三一年が他の年に比べて割合が低くなっている。他はあまり変化ない。ま

表 3-7　1913 年在籍していた教員の専門分野

	経済学 原論	経済史 経済事情	経済 政策	交通 経済	金融	保険	会社 組合	植民 政策	商業	財政	統計	社会	産業
金井			○									○	
松崎										○			○
山崎					○								
高野											○		
新渡戸								○					○
河津	○												
矢作													○
松岡				○				○					○
ヴェンチヒ													○
ブロックホイス									○				
ベルリナー									○				
プライス		○											
渡辺（鉄）									○				

表 3-8　1922 年在籍していた教員の専門分野

	経済学 原論	経済史 経済事情	経済 政策	交通 経済	金融	保険	会社 組合	植民 政策	商業	財政	統計	社会	産業
金井			○									○	
山崎					○								
新渡戸								○					○
河津	○												
矢作													○
ブロックホイス									○				
渡辺（鉄）									○				
森						○							
上野									○				
ベルリナー									○				
土方										○			
河合			○									○	
本位田		○											
江原	○												
舞出	○												

表 3-9　1931 年在籍していた教員の専門分野

	経済学原論	経済史 経済事情	経済政策	交通経済	金融	保険	会社組合	植民政策	商業	財政	統計	社会	産業
河津	○												
矢作													○
森						○							
上野									○				
舞出	○												
矢内原								○					
大内										○			
土方										○			
河合			○									○	
中西									○				
荒木					○								
田辺	○												
ジンガー		○			○								
佐々木									○				
土屋		○											
有沢											○		
馬場									○				
脇村									○				
油本									○				
渡辺（信）													○
山田													○

た、経済学に関連する分類として「商業」は一九三一年が他の年に比べ割合が低くなっている。「財政」は一九一三年が最も高い割合を示している。「社会」は、一九二二年に最も高い割合を示している。「産業」は一九二二年に極端に割合が低くなっている。また、経済学と直接関係のない分類として、「哲学　宗教　教育」は一九二二年に割合が高くなっており、「歴史　伝記　地理」は一九三一年に割合が高くなっている。また、「理学」が一九一三年には一定の割合があるが、他の年にはほとんど購入されていない。

次に洋書についても同様に経済学の下位分類から見ていくと（表3-13、図3-3）、「経済史　経済事情」の割合が一九三一年に高くなっている。「交通　運輸」は一九一三年の割合が高い。「貨幣　金融　物価　取引所　信託会社」は一九二二年に割合が低くなっている。「移民　植民」は一九一三年に割合が高くなっている。次

表 3-10　国民経済雑誌と経済学図書室の分類との対応関係

図書室	国民経済雑誌
総載	
哲学　宗教　教育	精神科学一般
語学　文学	
歴史　伝記　地理	
法律	憲法及行政法 民事法及商業法 刑事法 民事手続法 刑法・刑事訴訟法 労働法・産業法 法律及び法律学一般 行政法 国際公法・国際私法
政治	政治及法制一般 外交及国際法
経済学　経済一般	経済学及経済学史
経済史　経済事情	経済史・法制史・社会史 経済事情 財界・景気
経済政策	産業及経済政策一般
交通　運輸	交通及運輸
貨幣　金融　物価　取引所　信託会社	貨幣・信用・物価銀行・金融・放資 取引所及投機 市場及倉庫
保険	保険
会社　組合	企業及産業組合
移民　植民	人口・移民・植民・人種問題
商業	商業学・商業・内国商政 外国貿易及対外商政 会計及会計学 経営学（商業学）・経営 商業政策
財政	財政
統計	統計及統計学 経済調査
社会	社会学・社会観察・都市問題・社会問題 婦人問題
理学	
工学	
医学	
美術　諸芸	
産業	農業・土地制度・農業政策 農村及農民問題 牧畜・林業・水産・鉱業 工業及工業政策
陸海軍	

表3-11 「最近の経済学界」にみる各分野における経済学関係の図書発行数

	1913年	1922年	1931年
総載			
哲学　宗教　教育	0 (0.00%)	18 (4.14%)	47 (2.99%)
語学　文学			
歴史　伝記　地理			
法律	18 (5.17%)	38 (8.74%)	120 (7.63%)
政治	16 (4.60%)	34 (7.82%)	85 (5.40%)
経済学　経済一般	11 (3.16%)	16 (3.68%)	92 (5.85%)
経済史　経済事情	32 (9.20%)	57 (13.10%)	111 (7.06%)
経済政策	20 (5.75%)	7 (1.61%)	18 (1.14%)
交通　運輸	13 (3.74%)	19 (4.37%)	80 (5.09%)
貨幣　金融　物価　取引所　信託会社	19 (5.46%)	40 (9.20%)	151 (9.60%)
保健	2 (0.57%)	6 (1.38%)	33 (2.10%)
会社　組合	7 (2.01%)	8 (1.84%)	45 (2.86%)
移民　植民	7 (2.01%)	9 (2.07%)	19 (1.21%)
経済　雑	8 (2.30%)	0 (0.00%)	0 (0.00%)
商業	37 (10.63%)	37 (8.51%)	228 (14.49%)
財政	14 (4.02%)	11 (2.53%)	21 (1.34%)
統計	81 (23.28%)	43 (9.89%)	197 (12.52%)
社会	19 (5.46%)	45 (10.34%)	125 (7.95%)
理学			
医学			
美術　諸芸			
産業	44 (12.64%)	47 (10.80%)	201 (12.78%)
陸海軍			
合計	348	435	1573

に、経済学に関連する分類として「商業」は一九一三年に割合が低くなっている。逆に「財政」は一九一三年に割合が高くなっている。「社会」は一九一三年に高くなっている。最後に、経済学と直接関係のない分類については、「哲学　宗教　教育」は一九二二年に割合が高くなっており、「歴史　伝記　地理」は一九三一年に割合が高くなっている。

最後に、経済学部図書室の和漢書の購入数（表3－12）と日本の経済学関係の図書発行数（表3－11）の割合を見ていく。まず、冊数の合計に関しては、寄贈も含めると両者がほぼ同じ（図書室購入数――二四八四冊、日本の図書発行数――二三五六冊）であることがわかる。次に分類で見ていくと、経済学の下位分類では、一九一三年に「経

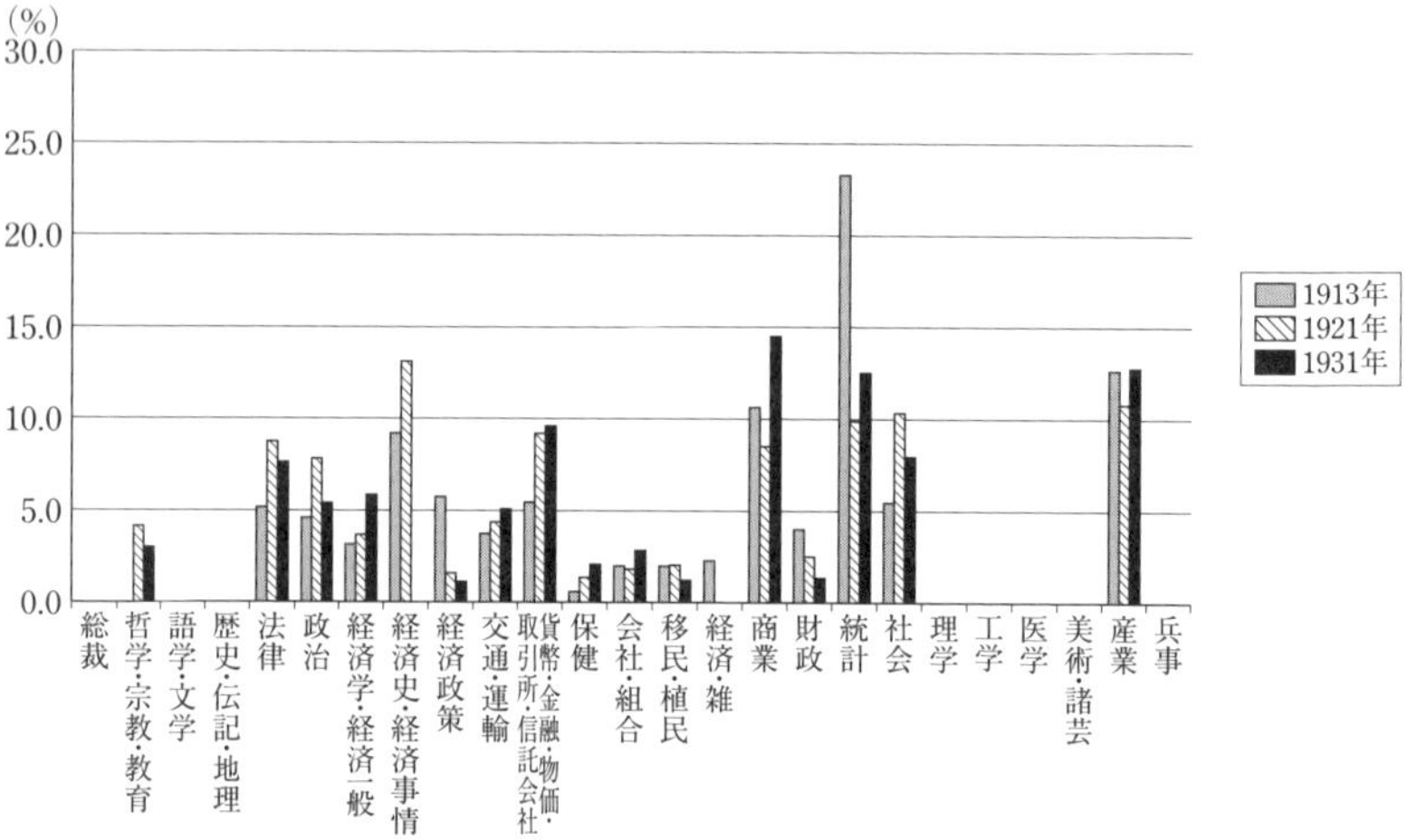

図 3-1　「最近の経済学界」にみる各分野における経済学関係の図書発行数

済学　経済一般」の経済学部図書室での割合が高くなっている。次に、「経済史　経済事情」が図書室での割合が低くなっている。さらに、「経済政策」は一九一三年のみ図書発行数の割合が多くなっている。また、「貨幣　金融　物価　取引所　信託会社」は、経済学部図書室の割合が一九一三年は高かったが、徐々に逆転して、図書発行数の方の割合が高くなる。経済学と関連が深い分類では、「商業」が一九三一年に経済学部図書室の割合が低くなっている。「統計」は経済学図書室の割合が全般的に低い。「社会」は一九二二年に経済学部図書室の割合が高くなっている。「産業」は一九一三年と一九二二年に経済学部図書室の割合が低くなっている。経済学と直接関係のないものについては、そもそも日本経済学関係の図書発行数にはその分類がないものもあるが、分類があるものの中では「哲学　宗教　教育」が一九二二年に経済学部図書室で割合が高くなっている。「法律」も、一九三一年に経済学部図書室で割合が高くなっている。

(4)　考察

経済学部図書室の和漢書と洋書の冊数の相違については、主に四つの原因があると考えられる。一つめは、特定の分野について関心

表3-12　1913年，1922年，1931年に購入された和漢書の分類

	1913年	1922年	1931年
総載	0（0.00%）	1（0.40%）	21（1.94%）
哲学　宗教　教育	4（1.75%）	30（12.00%）	25（2.31%）
語学　文学	0（0.00%）	5（2.00%）	9（0.83%）
歴史　伝記　地理	4（1.75%）	16（6.40%）	244（22.59%）
法律	10（4.37%）	13（5.20%）	154（14.26%）
政治	11（4.80%）	21（8.40%）	24（2.22%）
経済学　経済一般	43（18.78%）	12（4.80%）	85（7.87%）
経済史　経済事情	8（3.49%）	9（3.60%）	56（5.19%）
経済政策	2（0.87%）	1（0.40%）	3（0.28%）
交通　運輸	8（3.49%）	2（0.80%）	13（1.20%）
貨幣　金融　物価　取引所　信託会社	24（10.48%）	18（7.20%）	48（4.44%）
保健	6（2.62%）	4（1.60%）	8（0.74%）
会社　組合	4（1.75%）	4（1.60%）	8（0.74%）
移民　植民	4（1.75%）	3（1.20%）	1（0.09%）
経済　雑	0（0.00%）	0（0.00%）	4（0.37%）
商業	27（11.79%）	23（9.20%）	50（4.63%）
財政	18（7.86%）	6（2.40%）	13（1.20%）
統計	5（2.18%）	0（0.00%）	12（1.11%）
社会	12（5.24%）	66（26.40%）	129（11.94%）
理学	17（7.42%）	5（2.00%）	6（0.56%）
工学	0（0.00%）	1（0.40%）	5（0.46%）
医学	0（0.00%）	0（0.00%）	0（0.00%）
美術　諸芸	0（0.00%）	0（0.00%）	1（0.09%）
産業	22（9.61%）	9（3.60%）	161（14.91%）
陸海軍	0（0.00%）	1（0.40%）	0（0.00%）
分類不明	0	6	315
寄贈	100	58	299
本館備付			141
合計	229	250	1080

*分類不明，寄贈，本館備付は%に含まない．

表 3-13　1913 年，1922 年，1931 年に購入された洋書の分類

	1913 年	1922 年	1931 年
総載	2 (0.21%)	4 (0.24%)	35 (2.29%)
哲学　宗教　教育	9 (0.93%)	131 (7.70%)	56 (3.67%)
語学　文学	18 (1.87%)	19 (1.12%)	2 (0.13%)
歴史　伝記　地理	41 (4.25%)	157 (9.22%)	207 (13.56%)
法律	108 (11.19%)	250 (14.69%)	41 (2.69%)
政治	19 (1.97%)	90 (5.29%)	56 (3.67%)
経済学　経済一般	77 (7.98%)	81 (4.76%)	139 (9.11%)
経済史　経済事情	70 (7.25%)	108 (6.35%)	221 (14.48%)
経済政策	3 (0.31%)	47 (2.76%)	18 (1.18%)
交通　運輸	70 (7.25%)	22 (1.29%)	9 (0.59%)
貨幣　金融　物価　取引所　信託会社	142 (14.72%)	87 (5.11%)	247 (16.19%)
保健	15 (1.55%)	64 (3.76%)	51 (3.34%)
会社　組合	9 (0.93%)	11 (0.65%)	12 (0.79%)
移民　植民	48 (4.97%)	34 (2.00%)	8 (0.52%)
経済　雑	0 (0.00%)	2 (0.12%)	4 (0.26%)
商業	21 (2.18%)	168 (9.87%)	122 (7.99%)
財政	60 (6.22%)	55 (3.23%)	27 (1.77%)
統計	30 (3.11%)	28 (1.65%)	35 (2.29%)
社会	193 (20.00%)	221 (12.98%)	177 (11.60%)
理学　工学　医学	3 (0.31%)	30 (1.76%)	5 (0.33%)
工学	4 (0.41%)	15 (0.88%)	2 (0.13%)
医学	1 (0.10%)	2 (0.12%)	0 (0.00%)
美術　諸芸	1 (0.10%)	0 (0.00%)	0 (0.00%)
産業	21 (2.18%)	74 (4.35%)	52 (3.41%)
陸海軍	0 (0.00%)	2 (0.12%)	0 (0.00%)
分類不明	65	62	12
寄贈	71	80	13
本館備付			9
重複なし			1170
合計	965	1702	1526

＊分類不明，寄贈，本館備付は％に含まない．

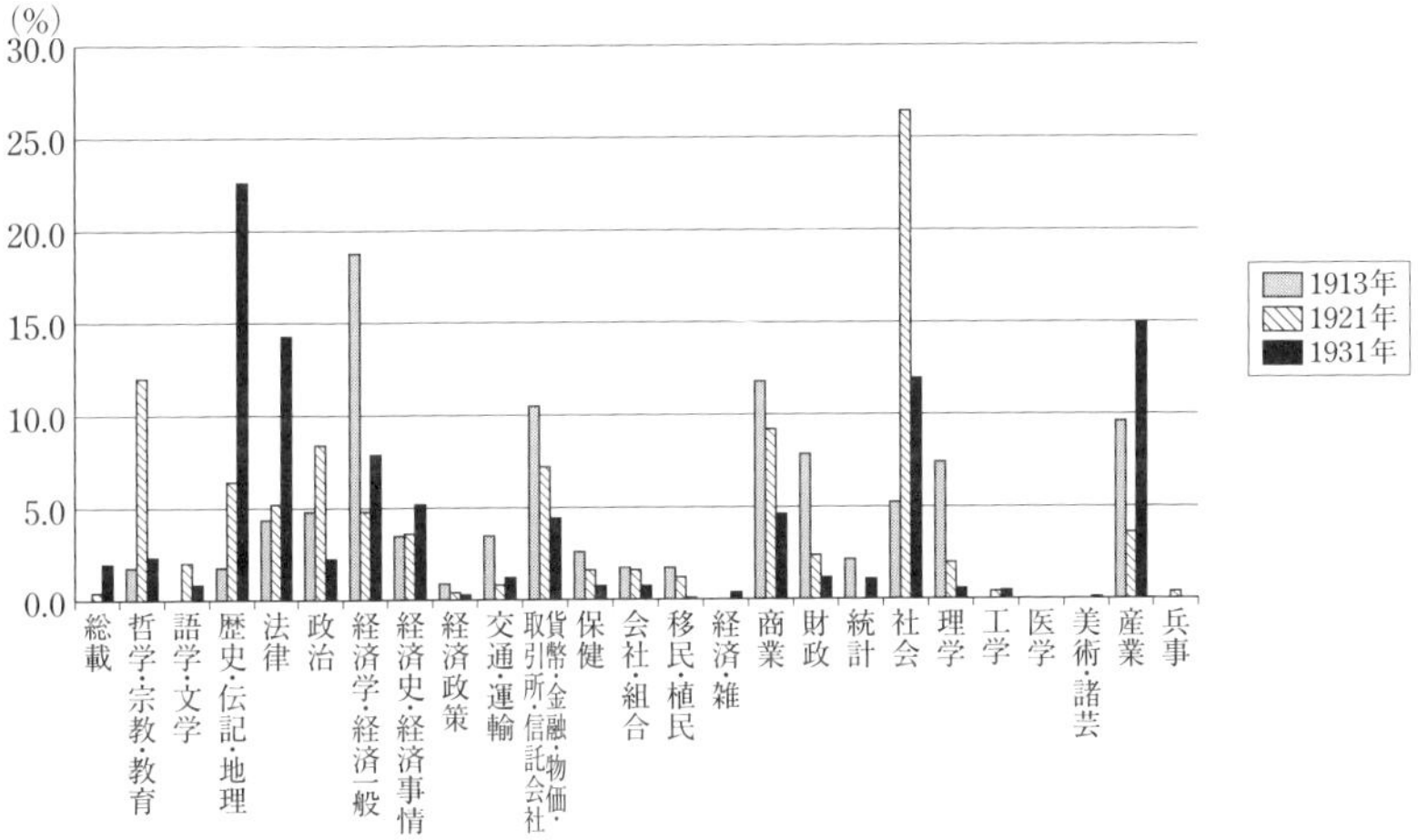

図3-2　1913年，1922年，1931年に購入された和漢書の分類

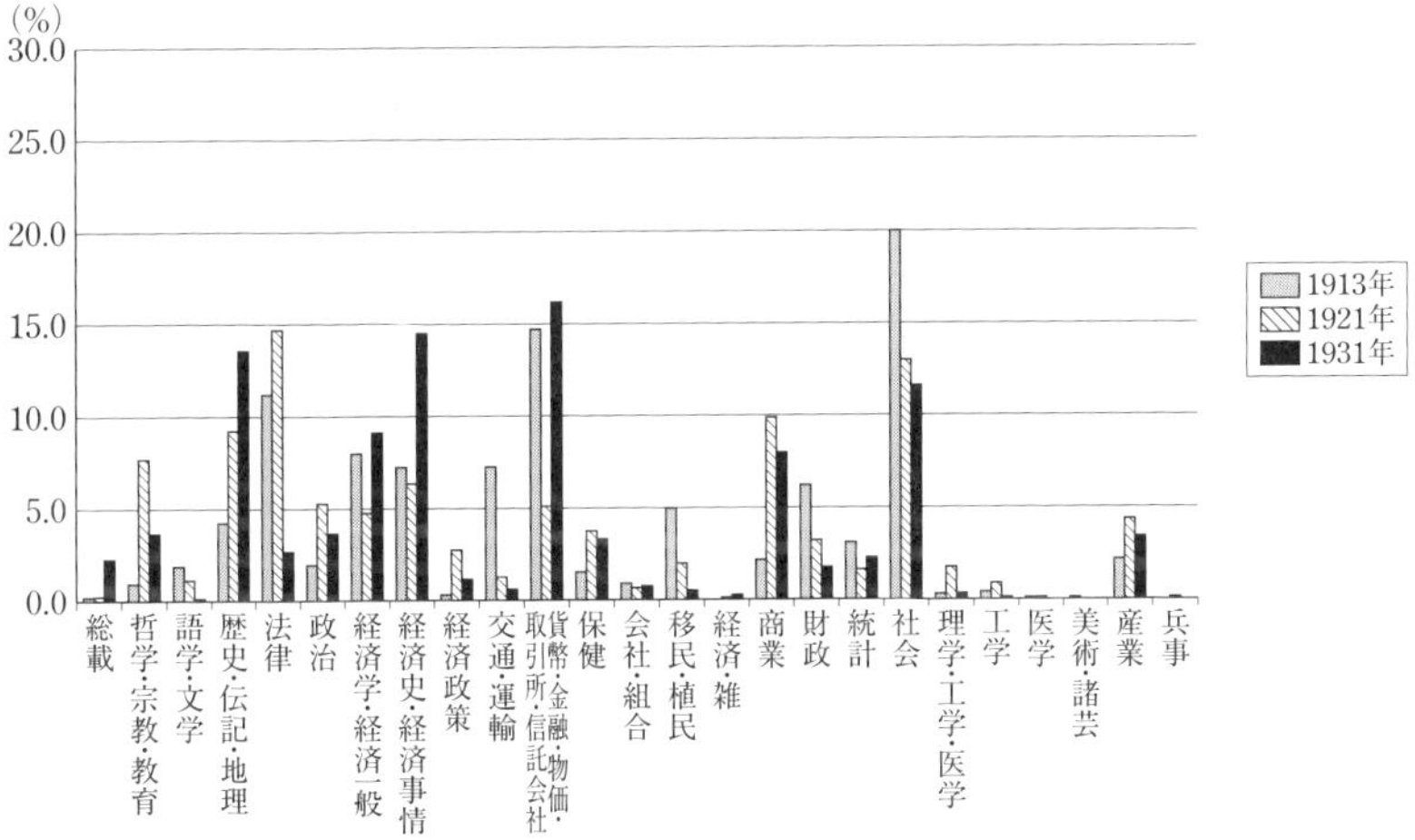

図3-3　1913年，1922年，1931年に購入された洋書の分類

を持つ教員の存在の有無である。二つめは、学部全体のインフラや知的状況である。三つめは、日本の経済学の動向である。四つめは見計らい図書の傾向である。

特定の分野について関心を持つ教員の存在の有無の影響が顕著なのは、一九三一年に和漢書の「歴史　伝記　地理」の割合が大幅に高まっている点である（表3‐12）。先述したように土屋喬雄が、助成金なども得つつ、日本経済史、地方史に関する図書をかなりの量買い込んでいたことがそれを裏付ける。洋書の「歴史　伝記　地理」割合も同時期に高まっているが、具体的に購入された図書を見ていくと、[8] 多く購入されているのは西洋古代史であり、これを専門の一つとしていたのは当時の外国人教師のジンガーであった。また、和漢書、洋書の「交通　運輸」の割合が高かった一九一三年には、専門の教員である松岡がいたが、他の割合が低い年には「交通　運輸」を専門とする教員はいなかった。[9] 同様に和漢書で「貨幣　金融　物価　取引所　信託会社」の割合が低くなっている一九三一年には、専門としていた荒木がまだ経済学部専任ではなかった時代である。

学部全体のインフラや知的状況が原因と考えられるものは、一九三一年に和漢書の「商業」の割合が低くなったことである。学科開設当初は十分な図書がなかった商業（学科）が徐々に量を充実させ、蔵書が整った段階にいたり、図書を購入する必要がなくなったからではないかと考えられる。また、戦前の経済学部内の人間関係に起因する問題から、商業学科が「敵」（東京大学経済学部、一九七六、七九七頁）と見なされていたことも一因ではないかと考えられる。また、一九一三年の和漢書の「理学」は、その多くが書名に「初等」と入った数学の図書であり、学生の利用を想定して購入されたのではないかと考えられる。

図書室（表3‐12）と出版動向（表3‐11）で冊数がほぼ同じ増加傾向を見せているところから完全にではないにせよ、図書室が出版動向を反映していたことがうかがえる。「財政」が一九一三年をピークに割合が下降している点も一致している。また、一九二二年の「哲学　宗教　教育」と「社会」は、当時学界全体において、社会政策学派が崩壊しつつあり、経済学を根源から見直そうとする動きが、出版動向以上に、大きく反映されたためと考えられる。「産業」に関しては、一九一三年の割合は社会政策学会でも論じられていた労働問題、小農保護問題等の社会問題を反映し、一九三一年の割合は農業を中心とした日本資本主義論争で盛んにこの分野について論じられていたことを反映し、一九二二年の割合の低さはそういった問題がそれほど重要でなかった時代状況を反映しているのではないかと考えられる。また、出版動向における一九二二年の「産業」は、農業工業以外の牧畜海産が増えており、それも原因ではないかと推察される。図書室の動向と経済学の動向で相違がある他の点は、一九三一年の「貨幣　金融　物価　取引所　信託会社」、「商業」は先述のように専門の教員がいたかどうか、学部全体のインフラや知的状況が原因であると考えられる。そういった相違を除けば経済学書の出版動向、ひいては経済学の動向と図書室の動向はほぼ一致していたといえる。

見計らい図書は、特に洋書については大きく作用していたと考えられる。和漢書と違い、様々な雑誌から情報を得たとしても購入する前に実物を見る機会は少なかった。そこで見計らいの機会は、購入を迷っている図書購入の大きなきっかけとなったに違いない。洋書の「貨幣　金融　物価　取引所　信託会社」の割合の変化などはこの見計らい図書の影響があった可能性がある。だが、この見計らいについては資料の制約上今後の課題としたい。

また、イレギュラーな増加と考えられるものが二つある。一つめは一九一三年の和漢書の「経済学　経済一般」は七冊と八冊からなる大部の資料が含まれている。また、一九三一年の和漢書の「法律」は、九〇冊からなる『法令全書』が含まれている。これらはこういった大部の資料を一度に購入したため、この年のみのイレギュラーな増加をしていると考えられる。また、先述のように「最近の経済学界」の「統計」の分類のしかたは経済学部と異なっているので、これも除く。一九一三年の「経済政策」の図書発行数の割合が多いのは、この当時「産業及経済政策一般」と「牧畜　林業　水産　鉱業」が分かれていなかったため、図書室では「産業」に入るものが「経済政策」に分類されてしまったためと考えられる。「経済事情　経済史」の図書発行数の割合が多いことについても、図書室では「歴史伝記　地理」に分離されるべき図書がある程度あるためと思われる。

以上のように、蔵書の購入が、個々の教員の研究分野の反映よりも、日本の経済学全体の動向と関連があったことから、経済学部図書室は、制度的に図書が集中化し、学生の利用が可能だっただけでなく、学部内で経済学を研究したい者すべての利用を実際に想定した図書館であったと考えられる。

そして、第2章で示した考察について、もう一度、ここで取り上げると、以下の二点があげられる。

・教員は図書室ではなく、徐々に自室に研究資料を置くようになった。
・書店が図書室の蔵書の質に影響を与えた。

まず一点目については、経済学部においては演習制度が重要視されるなど、図書室の重要性はかなり早い時期から意識されていた。また、土屋のように資料を研究室のために積極的に購入している教員もいた。だが、蔵書についての検討の結果、そこまで特定の分野に偏った蔵書購入はされておらず、自室のために私的に購入した図書がその教員の最も重要な知識の世界の構成物であったのではないかと考えられる。

また、書店については、蔵書の購入について、書店の持ち込んだ見計らい図書が購入法の一つとしてあげられており、やはり蔵書の質に影響を与えていたと考えられる。

以上、心理学研究室に対する考察と同様の結果が、経済学部においても見られると結論できる。

まとめ

本章では、東京帝国大学経済学部図書室が、教員にとってどのように位置づけられていたのかを検討した。まず、日本の経済学の展開について述べた。日本の経済学はおおよそ五つの時期に分かれ、古典学派に始まり、歴史政策学派、マルクス主義、近代経済学等が続けて導入され、その後歴史政策学派が社会政策学会を中心に発展した。その後は経済学部が各大学に創設される中、マルクス主義が流行し、日本の農業体制などについて様々な論争が経済学部の内部や対立者との間で行われた。戦時になると時局に迎合した政治経済学が力を持った。

次に学部の運営について述べた。経済学部は、法学部からの独立前から講座や学科ごとの独立傾向があまり強くなく学部（学科）全体での運営が行われており、また、図書が授業においてはやくから重要視されていたため、図書室はその初期から集中的に管理され、学生の利用も想定されていた。制度的には、教員個人からなる講座より広い範囲の知識を構成する学部（学科）という単位が重要となっていた。ただし、人事については学部成立期から、様々な原因により度々困難に直面していた。

続いて、経済学部の教員について述べた。経済学部の教員は人事において様々な問題を抱えつつ、一つの学部の中でそれぞれの専門分野を持ち、研究、教育を行った。その活動にとって図書・図書室が重要な位置を占めていた。ただし、私蔵書は個々人で大量に購入していた。

これらの蔵書構成に影響を与えうる要因を明らかにした後、それら要因と一九一三年、一九二二年、一九三一年に購入された図書との関係を検討した。その結果、経済学部図書室は、個々の教員の研究よりも日本における経済学研究全体動向を反映した、学生を含む学部内の経済学研究者一般のために運営される図書室として位置づけられていたと結論された。

教員の研究については私蔵書利用が中心となり図書室はそれほど重要ではなく、また、図書室の図書購入の際に見計らい図書を持ち込んできた丸善などの書店が蔵書の質に影響を与えていた可能性が第2章と同様に示唆された。以上、部局図書館の典型的な二例を取り上げ、部局図書館の教員にとっての位置づけを検討してきた。そして東京帝国大学における図書館システム全体を対象とするためには、部局図書館だけでなく、附属図書館の蔵書構成も取り上げ、両者の比較を行うことが必要となってくる。次章ではこれを扱っていく。

注

(1) もう一つの前身として、保険研究室がある。こちらは、一九〇五年に設立され、保険業界の援助を受け、法科大学生だけでなく保険業界からの派遣生をも対象に保険の学理・実務の講習を行っていた(東京大学百年史編集委員会、一九八六、九〇一―九〇二頁)。

(2) 当時の研究室の図面は『東京大学経済学部五十年史』に、回想によるものだが、残されている(東京大学経済学部、一九七六、六四一頁)

(3) 『アダム・スミス文庫』などの一部図書は当時小使であった永峰巳之助らが担ぎ出したことで難を逃れた(東京大学経済学部、一九七六、六四〇頁)。

(4) この対立については竹内(竹内、二〇〇一)などに詳しい。

(5) 特に注釈がない経歴の部分は、『経済学部五十年史』経済学部教授・助教授略歴を参照した。

(6) 小野塚喜平次は政治学者であるので、これは正確には経済学に限らず、当時の政治学、経済学といった社会科学系の学問一般のことを指していると考えられる。

(7) 演習も「ぼくの演習はぼくの勉強の都合でテーマやテキストがきまった」(大内、一九六〇、二三九―二四〇頁)と述べているように、最先端の研究を教育に組み込んでいくというドイツの大学の影響がこれらからうかがえる。

（8）多いものを見ていくと、古代ローマについてが最も多く二二冊、次いでギリシャの一七冊、古代史と中世史で一六冊ずつであった。
（9）正確には交通政策の授業を一九二二年には河津、一九三一年には田辺が担当しているが、彼らは交通政策を専門にはしていなかった。

引用・参照文献

『有澤廣巳の昭和史』編纂委員会編（一九八九a）『学問と思想と人間と』東京大学出版会
『有澤廣巳の昭和史』編纂委員会編（一九八九b）『回想』東京大学出版会
池尾愛子（一九九四）『20世紀の経済学者ネットワーク――日本からみた経済学の展開』有斐閣
石田雄（一九八四）『日本の社会科学』東京大学出版会
猪間驥一（一九三一）「ヴェンチヒ教授の経済学教授法改良意見」『経友』第一七巻、二九―三六頁
大内兵衛（一九三一）「ヴェンチッヒ先生」『経友』第八一巻、六―一一頁
大内兵衛（一九六〇）『経済学五十年』東京大学出版会
大島清（一九六八）『高野岩三郎伝』岩波書店
オーシロ、G、M（一九九二）『新渡戸稲造――国際主義の開拓者　名誉・努力・義務』中央大学出版部
太田秀通（一九八四）「クルト・ジンガーの生涯と学問（二）」『UP』第一四四巻、二六―三一頁
河合栄治郎（一九九一）『明治思想史の一断面　金井延を中心として（河合栄治郎全集）』社会思想社
社会政策学会第一回大会記事 http://jasps.org/1taikaikiji.html（参照 2016-1-26）
社会政策学会第八回大会記事 http://jasps.org/8taikaikiji.html（参照 2016-1-26）
杉原四郎（一九八七）『日本の経済雑誌』日本経済評論社
杉原四郎（一九九二）『日本の経済学史』関西大学出版会
祖山鍾三／大田黒重五郎編、ジエー／ブロックホイス氏校閲（編）（一八九七）『英和商業作文辞彙』博文館
高野岩三郎（一九六一）『かっぱの屁――遺稿集』法政大学出版局

高橋輝和（二〇〇二）「丸亀俘虜収容所からの匿名告発書」『岡山大学文学部紀要』第三八巻 http://homepage3.nifty.com/akagaki/8-takahasi1.html（参照 2016-1-26）
武内博（一九八三）『来日西洋人名事典』日外アソシエーツ
竹内洋（二〇〇一）『大学という病——東大紛擾と教授群像』中央公論新社
玉野井芳郎（一九七一）『日本の経済学』中央公論社
長幸男（一九八四）「戦間期の経済思想——二つの論争」、経済学史学会編『日本の経済学——日本人の経済的思惟の軌跡』東洋経済新報社、九三—一三五頁
東京大学経済学部編（一九七六）『東京大学経済学部五十年史』東京大学経済学部五十年史
東京大学百年史編集委員会編（一九八六）『東京大学百年史　部局史一』東京大学出版会
東京帝国大学（一九四二）『東京帝国大学学術大観　法学部　経済学部』
早坂忠（一九八四）「戦時期の経済学」、経済学史学会編『日本の経済学——日本人の経済的思惟の軌跡』東洋経済新聞社、一三七—一七四頁
土方成美（一九二一）「故経済学部教師ウィリアム、ハイド、プライス氏追悼記事」『国家学会雑誌』第三五巻第一〇号、一五三—一五七頁
土方成美（一九六七）『経済体制および経済構造——土方成美博士喜寿記念論文集』鹿島研究所出版会
福田秀一（二〇〇一）「矢内原忠雄の留学日記」『国際基督教大学学報Ⅲ—A、アジア文化研究』第二七巻、四三—六一頁
福田徳三（一九一一）「ヴェーンチヒ教授ノ『東京帝国大学ニオケル経済学教授法改良意見』ヲ読ム」『国民経済雑誌』第一〇巻第一号、八一—九三頁
テッサ・モーリス—鈴木、藤井隆至訳（一九九一）『日本の経済思想——江戸期から現代まで』岩波書店
矢内原伊作（一九九八）『矢内原忠雄伝』みすず書房
矢内原忠雄（一九六五）『矢内原忠雄全集〈第26巻〉私の歩んできた道』岩波書店
山本安次郎（一九六一）「馬場敬治博士とわが国の経営学〈特集〉経営学）」『彦根論叢』第八三巻、一—二一頁
吉田熊次／本田弘人（一九四〇）『文科諸学の研究及奨励に関する調査報告』

脇村義太郎（一九九一）『回想九十年——師・友・書』岩波書店

Blockhuys, E. J. (1911) *Vade-mecum of Modern Metrical Units for Business Men and Students of Commerce: Giving Information on the Leading Systems of Weights and Measures in Use at Present with Japanese, Metric, and British Equivalents*. Dobunkwan.

Price, W. H. (1906) *The English Patents of Monopoly*. Houghton Mifflin And Company, 1st edition editor.

第4章　東京帝国大学附属図書館

はじめに

第1章で述べたように、大学内における管理制度は、大学評議会、教授会、講座の設置によって整備されていったが、図書には別の管理体制も存在した。それが、附属図書館を中央館とする大学図書館システムである。これまでの章で部局図書館を見てきたが、本章では、図書館システムの中央図書館である附属図書館について、これまで検討してきた部局図書館と比較しつつ検討していく。まず、附属図書館の制度上・物理上の変遷について見ていき、次にどのようなものが職員になったのか、そして最後に部局図書館や日本の出版動向と比較しつつ、附属図書館の蔵書の特徴について検討する。それに基づいて附属図書館と部局図書館の性格の違いについて分析し、教員、特に図書館長や司書官といった役職に就いていない、附属図書館と直接関係を持たない教員にとって附属図書館はどのような図書館として位置づけられていたのかを検討していく。

対象とする時代は、その後の図書館の体制を定めることとなった、田中稲城、和田万吉、姉崎正治が館長（管理）であった一八九〇年から一九三四年までとする。第1章で述べたように、田中は図書館を学ぶために日本で初めて留学し、姉崎は関東大震災後の図書館の復興において重要な役割を果たし、新図書館の建設、指定図書等その後の図書館につながる改革を行った。彼らの時代に附属図書館の体制の大枠は定まったと考えられる。

1　附属図書館の変遷

全学的な中央図書館としての附属図書館が最初に登場したのが一八八六年である。この年、帝国大学令の公布に続いて、新しい帝国大学図書館規則が制定された。それまで東京（帝国）大学では、法理文学三学部図書館と医学部図書館の場所が離れていた関係もあり、それぞれ独立して規則が存在していた。東京大学職制改正に際し、一八八一年から図書館規則は一つになっていたが、閲覧時間や貸出冊数が異なるなど、図書の扱いは二つの館が独立して行っていた（東京大学百年史編集委員会、一九八七、一一九〇—一一九二頁）。それが本郷にすべての分科大学が集結し、規則上も場所としても一つの図書館となった(1)。また、このとき附属図書館には独立した建物は与えられず、新築の法文科大学の建物の二階に居を構えることとなる。附属図書館が新築されたのは一八九二年である（東京大学百年史編集委員会、一九八七、一一九七頁）。法文科大学の建物に置かれた理由として、『帝国大学一覧』には、「法科及文科大学ノ用ニ供セン為」（帝国大学、一八八六、一二二頁）とされており、この両分科大学が重視されていたことがわかる。新築された図書館も法文科大学のすぐ隣に置かれた(2)（東京帝国大学、一九三二a、一二八二—一二八三頁）。

第1章で見たように、初期の図書館規則においては制度上、附属図書館は大学全体における図書を一括して扱うこととなっていた。しかし実際には部局図書館は遅くとも一九〇〇年頃にはすでに存在していて、附属図書館に排架されない図書の購入は、各分科大学が行っていた。第1章で述べたように、和田は図書館が実質的に図書の管理を行えていない状況を批判した建議を行い、一八九七年には附属図書館に館長が置かれ、一九〇八年には日本の大学図書館に専門職としての司書・司書官が初めて置かれて、附属図書館の組織が整備されていった。特に、先述の和田の建議の中の「本館評議会ヲ設ケラルベキコト」が大学評議会で審議・可決され、一八九九年に各分科大学の教授もしくは助教授を構成員とし、図書館長も列席できる図書館商議会が設けられた（東京大学百年史編集委員会、一九八七、一一九九―一二〇〇、一二五〇頁）。だが、詳しくは次章で述べるが、図書館商議会は分科大学、学部レベルでの図書に関する調整機関としては機能せず、附属図書館は部局図書館への影響力をあまり持てなかった。附属図書館の部局図書館への管理は改善されないまま、一九一八年になって図書館規則が改正され、各教室研究室における図書の保存責任者は各部局のトップが担い、図書の管理責任者は附属図書館が担うという両者が権利を持つ複雑な状態となった。

こういった状態の中、関東大震災が発生し、図書館の建物は全壊し、蔵書もほとんど失われた。震災直後に館長に就任した姉崎正治は図書館の建物の再建から始めなくてはならなかった。新築された建物は以前と同様に法学部、文学部、また経済学部の近くに置かれ（東京帝国大学、一九三二c、一二八二―一二八三頁）、一九四〇年の調査によると、法学部、文学部、経済学部の利用が多い（東京帝国大学、一九四二、一四三頁）。また姉崎はこの再建図書館の改革の一つとして、授業と附属図書館を結びつける指定図書を設置した。指定図書制度は、アメリカの大学図書館のものを参考にしたようであり（東京大学百年史編集委員会、一九八七、一二一八頁）、実際、スタンフォード大学には、一九一九年の規則によると、授業で指定された図書（リザーブブック）については、利用者の数が多いので、特別に閲覧室を設けて設置する（Stanford University, 一九一九、二四―二五頁）、という東京帝国大学と同様のリザーブブックシステムがあった。だが、東京帝国大学における指定図書の運営は、後に述べるようにあまり効果的なものとはならなかった。

第3章で述べたように、経済学部では演習で部局図書館を利用することを重要視しており、大学の教育を受けた研究者が部局図書館を利用するといった関係が生まれていたが、附属図書館には総じてそのような関係は生まれなかったと考えられる。

表 4-1　1907 年までの東京帝国大学附属図書館書記の変遷

名前	1890	1892	1893	1894	1895	1896	1897	1899	1900	1901	1902	1904	1905	1906	1907	合計
小原益成	○	○	○													3
小篠秀一	○	○	○													3
佐伯利磨	○	○	○	○	○	○	○	○	○	○	○	○	○	○	○	15
長谷川館一	○	○	○	○	○	○	○	○	○	○	○	○	○	○	○	15
関吉孝		○	○													2
小林幹治		○	○	○												3
中村勢之助				○												1
松井徳善					○	○										2
近藤金市					○	○	○									3
高橋安蔵								○								1
渡辺鈴衛								○								1
磯田敏三郎									○	○						2
藤田廉									○	○	○					3
坪田市太郎									○	○	○	○	○	○	○	7
松野木恒寿											○					1
服部徳												○	○	○	○	4
高橋初彦													○	○		2
山口甲子男															○	1
合計	4	6	6	4	4	4	3	4	5	5	5	4	5	5	5	

＊在職した年に○をつけている．

2　職員

次に、附属図書館の職員を見ていくと、司書[3]はその専門知識について問題があった。専門職である司書、司書官は一九〇八年になるまで置かれず、司書、司書官が置かれる前の時代について和田は、欧米の「少シク著名ナル諸種ノ図書館ノ職員ハ、概ネ博士学士等ヨリ成立シ」ている一方、日本では「壮年ニシテ活気無キ者、若シクハ老朽事ニ堪ヘザル者ノミ」を採用していると指摘し（波多野、一九四二b、三九三頁）、言語に堪能であるなど有能な者が就職しても、「更ニ幸福ナル職地ヲ求メテ」去ってしまうと述べている（波多野、一九四二b、三九七頁）。実際に、司書、司書官が成立する時代までの職員について『文部省職員録』や『職員録』を見ると、書記とされる地位のものが記載されているが、確かに一年から三年で職を辞しているものが一八人中一三人と非常に多い（表4-1）。和田が就任当時全くの素人

表 4-2　1934 年 3 月 30 日までの図書館長変遷

役職名	名前	学歴，兼職	任期
図書課取締	末岡精一	文学部准講師	1881—不明
図書課取締	田中稲城	文学部准講師	1882
図書課取締	谷田部梅吉	理学士	1882—1883
図書課監督	松井直吉	理学部教授	1883—不明
図書館管理	木下広次	法科大学教授	1886—1889
図書館管理	宮崎道三郎	法科大学教授	1889—1890
図書館管理	田中稲城	文科大学教授	1890—1893
図書館管理	和田万吉	文科大学助教授	1896—1897
附属図書館長	和田万吉	文科大学助教授（1918 年から同教授）	1897—1923
附属図書館長	姉崎正治	文学部教授	1923—1934

＊姉崎は 1934 年 3 月 31 日に退任している．
東京大学百年史編集委員会，1987，pp. 1246-1247 より作成．

表 4-3　兼勤助手の変遷

	1891	1892	1893	1894	1895	1896	1897	1898	1899	1900	1901	1902	1903	1904	1905	合計
山家吉彦	○	○														2
藤田安蔵				○	○	○	○	○	○	○	○					8
桜井成明								○								1
猿渡末熊								○	○	○	○	○	○	○	○	8
桜木章									○	○	○	○	○	○	○	7
坂本四方太									○	○	○	○	○	○	○	7
平野詮三										○	○	○	○	○		5
鈴木利貞											○					1
小山田千代壽												○	○	○	○	4
竹村五百枝													○	○	○	3
大森栄治															○	1
東海三郎															○	1
鈴木繁次															○	1
合計	1	1	0	1	1	1	1	3	4	5	6	5	6	6	8	

＊在職した年に○をつけている．

表 4-4　兼勤助手の学歴

名前	学歴
山家吉彦	不明
藤田安蔵	不明
桜井成明	不明
猿渡末熊	不明
桜木章	不明
坂本四方太	東京帝国大学文科大学国文学科（kotobank.jp）
平野詮三	不明
鈴木利貞	不明
小山田千代壽	不明
竹村五百枝	不明
大森栄治	不明
東海三郎	不明
鈴木繁次	東京帝国大学文科大学哲学科（学士会，1927，p. 220）

表 4-5　1934 年 1 月 1 日までの司書官変遷

名前	1908	1909	1910	1911	1912	1913	1914	1915	1916	1917	1918	1919	1920	1921
和田万吉	○	○	○	○	○	○	○	○	○	○	○	○	○	○
阪本四方太	○	○	○	○	○	○	○	○						
植松安							○	○	○	○	○	○	○	○
寺沢智了														
小杉醇														
三浦常雄														
松村繁栄														
山田珠樹														
長沢正雄														
小野源蔵														
鈴木繁次														
合計	2	2	2	2	2	2	3	3	2	2	2	2	2	2

名前	1922	1923	1924	1925	1926	1927	1928	1929	1930	1931	1932	1933	1934	合計
和田万吉	○	○	○											17
阪本四方太														8
植松安	○	○	○	○	○	○	○	○						16
寺沢智了			○	○	○									3
小杉醇			○	○	○	○	○	○						6
三浦常雄				○										1
松村繁栄				○										1
山田珠樹				○	○	○	○	○	○	○	○	○	○	10
長沢正雄										○	○	○	○	4
小野源蔵										○	○	○	○	4
鈴木繁次											○	○	○	3
合計	2	2	4	6	4	3	3	3	1	3	4	4	4	

*『文部省職員録』は 10 月に調査されたものが出版され，『職員録』は 1 月頃と 7 月頃に調査されたものをあわせて年 2 回出版される．

*在職した年に○をつけている．

表 4-6　1934 年 1 月 1 日までの附属図書館司書官の学歴、前職

名前	学歴	前職または兼任
和田万吉	東京帝国大学文科大学国文学科	文科大学助教授兼任
阪本四方太	東京帝国大学文科大学国文学科	文科大学助教授兼任（kotobank.jp）
植松安	東京帝国大学文科大学国文学科	文科大学助教授兼任（猪野，2000，p. 46）
寺沢智了	東京帝国大学文科大学哲学科（昭和人名辞典，1994）	不明
小杉醇	東京帝国大学文科大学哲学科選科	文部省（昭和 21 年 2 月高等官進退）
三浦常雄		不明
松村繁桊		不明
山田珠樹	東京帝国大学文科大学哲学科	文学部助教授兼任（荒川，1979，p. 810）
長沢正雄		不明
小野源蔵	東京高等師範学校	新庄中学校教諭（昭和人名辞典，1987，p. 182）
鈴木繁次	東京帝国大学文科大学哲学科	法学部研究室事務（学士会，1927，p. 220）

であったことはすでに指摘したが、このような状況で就職後の知識習得についてもしっかりと教育が行われていたとは考えにくい。

司書、司書官成立後もそれは大きく変わることがなかった。図書館に就職したばかりの土井重義が司書官である植松安に薦められた参考書である『図書館小識』を見ると、公立図書館の記述が中心で、大学図書館に焦点を当てた記述はほぼない。また、東京帝国大学に図書館学の講義はあったが、植松時代の授業の感想を述べた土井によると、ほぼ書誌学の授業であり（土井、一九五六、一五—一六頁）、そこから図書館経営の知識や資料組織の技術などは身につかなかったと考えられる。

ただし、附属図書館長[4]は谷田部梅吉を除き、すべて教員の兼任であり、主に文学部の教員が就いていた（表4－2）。司書、司書官成立前にも、田中の時代から永年務めているものの中には国学者の佐伯利磨の名前があった。また特に文科大学からの兼勤という形で、助手[5]が一人、一九〇〇年代からは後の司書官である坂本四方太を含む三から八人が置かれている（表4－3）。坂本と鈴木を除く兼勤の職員の経歴は不明だが（表4－4）、その後何人かが司書に登用されている。以上のことを踏まえると、少なくとも当時の日本のレベルから見れば、和田の指摘するほどには、学問についての専門的知識を持った人材が不足していたわけではない。特に司書の成立直前には多様な人材が揃いつつあったことがうかが

の附属図書館司書の変遷

921	1922	1923	1924	1925	1926	1927	1928	1929	1930	1931	1932	1933	合計
													1
													3
													3
													5
													6
													6
													10
○	○												14
○	○	○											15
○	○	○	○	○	○	○	○	○	○				22
													5
○													10
													4
													2
													2
○	○	○											8
													4
													4
													3
○	○	○											7
○	○	○	○	○	○	○	○	○	○	○	○	○	17
○	○	○											6
													1
○	○	○	○										6
						○	○	○	○	○	○	○	8
○	○												3
○	○	○	○	○	○	○	○	○	○	○			12
○	○												2
		○											1
		○	○										2
			○										1
			○	○									2
			○	○	○	○	○	○	○	○	○	○	10
				○	○								2
				○	○	○							3
					○								1
					○	○	○						3
					○	○	○						3
					○	○	○	○	○	○	○	○	8
					○	○	○	○	○	○	○	○	8
						○							1
						○	○	○	○	○	○	○	7
						○	○	○	○	○	○	○	7
							○	○	○	○	○	○	6
								○					1
								○	○	○			3
									○	○	○	○	4
											○	○	2
												○	1
												○	1
												○	1
2	11	10	8	7	11	13	12	12	12	11	10	13	

表 4-7　1933 年 10 月 1 日

名前	1909	1910	1911	1912	1913	1914	1915	1916	1917	1918	1919	192
井上三七男	○											
澤田章	○	○	○									
大森栄治	○	○		○								
坪田市太郎	○	○	○	○	○							
佐藤香造	○	○	○	○	○	○						
佐伯利磨	○	○	○	○	○	○						
猿渡末熊	○	○	○	○	○	○	○	○	○	○		
長谷川館一	○	○	○	○	○	○	○	○	○	○	○	○
東海三郎	○	○	○	○	○	○	○	○	○	○	○	○
鈴木繁次	○	○	○	○	○	○	○	○	○	○	○	○
村澤喜代人				○	○	○	○	○				
小鹽良弼				○	○	○	○	○	○	○	○	○
水島耕一郎						○	○	○	○			
千葉茂							○	○				
田中成美							○	○				
浅田清造								○	○	○	○	○
内藤智秀								○	○	○	○	
衛藤利夫								○	○	○	○	
鳴澤寡愆									○	○	○	
樋口慶千代									○	○	○	○
武蔵昇									○	○	○	○
島崎末平										○	○	○
守屋基三郎											○	
長谷部巳津次郎											○	○
松村博三												○
小野美幸												○
小野源蔵												○
藤原猶雪												
西脇経治郎												
手島誠雄												
伊川譲												
森本謙蔵												
永峰光名												
関野真吉												
喜多村進												
三谷勳												
久保栄三												
石黒淳耀												
関敬吾												
加藤素治												
平山信一												
久保（小山）忠八												
小島武男												
水野亮												
岡野他家夫												
立花国三郎												
土井重義												
山崎武雄												
巨橋頼三												
萩原厚生												
増田七郎												
合計	10	9	8	10	9	9	9	12	12	12	13	1

＊『職員録』の 1 月調査分には司書の記載がない.

＊在職した年に○をつけている.

表 4-8　1933 年 10 月 1 日までの附属図書館司書の学歴

名前	学歴
井上三七男	不明
澤田章	國學院大學（日本歴史学会，1999，p. 157）
大森栄治	助手兼勤
坪田市太郎	不明
佐藤香造	不明
佐伯利麿	養老館素読係（佐伯利麿）
猿渡末熊	助手兼勤
長谷川館一	不明
東海三郎	助手兼勤
鈴木繁次	東京帝国大学文科大学哲学科
村澤喜代人	不明
小鹽良弼	不明
水島耕一郎	東京帝国大学文科大学哲学科（学士会，1916，p. 719）
千葉茂	不明
田中成美	不明
浅田清造	京都帝国大学文科大学文学科（学士会，1916，p. 22）
内藤智秀	東京帝国大学文科大学史学科（学士会，1916，p. 516）
衛藤利夫	東京帝国大学文科大学哲学科（柿沼，1953，p. 14）
鳴澤寡愆	東京帝国大学文科大学英文学科（学士会，1917，p. 608）
樋口慶千代	東京帝国大学第一教育養成所（樋口慶千代）
武蔵昇	独逸学協会中学校（昭和十二年度進退録）
島崎末平	不明
守屋基三郎	東京高等師範学校（職員及び傭人進退伺）
長谷部巳津次郎	東京音楽学校（職員及び傭人進退伺）
松村博三	名古屋市久屋英語学校（職員及び傭人進退伺）
小野美幸	國學院大學予科（職員及び傭人進退伺）
小野源蔵	東京高等師範学校
藤原猶雪	大谷大学（日本歴史学会，1999，p. 290）
西脇経治郎	東京帝国大学法学部仏法科（職員及び傭人進退伺）
手島誠雄	不明
伊川譲	不明
森本謙蔵	不明
永峰光名	不明
関野真吉	文部省図書館員教習所（関野，1973，p. 281）
喜多村進	青山学院高等科英文科（岡本，2005，pp. 5-6）
三谷勳	不明
久保（小山）栄三	東京帝国大学文学部社会学科（学士会，1926，p. 137）
石黒淳耀	不明
関敬吾	東洋大学文学部文化学科（日本歴史学会，1999，p. 184）
加藤素治	群馬県師範学校（職員及び傭人進退伺）
平山信一	不明
久保忠八	不明
小島武男	山口高等商業学校（外務省，1937）
水野亮	東京帝国大学文学部仏文科（昭和人名辞典，2000，p. 799）
岡野他家夫	東京帝国大学聴講生（日本近代文学館，1984，p. 296）
立花国三郎	不明
土井重義	東京帝国大学文学部国文学科（履歴書土井重義）
山崎武雄	東京帝国大学文学部倫理学科（日本近代文学館，1977，p. 165）
巨橋頼三	不明
萩原厚生	東京帝国大学文学部仏文科（岡野，1973）
増田七郎	東京帝国大学文学部国文科（履歴書増田七郎）

える。その後成立した司書官についても、二人から四人程度置かれているが（表4-5）、一一人中（三人は出身不明）、東京帝国大学出身者が七人で、全員が文学部出身であった（表4-6）。そのため、司書官は文科系の知識について一定の見識があったことがうかがえる。特に、震災前までは、国文学科出身者が司書官であったため、前近代の和書についてはかなりの見識があったと思われる。司書についても、姉崎館長時代までの五一人中（表4-7）、学歴が不明なものも多いが、少なくとも一五人は帝国大学出身者であり（表4-8）、学問についての知識は一定以上あったのではないかと考えられる。例えば、姉崎館長の時代には、洋書部は学士ぞろいであり、一〇人ほどの職員から古野清人、石津輝璽など四人の文学博士が出ている（水野、一九七四、七七頁）。

附属図書館の司書、司書官は帝国大学出身者が中心であるという点で、各部局図書館の教員からなる管理者と同程度の見識を持っていたと考えられる。ただし、附属図書館の司書、司書官の専門分野としては、大学全体で扱っている学問分野をカバーするほどは広くなかった。

3　蔵書の分析

部局図書館と同様に、当時の附属図書館のサービスがあまり拡大されていなかったために、蔵書構成は現代以上に重要であった。ここでは、附属図書館の蔵書の購入法についてまず見ていき、その後、附属図書館の実際の蔵書を部局図書館、日本の出版動向との比較から分析し、附属図書館と直接関係を持たない教員にとって、附属図書館がどのように位置づけられていたのかを明らかにする。

（1） 蔵書の購入法

最初期の附属図書館の図書購入法については、一八九〇年の田中稲城の建議の中に述べられている。この中で田中は、本来の図書館の役割は図書注文法、目録編纂法、図書出納法の三つがあるが、そのうち後の二者は図書館が担い、それ以外は各部局によって行われていると述べている（竹林、一九四二、三九〇頁）。また、一八九六年の和田の建議においても同様に、附属図書館に購書係はなく、図書の購入は各部局で行われていることが指摘されている（波多野、一九四二a、一九一―一九二頁）。和田は図書館固有の図書費も存在することを指摘しているが、農科大学以外の五分科大学の図書費は合計一万五六六八円であるのに対し、附属図書館ではわずか四七〇円となっている（波多野、一九四二b、三九六頁）。分科大学に比べると図書館の費用はほぼ七分の一であり、購書係がなく、司書などの専門職もいない中で誰がこの図書費を利用した図書購入を行っていたのかも定かでない。

附属図書館に購書係がいないということで、そもそも注文をまとめるのも附属図書館においてではなく、各分科大学であったことがわかる。そのため、重複、欠本、注文違いが生じるので、田中はせめて注文のとりまとめ役の設置を要望し（竹林、一九四二、三九二頁）、和田は附属図書館の購書係が、各分科大学に設置されているようなものだと述べている（波多野、一九四二b、三九六頁）。ただし、田中の建議では、表向きは図書の購入が附属図書館で行われていなかったことに不満を示さず、「各分科大学教員注文申込ノ権利及ビ其購買費ニ関シ中立テタル儀ニハ毛頭無之為念申添置候」としていたのに対し、和田は、「本館ガ其保存ニ帰スベキ図書ノ購買事項ニ就キテ、何等ノ関係ヲモ有セザルハ、頗ル怪訝スベキコト」と、不満を表明している。

少なくともこの時期の図書の購入においては、附属図書館購入分はわずかしかない一方で、部局購入分は非常に大きく、附属図書館はこれに全く関与できていなかった。もし、部局購入分の予算の一部が附属図書館の図書購入のためのものであったとすると、教育や研究に対して効率的なサービスを提供する責任といった、本来は附属図書館が果たすべき役割は、各部局に完全にゆだねられていたと考えられる。しかも、部局の予算は附属図書館だけでなく、部局図書館の図書購入にも充てられる予算である。それを考慮すると、もし、部局が予算の一部を附属図書館の図書購入に充てていたとしても、その額は大きくなく、また主要な図書は自分の部局図書館に向けて購入する傾向が強かったのではないかと考えられる。さらには、部局の教員は附属図書館には図書を全く回さず、わずかな予算と寄贈等のみが附属図書館の実際の蔵書となっていた可能性もある。和田は、「寄贈、保管転換等ニ因リテ一千二三百乃至二千冊」（波多野、一九四二b、三九七頁）と附属図書館の増加図書が一定量あることを指摘しており、寄贈等だけでもかなりの資料があったため、それでも図書館としての面目はある程度保っていたと考えられる。さらには、図書館固有の予算が、どのように利用されていたかが不明であることはすでに述べたが、各部局に割り当てられていた可能性もある。

したがって、この時代の附属図書館は、部局の影響を大きく受けるか、寄贈に大きく頼ったという、規則にある文言そのままに図書を「貯蔵」する場所であったといえる。こういった状況を受けて、田中は、建議の中で図書購入の際の責任者の重要性を唱え、和田は専門職の確立や図書館商議会の設置などの案を提出したのではないだろうか。

次に、図書の購入についての言及が見られるのは、一九二〇年代になる。関東大震災で図書館が罹災した際の記事において、「一総合大学の中央図書館が性質上各学部の専門図書室などと異なった使命の下にやはり総合的の蒐集収儲をなしていたか」について、和田が蒐集した貴重書を中心に述べている。この中で「館の経常費は今も昔も極めて切詰」であり、そういった中で「図書館の求書法に就いて我儘の意見を述べる人が少なくない。併し之を気にして居ては我等の立場は無い」、として、選書は附属図書館内で主に行っていることを示唆している（和田、一九二三）。

さらに、『図書購入手続』が東京大学総合図書館に現在も残されている。この史料の作成された年代は不明だが、指定図書に関する手続きが史料の最後に書かれているため、指定図書の制度が開始された一九二九年、または「指定書（指定図書）」という単語が議事録（第一一回商議会記録）から確認できる第一一回図書館商議会の開催された一九二五年一〇月九日以降に作成されたと考えられる。さらに、史料には指定図書の手続きについては、「各学部ニ図書委員ノ置カルル様準備中」とある。一九二六年一月二二日の第一二回の商議会において、この記述と同様に法学部と文学部以外の各学部でも図書委員を出すことを議題として取り上げているため（第一二回商議会記録）、『図書購入手続』は、一九二六年前後の時期に作成されたと考えられる。

その内容は、まず購入すべき図書を購入カードに記入した後に、重複のチェックを受け、和洋書主任や館長の許可を求め、その後、図書の受け入れを行い、会計係から大学本部会計係へ書類をまわし、売捌者へ支払うという流れが記されている、というものである。ただし、ここでは「購入すべき図書」がどのように決定されているかは書かれていない。その後も「購入カード記入法」、「本学関係者ノ著述ニツキ寄贈ヲ依頼スル場合ノ手続」、「指定書ニ関スル手続」があるのみで、購入すべき図書の決定法の項目はない。ただし、「購入カード記入法」が購入方法別に書かれているため、「購入すべき図書」については、ほぼここに書かれている方法で決定されていると考えられる。

項目は主に三つあり、まず、「学生ソノ他ヨリ購入希望ノ場合」の項目が最初にあげられており、さらに三つの小項目に分類されている。一つめの小項目は「閲覧室備付ノ投書函等ヨリ得タル希望書ニツキテハ閲覧係ト和洋書主任ト協議取捨シタル上閲覧係ニ於テ購入カードニ記入ス」とし、すべての希望図書が購入されるわけではないが、学生による希望が一つの選定要因であることが指摘されている。二つめの小項目は、「館員ノ希望図書ニツキテハ予メ和洋書主任ト協議シタル後適宜購入カードニ記入ス」とし、館員による希望があげられている。三つめの小項目は「其他ノ場合ハ適宜購入カードニ記入ス」とし、例外的なその他のケースがあげられている。次の項目は、「広告ニヨル場合」があげられており、「広告ハ受入係コレヲ受付ケ和洋書主任ニ廻付ス　和洋書主任ハ選択ノ上受入係ヲ経テ館長ニ提出ス　館長ノ意見ニヨリ必要ナルモノハ受入係購入カードヲ記入シ所定ノ手続ヲ経」と記されている。和洋書主任と館長の両者が雑誌などの新刊広告や図書目録を読み、そこから必要な図書を選択しているケースであると考えられる。

最後の項目は、「売捌者等図書ヲ持参シテ購入ヲ希望スル場合」があげられている。「図書ハ留置スルコトナク購入カードニ記入シテ所定ノ手続ヲ経ベシ　但シ応接者ニ於テ必要ト認メタル場合ニツキ和洋書主任若シクハ館長ニ協議ス　購入ノ可否及価格等ニツキテハ合議スル場合アリ」と書かれており、見計らいでも図書を受け入れていたことがわかる。

それ以外にも二つの図書の購入手続きが示されている。一つめは、「本学関係者ノ著述ニツキ寄贈ヲ依頼スル場合ノ手続」とされ、「借用書ニ関係アル館員ハ常ニ本学関係者ノ著述出版ニツキ広告等ニ注意シ居リ寄贈依頼ノ手続ヲナスベシ」とまず記述され、係に関係なくほぼすべての図書館員が関わるべきことを述べている。東京帝国大学関係者についても定義がなされており、教授、助教授、講師等を指すとしている。この後、購入カードに著者名書名等を記述した後、庶務から依頼状を各関係者に発送するというプロセスをとっている。

最後に「指定書ニ関スル手続」の項目がある。先述したようにおそらくまだ運用が実際に行われていない段階のものではあると思われるが、指定図書を「各学部教官ガ講義ソノ他ノ必要上本館指定書室ニ備フル図書」としている。

一、指定書ノ購入ハ教官ノ要求ニヨリ各学部ニ於テシ本館ソノ交付ヲ受ク　但シ右購入ニツキテハ学部ト本館ト合議スルコトアリ

一、学生ソノ他ヨリ本館ニ対シ指定書室ニ備付クベキ図書ノ要求アリタル場合、ソノ購入ニツキテハ指定書係係長ノ承認ヲ経テ学部へ交付ス

一、本館ヨリ学部ニ対シ図書購入ヲ依頼スル場合ハ学部所定ノ購入方式ニ依リ本館ハソノ経過ヲ記録ス

一、図書ニ関スル学部トノ交渉ハ凡テ各学部図書委員トナスベシ（各学部図書委員ノ置カルル様準備中）

ここで初めて図書購入に学部が登場する。

指定図書は、先述の通りアメリカのリザーブブックの制度を取り入れたものである。リザーブブックは、講義に直接関連し学生は必読することと教員が指定したものであり、単一の教科書によらない教授法に基づいた制度である。一九三〇年七月発行の『東京帝国大学附属図書館利用者案内』でも、「各教員がその授業に参考書として必要と認めた準教科書ともいふべき」図書としている。

だが、実際には日本ではその運用方法が少々異なることとなった。教員配布用の「指定書とは何か」の中で、岸本英夫は日本の大学においては指定図書を活用する授業はほとんど見られないことを以下のように指摘している（田辺、一九七〇、六頁）。

学生（学部学生・大学院学生を含む）が学習のために用いる図書は、これを厳密にわけると、

（1）教科書（2）指定書（狭義）（3）参考書に三分することができる。

このうち教科書は、教官の授業の純然たる一部分ともみるべきもので、学生が購入することを予想するものである。

指定書は、教官の授業中、参考書として学生に閲覧を課するものであって、試験の際には、指定書の内容も課題の中に含まれる。したがって、これも教科書ほどではないが、授業の一部を構成するものである。これが厳密な意味での指定書である。**しかし、日本の大学においては、こういう意味での指定書を活用する授業は、ほとんどみられない。**

参考書は、それよりも広い意味で授業に関連して参照・利用される図書である。
本館で指定書という場合には、**大学の授業の伝統的な様相からみて、この三者を併せた意味に用いることが、当分は適当であると思われる。**したがって、本館の指定書の分類排架は、授業単位というよりも、学科単位あるいは講座単位ぐらいにして、学生の学習の便宜をはかるように運営されている。（ママ）

また、北島（一九七〇、一〇五頁）も、東京帝国大学時代の指定図書制度について「この時代の指定図書とは今日の授業と直結した必読図書としての指定図書ではなく、学生に読むことをすすめる、いわば教官の推薦図書的性格のものであった」と述べている。これは、当時の教育法がいわゆる「詰め込み式」だったためと思われ、その中では複数の図書を批判的に読むのではなく、ひたすら授業や教科書の内容を覚えることが重要であった。先述のようにアメリカのリザーブブックは、単一の教科書によらない教授法を前提としていたため、日本のこのような状況では、リザーブブックという制度は十分に取り入れられなかったと考えられる。一九三七年の第四〇回の図書館商議会で、趣旨徹底を欠いているので指定図書の選定や更新を各学部が今一度しっかり行うよう決定がなされていること（第四〇回商議会記録）からもこれはうかがえる。閲覧方法も、最初期は自由取出制だったが紛失が激しくなったため、書庫での探索は自由にできるが、閲読のためには貸出手続きを必要とする半自由接架式となっており、制限が加えられることとなった（東京大学百年史編集委員会、一九八七、一二一九頁）。

図書の目録については、第2章で述べたように東京大学文学部心理学研究室に保存されている一九二六年からの図書台帳の遊び紙に「図書取扱順」が書かれており、購入した図書については「現品ヲソヘテ、図書館に提出」とされている。各部局図書館で購入された図書も、附属図書館にて登録を受けるということは続いており、この点においてのみ中央と部局の関係は保たれていた。ただし、図書の重複については、文学部レベルまでしか調べないことも明記されており、また、研究室で受け入れたすべての図書を附属図書館に登録しているわけではなかった。そのため、附属図書館での登録は強い拘束力を持ったものではなかった。

以上のように、附属図書館での図書は、最初期についてはどのように購入されていたかはっきりしない部分もあるが、部局の図書購入の意向が多少なりとも反映されていた可能性が高い。ただし、予算の多くが部局から出されていたことを考慮すると、重要な図書を附属図書館のために購入していたとは考えづらい。また附属図書館も司書などの専門職や図書館商議会という部局との連携を図る場がなかった。そのため、附属図書館は十分な計画による選書はできなかった。一九二〇年代後半には学生の意見や売捌者である書店などの意見を多少取り入れつつ、和洋書主任や館長といった図書館員が選択して購入していた。また、指定図書も制度としてあまり効果的に運営されていなかった。以上の二点から、大学教育と附属図書館の関係は蔵書の面ではほぼなかったと考えられる。部局で購入された図書を附属図書館に登録するという姿勢は一貫して変わらなかったが、それも少なくとも一九三〇年代には形骸化していたと考えられる。

最初期の附属図書館は、十分な選書体制が構築されていなかったが、少なくとも一九二〇年代後半には図書館内部を中心として選書が行われていた。内部で選書をしているという点では、一九二〇年代後半以降の附属図書館の選書は部局図書館のそれと状況は似ているが、先述のように、選書の主体である職員の専門知識は大学全体をカバーするものではなく、文学部を特に中心としていた。では、実際にどのような図書が購入されていたのかを次項以降で見ていく。

(2) 対象と手法

第1節で見たように、附属図書館の変遷については、附属図書館が図書館として独立し制度上は一つの図書館となった時代、図書館規則が改正され部局図書館の存在が制度的に認められた時代、関東大震災で再建された後の時代、の三つに分けられる。そこで、今回の分析では、それぞれの時期から一九一三年、一九二二年、一九三一年の三つの期間を選出する。それぞれの期間を一年としたのは、予算期間から見ると、一年が一つの区切りとしては最小の単位であり、またそれ以前においては不明だが、少なくとも一九二〇年代後半には一定の選書体制が整っていたことから一年ごとならば蔵書の購入に大きな変動はないと考えられるためである。

各時期に購入された図書について、附属図書館の分類、和漢書か洋書か、という二つのデータを、三つの時期について取得した。経済学部同様、一九三一年に関しては、『図書原簿』から購入された図書のデータを調査し、一九一三年と一九二二年に関しては、『増加図書月報』からデータを得た。分類は前章同様、日本語で分類した和漢書のものに統一した。ただし、それぞれの年代において図書の分類が多少異なっているため、一九一三年のものに統一した（表4－9）。また、『図書原簿』には、一つの図書に分類がいったんつけられた後、修正されているものがあった。修正後の方がより実情にあった分類であると考えたため、修正後の分類を用いた。

表4-9　1913年の附属図書館の分類

総載		
哲学	宗教	教育
語学	文学	
歴史	伝記	地理
法律		
政治	経済	社会学
理学		
工学		
医学		
美術	遊技	
産業		
陸海軍		

また、比較対象として、これまで検討してきた文学部心理学研究室図書室、経済学部図書室の蔵書構成、そして日本の図書出版動向を利用した。前二者については附属図書館と同様に、一九三一年に関しては、『図書原簿』から購入された図書のデータを調査し、一九一三年と一九二二年に関しては、『増加図書月報』からデータを得た。日本全体の出版動向は牧野がまとめた『大日本帝国内務省統計報告』に掲載されている出版統計を利用した（牧野、一九九五、五九―六二頁）。この出版統計は、「明治一七年から昭和一一年までの長い期間にわたる書籍・雑誌の出版点数の推移を示し、年ごとに分野別（統計の用語で類別）点数まで明らかにした公的な資料である」

表 4-10　附属図書館と『大日本帝国内務省統計報告』の分類との対応関係

図書室	第日本帝国内務省統計報告
総載	叢書，雑
哲学　宗教　教育	哲学，経典，宗教，倫理修身，教育，教科書
語学　文学	文学，小説，語学，辞書
歴史　伝記・地理	地理，紀行，歴史，伝記
法律	法律・制度，法律，式礼（一括）
政治　経済　社会学	政治，経済，交通，統計，社会問題　社会
理学	数学，理学，天文学
工学	工学
医学	医学
美術　諸芸	書画，美術，技芸，音楽，俗謡，家庭，娯楽
産業	産業，漁猟
兵事	兵事

（牧野、一九九五、一頁）。独自の基準により図書等を分類しているため、表4－10にて附属図書館の分類との対応関係を筆者が仮定した。ただし、この報告は年により統計の算出方法が違うため、各年間の単純な比較はできないことに注意を払う必要がある。

（3）結果

附属図書館の各分野の図書購入数について、和漢書は、「歴史　伝記　地理」が一貫して割合が高い（表4－11）。それ以外にも、「哲学　宗教　教育」、「語学　文学」、「政治　経済　社会学」、「美術　諸芸」の割合が高い。洋書は、「政治　経済　社会学」が一貫して割合が高い。他にも「法律」、「語学　文学」の割合が高い。概して、人文社会系の図書の割合が多いといえる。これは、附属図書館が法・文・経済学部の利用を意識していたことと一致している。部局図書館の結果と比較してみると、部局図書館は、心理学図書室は心理学が含まれる「哲学　宗教　教育」の、経済学図書室は経済学が含まれる「政治　経済　社会学」の割合が非常に高く、特に心理学図書室ではすべての期間で八〇パーセントを超えている（表4－12、表4－13）。これまでの章で見てきたように部局図書館は、自らの専門分野に特化した図書館だということがわかる。一方、附属図書館は、部局図書館と比べると人文社会系の幅広い分野の図書を収集している。また寄贈は、心理学図書室は和漢書にわずかにあり、経済学部図書室は多く、附属図書館はさらに多い。その一方で、附属図書館の購入図書数は、特に洋書は経済学部よりも少なく、関東大震災後は購入図

表 4-11　附属図書館の購入数（単位は冊数）

	和漢書			洋書		
	1913	1922	1931	1913	1922	1931
総載	48（ 4.25%）	86（ 8.73%）	103（14.84%）	15（ 1.37%）	1（ 0.24%）	45（18.44%）
哲学　宗教　教育	154（13.64%）	64（ 6.50%）	114（16.43%）	57（ 5.22%）	21（ 5.11%）	35（14.34%）
語学　文学	103（ 9.12%）	83（ 8.43%）	163（23.49%）	125（11.45%）	162（39.42%）	35（14.34%）
歴史　伝記　地理	621（55.00%）	283（28.73%）	155（22.33%）	97（ 8.88%）	38（ 9.25%）	43（17.62%）
法律	66（ 5.85%）	28（ 2.84%）	18（ 2.59%）	429（39.29%）	68（16.55%）	1（ 0.41%）
政治　経済　社会学	97（ 8.59%）	143（14.52%）	56（ 8.07%）	329（30.13%）	113（27.49%）	50（20.49%）
理学	14（ 1.24%）	2（ 0.20%）	16（ 2.31%）	7（ 0.64%）	2（ 0.49%）	27（11.07%）
工学	4（ 0.35%）	3（ 0.30%）	3（ 0.43%）	10（ 0.92%）	2（ 0.49%）	2（ 0.82%）
医学	0（ 0.00%）	0（ 0.00%）	5（ 0.72%）	3（ 0.27%）	0（ 0.00%）	1（ 0.41%）
美術　諸芸	19（ 1.68%）	286（29.04%）	49（ 7.06%）	12（ 1.10%）	3（ 0.73%）	3（ 1.23%）
産業	1（ 0.09%）	6（ 0.61%）	3（ 0.43%）	4（ 0.37%）	1（ 0.24%）	2（ 0.82%）
陸海軍	2（ 0.18%）	1（ 0.10%）	9（ 1.30%）	4（ 0.37%）	0（ 0.00%）	0（ 0.00%）
別置	1064	91	90	105	3	8
複本	144	7	1044	67	7	26
不明			115			704
指定書			250			53
寄贈	483	751	7611	316	363	5864
合計	1129	985	694	1092	411	244

＊別置，複本，分類不明，寄贈，指定書，漢籍は各分類や総計に含まない．

表 4-12　心理学図書室の購入図書数（単位は冊数）

	和漢書			洋書		
	1913	1922	1931	1913	1922	1931
総載	0（ 0.00%）	0（0%）	0（0%）	0（ 0.00%）	0（ 0.00%）	0（ 0.00%）
哲学　宗教　教育	0（ 0.00%）	0（0%）	0（0%）	55（80.88%）	46（88.46%）	55（82.09%）
語学　文学	1（50.00%）	0（0%）	0（0%）	0（ 0.00%）	0（ 0.00%）	0（ 0.00%）
歴史　伝記　地理	0（ 0.00%）	0（0%）	0（0%）	0（ 0.00%）	0（ 0.00%）	0（ 0.00%）
法律	0（ 0.00%）	0（0%）	0（0%）	0（ 0.00%）	0（ 0.00%）	0（ 0.00%）
政治　経済　社会学	0（ 0.00%）	0（0%）	0（0%）	2（ 2.47%）	2（ 3.45%）	6（ 8.96%）
理学	1（50.00%）	0（0%）	0（0%）	2（ 2.53%）	2（ 3.57%）	1（ 1.49%）
工学	0（ 0.00%）	0（0%）	0（0%）	0（ 0.00%）	0（ 0.00%）	1（ 1.49%）
医学	0（ 0.00%）	0（0%）	0（0%）	5（ 6.49%）	2（ 3.70%）	3（ 4.48%）
美術　諸芸	0（ 0.00%）	0（0%）	0（0%）	4（ 5.56%）	0（ 0.00%）	1（ 1.49%）
産業	0（ 0.00%）	0（0%）	0（0%）	0（ 0.00%）	0（ 0.00%）	0（ 0.00%）
兵事	0（ 0.00%）	0（0%）	0（0%）	0（ 0.00%）	0（ 0.00%）	0（ 0.00%）
分類不明	0	0	0	0	0	28
寄贈	7	0	0	0	0	0
合計	2	0	0	68	52	67

＊分類不明，寄贈は％に含まない．

表 4-13　経済学部図書室の購入図書数（単位は冊数）

	和漢書			洋書		
	1913	1922	1931	1913	1922	1931
総載	0（ 0.00%）	1（ 0.39%）	21（ 1.94%）	2（ 0.19%）	4（ 0.23%）	35（ 2.29%）
哲学　宗教　教育	4（ 1.75%）	30（11.72%）	25（ 2.31%）	5（ 0.49%）	125（ 7.09%）	56（ 3.67%）
語学　文学	0（ 0.00%）	5（ 1.95%）	9（ 0.83%）	8（ 0.78%）	19（ 1.08%）	2（ 0.13%）
歴史　伝記　地理	4（ 1.75%）	16（ 6.25%）	244（22.59%）	30（ 2.91%）	151（ 8.56%）	207（13.56%）
法律	9（ 3.93%）	13（ 5.08%）	154（14.26%）	106（10.29%）	249（14.12%）	41（ 2.69%）
政治　経済　社会学	185（80.79%）	177（69.14%）	454（42.04%）	864（83.88%）	1183（67.06%）	1126（73.79%）
理学	17（ 7.42%）	5（ 1.95%）	6（ 0.56%）	3（ 0.29%）	19（ 1.08%）	5（ 0.33%）
工学	0（ 0.00%）	1（ 0.39%）	5（ 0.46%）	3（ 0.29%）	11（ 0.62%）	2（ 0.13%）
医学	0（ 0.00%）	0（ 0.00%）	0（ 0.00%）	1（ 0.10%）	1（ 0.06%）	0（ 0.00%）
美術　諸芸	0（ 0.00%）	0（ 0.00%）	1（ 0.09%）	1（ 0.10%）	0（ 0.00%）	0（ 0.00%）
産業	10（ 4.37%）	7（ 2.73%）	161（14.91%）	7（ 0.68%）	0（ 0.00%）	52（ 3.41%）
兵事	0（ 0.00%）	1（ 0.39%）	0（ 0.00%）	0（ 0.00%）	2（ 0.11%）	0（ 0.00%）
分類不明	0	0	315	0	0	12
寄贈	100	58	299	71	80	13
本館備付			141	0		9
重複なし						1170
合計	229	256	1080	1030	1764	1526

＊分類不明，寄贈，本館備付は％に含まない．

表 4-14　『大日本帝国内務省統計報告』から見る日本の出版動向（単位は冊数）

	1913	1922	1931
総載	2501（10.78%）	919（ 7.66%）	2534（11.04%）
哲学　宗教　教育	1390（ 5.99%）	2078（17.33%）	6591（28.72%）
語学　文学	1802（ 7.77%）	2516（20.98%）	3174（13.83%）
歴史　伝記　地理	1600（ 6.90%）	902（ 7.52%）	1477（ 6.44%）
法律	489（ 2.11%）	352（ 2.94%）	580（ 2.53%）
政治　経済　社会学	9185（39.61%）	890（ 7.42%）	2905（12.66%）
理学	1216（ 5.24%）	646（ 5.39%）	646（ 2.81%）
工学	0（ 0.00%）	0（ 0.00%）	574（ 2.50%）
医学	365（ 1.57%）	431（ 3.59%）	431（ 1.88%）
美術　諸芸	2934（12.65%）	2642（22.03%）	3440（14.99%）
産業	1542（ 6.65%）	549（ 4.58%）	473（ 2.06%）
陸海軍	167（ 0.72%）	68（ 0.57%）	127（ 0.55%）
合計	23191	11993	22952

＊牧野，1995，pp. 59-62 より作成．

書よりも圧倒的に寄贈図書が多い。

次に、日本出版動向の結果（表4－14）と表4－11を比較してみると、「歴史　伝記　地理」は附属図書館の割合が、日本の図書出版動向より一貫して高く、一方「理学」、「医学」といった理系の分野の割合は日本の出版動向に比べて一貫して低い。これも附属図書館が法・文・経済学部の利用を意識した図書館であることを示している。

以上のことから附属図書館は、部局図書館ほど専門に特化していないが、全体として人文社会系、特に和漢書においては、歴史中心の図書館であったと考えられる。また、特に関東大震災による再建には、寄贈が購入図書の多くを占めるようになる一方、購入数は一学部レベルとなっており、図書の購入方法は確立していても、計画的な蔵書構成は難しかったと考えられる。

（4）考察

以上を踏まえて、附属図書館が教員にとってどのような位置づけを得ていたのかについて部局図書館との比較を行いつつ、考察していく。まず、司書、司書官以外の教員は附属図書館の選書にあまり関わることができず、図書購入数も一部局とほぼ同じであった。そのため、一つの専門的な分野に集中して購入しなければ、少なくしも研究においては、その分野の教員にとっての重要な役割を果たすことができなかった。そして、部局図書館と比較すると、ある程度人文社会系に偏っていたとはいえ、そこまでの集中した購入は行っていなかった。また、新刊の購入については、学生からも不満があがっているなど、非常に貧弱な状態だった（永嶺、二〇〇七、八四―八五頁）。教育面での連携の試みである指定図書の制度もうまく機能していたとはいい難い。こういった状態では、自らの意志で図書を購入することもできる部局図書館を教員は利用していくことが基本となり、附属図書館は教員にとって、寄贈された貴重書を閲覧すること程度の役割しか果たさない、単なる保管庫であったと考えられる。

また、部局図書館と同様、書店の見計らい図書による購入は行われており、蔵書構成に影響を与えていたと考えられる。

まとめ

東京帝国大学の附属図書館は、制度上において、最初期は大学内の管理制度同様に中央集権型の図書館となることを目指していた。だが実際には、各学部に図書館ができ、そこに図書が置かれ、かつその図書は各学部の予算で購入されていた。一九一九年に図書館規則が改正されることで、制度上も部局の図書館は承認され、附属図書館による中央集権的な運営は不可能となった。それでも、附属図書館は図書館商議会、指定図書といった部局との連携を目指した方策を実施したが、あまり効果的なものとはならなかった。また、図書館の場所から考えると、図書館は法・文・経済学部の利用を主に想定していた。

司書、司書官の制度導入後は、現代の司書のような図書館運営の技術を身につけていなかったが、文学部を中心とする一定の学問分野の知識を持っている人物が附属図書館の職員として配置されており、その点では教員が管理していた部局図書館と近かった。

一九二〇年代後半以降は、司書官という図書館と直接関わる以外の教員は図書の購入には参加しておらず、附属図書館内部で行っていた。これは、部局内部の教員で選書を行っていた部局図書館と近い。また、附属図書館の司書官は帝国大学者の文学部出身者が多かった。蔵書構成もこうした制度的・物理的位置づけ、職員の経歴等を反映して、部局図書館ほどは偏っていないにせよ、人文社会系の図書を中心とした蔵書構成になっていた。だが、特に関東大震災復興後は寄贈の数が多く、購入法については決まっていたとはいえ、計画的な蔵書構成が難しかったと考えられる。

そのため教員の意向がよりダイレクトに反映される人文社会系の部局図書館に比べると、教員にとっての附属図書館の位置づけは低かったと考えられる。

注

(1) ただし、新設された工科大学については虎の門の工部大学校旧校舎の中に書房（図書館）を置いていた。本郷移転後も一八九三年に廃止されるまで工科大学の書房は存続した（滝沢、一九八八、一六五頁）。

(2) 後年大学が拡大していくと、医学部も図書館の近くに建物を建設した（東京帝国大学、一九三二b、一二八二―一二八三頁）。

(3) 当時の司書は、現在と違い、何らかの資格や試験を必要とするものではなかった。

(4) 『東京大学百年史部局史四』（東京大学百年史編集委員会、一九八七、一二四六頁）や高野（高野、二〇〇六、四一六―四一七頁）は、附属図書館長と見なすべき役職は一八八一年の図書課取締に始まるとしている。その後、図書課監督、図書館管理と名称を変更し、最終的に附属図書館長となったとしている（東京大学百年史編集委員会、一九八七、一二四六―一二四七）。

(5) 一九〇四年までは書記となっている。

引用・参照文献

荒川幾男『日本人名大事典〈現代〉』（一九七九）平凡社
猪野三郎（二〇〇〇）『大正人名辞典（2　下巻）』日本図書センター
岡野他家夫（一九七三）「柳田国男先生を想う」『日本近代文学大系45　月報50』角川書店、一―二頁
岡本和宜（二〇〇五）「喜多村進の初期文芸活動――花袋、藤村との関わりを中心に（特集喜多村進の生涯とその業績）」『和歌山県立博物館研究紀要』第一一号、一―一二頁
柿沼介（一九五三）「名誉会員故衛藤利夫氏を偲ぶ」『図書館雑誌』第四七巻第八号、二二二―二二五頁

外務省（一九三七）『3天理外国語学校　小島武男　昭和十二年六月』
学士会（一九一六）『会員氏名録』学士会事務所
学士会（一九一七）『会員氏名録』学士会事務所
学士会（一九二六）『会員氏名録』学士会事務所
学士会（一九二七）『会員氏名録』学士会事務所
北島武彦（一九七〇）「大学図書館の指定図書制度に関する一考察」『東京学芸大学紀要　第1部門　教育科学』第二一巻、一〇三―一一二頁
関野真吉（一九七三）『図書目録法研究』関野真吉先生喜寿記念会
高野彰（二〇〇六）『帝国大学図書館成立の研究』ゆまに書房
滝沢正順（一九八八）「工部大学校書房の研究3」『図書館界』第四〇巻第四号、一六〇―一六八頁
竹林熊彦（一九四二）「田中稲城著作集（一）」『図書館雑誌』第三六巻第六号、三八五―三九三頁
田辺広（一九七〇）「指定図書制度の意義」『薬学図書館』第一巻、五―八頁
東京大学百年史編集委員会編（一九八七）『東京大学百年史　部局史四』東京大学出版会
東京帝国大学編（一九三二a）「東京帝国大学平面図（明治三十年）」『東京帝国大学五十年史下』
東京帝国大学編（一九三二b）「東京帝国大学平面図（明治四十年）」『東京帝国大学五十年史下』
東京帝国大学編（一九三二c）「東京帝国大学平面図（昭和二年）」『東京帝国大学五十年史下』
東京帝国大学編（一九四二）『東京帝国大学学術大観　総説　文学部』
東京帝国大学編『昭和十二年度進退録』
東京帝国大学編『職員及び傭人進退伺　自大正4年　至大正11年』
土井重義（一九五六）「東大図書館在職二十六年記」『ＩＦＥＬ図書館学』第七巻、一三―二〇頁
帝国大学編（一八八六）『帝国大学一覧』丸善
永嶺重敏（二〇〇七）『東大生はどんな本を読んできたか――本郷・駒場の読書生活130年』平凡社新書
日本近代文学館編（一九七七）『日本近代文学大事典　第2巻』講談社

日本近代文学館編（一九八四）『日本近代文学大事典』講談社

日本歴史学会編（一九九九）『日本史研究者辞典』吉川弘文館

波多野賢一（一九四二a）「和田万吉先生伝―協会創立前後並びに大学図書館奉職当時の（一）」『図書館雑誌』第三六巻第三号、一八五―一九三頁

波多野賢一（一九四二b）「和田万吉先生伝――協会創立前後並びに大学図書館奉職当時の（二）」『図書館雑誌』第三六巻第六号、三九三―四〇〇頁

水野亮（一九七四）「姉崎図書館長の思い出」、姉崎正治先生生誕百年記念会編『姉崎正治先生の業績――記念講演集・著作目録』姉崎正治先生生誕百年記念会／東京大学出版会、六七―八三頁

牧野正久（一九九五）「年報『大日本帝国内務省統計報告』中の出版統計の解析（上）――明治・大正・昭和（戦前）期の分野別出版点数の推移」『日本出版資料1』日本エディタースクール出版、一―七一頁

和田万吉（一九二三）「東京帝国大学附属図書館の罹災に就いて」『図書館雑誌』第五四号、一―九頁

Stanford University (1919) *Handbook of the Libraries 1919*. Stanford University.

『昭和人名辞典（第1巻：東京篇）』（一九八七）日本図書センター

『昭和人名辞典（3）』（一九九四）日本図書センター

『昭和人名辞典（2　第1巻）』（二〇〇〇）日本図書センター

「佐伯利麿」『日本人名大辞典』ジャパンナレッジ（オンラインデータベース）、http://www.jkn21.com（参照 2016-1-26）

「樋口慶千代」『日本人名大辞典』ジャパンナレッジ（オンラインデータベース）、http://www.jkn21.com（参照 2016-1-26）

「坂本四方太」『デジタル版　日本人名大辞典＋plus 百科事典マイペディア』kotobank.jp（オンラインデータベース、http://kotobank.jp/（参照 2016-1-26）

『昭和21年2月高等官進退（は二ノ一別）2』

「履歴書　東京帝国大学司書官土井重義」

「履歴書　東京帝国大学司書官増田七郎」

「大正十四年十月九日　第十一回商議会記録」

「大正十五年一月二十二日　第十二回商議会記録」
「昭和十二年四月二十二日　第四十回商議会記録」

第5章　図書館商議会から見た図書館システム

はじめに

図書館商議会は、図書館委員会、図書館運営委員会、図書委員会など名称は大学によって異なっているが、現在はほぼすべての大学に存在している機関である。一九八二年の大学図書館基準によると、「学長または館長の諮問に応じて、図書館の運営に関する重要な事項を審議する」委員会であり、「研究・教育の立場からの要請を図書館の運営に反映させるためのものであり、当該大学の部局等を代表する教員をもって組織し、必要に応じて職員を構成員または列席者とすることができる」、とされている。東京帝国大学は日本で初めてこの機関を設置し、その後京都帝国大学などもこれに続いた（篠塚、一九九〇、一頁）。本章では、まず図書館商議会の機能を明らかにし、そこから教員にとっての図書館システムの位置づけについて検討する。

まず図書館商議会が一般にどのような問題の中で捉えられてきたのかについて論じていく。すでに述べたように、戦前においては大学図書館そのものについて研究がほとんどなかったため、図書館商議会を扱った研究もほとんどない。その中で図書館商議会について検討を行ったほぼ唯一の研究として竹林熊彦のものがあげられる（竹林、一九四二）。

竹林の説く図書館商議会の必要性は、図書館政策の連続性と統一性の点にまずはある。「官吏の古手、学校教員上りの図書館長」が「図書館の本質を把握するに先立ち、早くももとの古巣に恋々として帰らんことを欲する場合がある。補職による大学教授の図書館長にして任期のある時は、その更迭は必然的に頻繁たらざるを得まい」。「これを是正するには商議委員の任期を比較的長期に亘るものたらしめ、図書館とその目的とを熟知して、一貫せる政策の維持に努めしむるを必要とする」。そして第二に、「図書館商議会は図書館の志向を社会に伝へ、社会の意欲を図書館に伝ふる仲保者たるべき」としている。つまり、図書館商議会がスポークスマンとして図書館を社会大衆にアピールすることは、極めて具体的にしてかつ積極的な価値を持つとするものである。図書館人が図書館を語ることは、正確ではあるが、一般人には伝わらない場合がある。図書館人でない一般人の方が親しみが感じられ、こういった点で図書館商議会は最も適格である、としている（竹林、一九四二、八七七—八七八頁）。

このような優秀な商議委員が得られるか、という疑問もあるかもしれないが、竹林は自己の経験から図書館当事者の熱意と努力と機転によって有能な商議委員を育成できると確信している。竹林の経験とは、九州帝国大学附属図書館で図書館員として、図書館商議委員会の創始以来一四年余、列席職員として参加した際に、「商議員の方々の宏量と理解とを、いまなほ新鮮に愉快なる回想のうちにもつことを幸福と」しているというものである。また、「総目録の印刷刊行、引つづき増加目録の出版も商議委員会の背景があり物質的援助があつた結果である。ドース案による独逸賠償金をもつてアカデミーの刊行物や、科学史の文献が集められたのも、商議委員会の示唆と提案に」よるものであり、「歴史的仮名遣の重要性を力説してわれわれの反省を促されたのは、田中義麿博士であつたことも想出される。此等商議委員は連続して四年、時には六年と図書館長よりも長くその任にあり、図書館の重要時に参与されたのである」などと具体的な商議委員の関与について述べている（竹林、一九四二、八七八頁）。

竹林は、続いて、図書館商議会の組織の構成、選定・任期、性格、商議委員の年齢について述べ、大学図書館については構成において以下のように論じている。

大学は大学令により学部より成るものであるから大学図書館商議会が学部の代表より構成されるのは当然である。されば商議会の員数は学部の数より下るべからざるわけである。しかし大学はそれ自体独立せる行政を持つ物である――文部大臣を監督官庁に戴くけれども――故に大学図書館の意義目的は同時に大学のそれと一致しなければならぬ、そのためには大学行政の首脳たる大学評議会と円滑なる関係にあるを希望する、随つて学部長が図書館商議会の構成委員たるは適当である。而も学部長会即図書館商議会であるわけには参らぬから、学部長に各学部より教授一名といふところに落付くのが理想的ではないか（竹林、一九四二、八七八―八七九頁）。

以上のように、竹林は、部局や大学評議会と図書館商議会の関係を重要視していることがわかる。次に図書館長について述べている。

図書館長は商議会の構成員とすべきか、列席者とすべきか、これは重要な問題であるかもしれないが、按ずるに図書館長を商議会の列席者とした規程は、当時図書館長が助教授又は司書官であつた歴史的遺物ではなからうか。官制上の規程は別として、実際には教授が図書館長に補せられている現状において図書館長を商議委員とは別のレベルに置いてその提議せる政策を審議判定するが、商議委員の提議は同一レベルで審議するとなると、図書館長は被告扱ひとなり、商議会の同僚教授に対する態度としては如何であらうか。かうした事態が図書館長を刺激して商議会の開催に消極的・懐疑的ならしめ、三年も五年も一〇年も商議会を招集する事なく、この制度を有名無実の空文私物と化し、実際家と協力者とが乖離して溝渠を深くする。かくて教授団は図書館経営に冷淡・無関心となる傾向はないか（竹林、一九四二、八七九頁）。

以上のように、竹林は図書館商議会における図書館長の地位が図書館商議会の失敗につながっているという当時の状況を示唆している。

次に、竹林は図書館商議会の義務と権利については、「商議委員として職務遂行に必要以上の物を期待してはならぬ」とし、以下のように続けている。

図書館長の場合でも、動もするとその趣味ないし専門に偏した集書の行はれるのを見受けるが、図書館商議委員が同様の事を図書館に要求するのは排斥すべきである。特定の図書の購入を求むる事はないにしても、ある種の図書の備付けさへも示唆してはならぬ。図書館商議会に図書選択の小委員会が設けられて、図書館長並びに担任司書と協同して事に当る場合と雖も、それは図書選択委員としての義務を遂行するにとどまり、図書館商議委員としての地位を振りかざして行蔵してはならぬ。図書館商議会が常時念頭に置くべきは、実務執行機関としての図書館長の地位を認識し、その出席なくしてはあらゆる商議会の会合を開かず、図書館行政の責任と図書館政策の樹立とに、自由にその手腕を発揮せしむるやう仕向けることである。仮に図書館職員に欠員の生じたことを知つた場合でも、図書館長より求めらるることなくして、自己の縁戚又は友人を推挙してはならぬ。これを推挙した場合も、その採択と否とは当事者の自由裁量に委ぬべきはもちろん、職員の昇給等についても干渉がましいことは控へなければならぬ。また図書館職員の意見や批評などを傾聴して、図書館長を牽制するが如き態度をとつてはならぬ（竹林、一九四二、八八一頁）。

選書などについては図書館や図書館長の意志を尊重し、図書館や図書館長の地位を高く置こうとしている。これも、図書館商議会が実際に商議委員からの干渉を受けていることを示唆している。第4章でも、和田万吉が教員から選書についての注文をされていることを指摘した。以上、竹林の研究からは戦前の大学の図書館商議会の大まかな姿と抱えている問題が見えてくる。

大学図書館、そして図書館商議会についても、戦後の全面的な教育制度改革の中での一九五二年の大学図書館基準において、図書館に常置し、図書行政の根本方針およびその他の重要事項を審議することが明文化された。図書館商議会は、旧帝国大学以外の各大学にも設置され、図書館商議会についての研究も増加した。例えば、黒坂は、私立大学の図書館商議会について国立大学との比較を行いつつその問題点を、商議会の性格、協議事項、構成員の資格、商議委員の任期、開催数、商議会の分科会という点からまとめている（黒坂、一九六九）。図書館商議会は、諮問機関と決定機関の両者の性格を持つものがあり、また館長に対する機関である場合と、学長の機関である場合があることを指摘している。黒坂はどちらの性格にも利点があるとしつつも、「図書館の専門的立場に立った館長が、各学部の独善や、夫々の制約された方針に左右されず、責任を持って図書館運営を行うためにも、委員会は館長の諮問機関とすべきが正当ではないだろうか」としている（黒坂、一九六九、二九―三〇頁）。次に、協議事項について、東京大学などの国立大学は「図書館業務内容の詳細に渡る説明から、議題としてサービス部門の充実、電子計算機による業務の能率化、教官用閲覧個室のあり方、図書選定の方法、課外教養講座の構想等々」業務の運営に関することがほとんどである一方、私立大学は予算、決算、図書費配分に関する協議がほとんどであることを指摘している（黒坂、一九六九、三一頁）。河田は国立大学の図書館商議会に絞って検討している（河田、一九七〇）。まず制度面でいうと、国立大学の図書館は新制大学に多い分館制と旧帝大に多い部局図書館制の大きく二つに、またさらに細かく類型化することができる、と指摘する。このような組織の多様性のため、運用される委員会もいくつかのタイプに分類することができるとし、その問題点について、教員以外も構成員として加えるべきか、図書館長との関係、分館や各学部に置かれている図書館と委員会や大学評議会との関係からまとめている。特に、図書館長との関係については、図書館長の諮問機関ではなく、決定機関となっていることを河田は指摘している。そして、マッカーシーの論を援用し、図書館の地位を高めるためには、利用者であり大学の重要な構成員でもある商議委員の力が必要であるため、この流れを肯定している。また、分館や各学部の委員会との関係については、分館側に決定機関としての性質を持たせるべきであること、大学評議会との関係については、図書館長が必ずしも大学評議会のメンバーになっていないことで、図書館の経営に問題が生じることを指摘している。

以上のように、図書館商議会の問題は図書館のシステムをどうするかという問題との関連から議論がある程度なされたが、戦前も含めた歴史的な議論としては、岩猿がわずかに行っているのみである（岩猿、一九七一）。これは、河田の論文に反論する形で、図書館商議会と館長および学長との関係と、諮問機関か審議決定機関かという性格について述べたものである。まず、岩猿は昭和四三年度の実態調査結果報告から、図書館商議会と館長および学長との関係と、部局図書館制との間は河田が述べるほど単純ではないことを指摘する。そして、学長の諮問機関としての図書館委員会、館長の諮問機関としての図書館委員会、学長および館長の諮問機関としての図書館委員会、大学評議会その他の学内最高議決機関の専門委員会としての図書館委員会の四つの位相があることを岩猿は指摘した。そして、続いて、東京帝国大学と京都帝国大学の図書館商議会に関する規程の歴史的な変遷を見ていき、総長の下に置かれていることは図書館の地位が低いことに起因すると述べ、その例として、以下のような事実を指摘している。

明治中期以降における帝国大学の各組織体の長は、三階級に区別されていた。いま、これを東大を例としてみてみると、第一が学部長、医院長、第二が天文台長、航空研究所長等のように、それじたいの独自の官制を有する附属機関の長、第三が植物園長、演習林長等のように、それじたいの官制を有せず、大学あるいは学部等に附属する附属機関の長である。附属図書館長はこの第三のグループに属する。この三階級に応じて職務俸も三通りになっている。大正九年の東大の官等俸給令によれば、教授にして学部長、医院長に補せられる者の職務俸一二〇〇円以内、教授にして天文台長、航空研究所長等に補せられる者は八〇〇円以内であったのに対して、第三のグループに属する図書館長の職務俸は六〇〇円以内で、学部長、医院長の半分にすぎなかった。

明治三〇年代の官制によれば、館長は〝教授助教授ヨリ文部大臣之ヲ補ス〟とあったように、助教授を以てもあてうる官職であった。そのため、東大においても、京大においても、図書館長は助教授をもってスタートする。京大では、明治四四年（一九一一）から教授館長になるが、東大では、教授館長の実現は大正一二年（一九二三）からである。

このような、図書館長および図書館の学内における相対的な低さは、結局大学に附属する機関であったということ、そのため、すべての権限は、最終的には総長に掌握されざるをえなかったということによるものと考えざるをえない。したがって、その後の国立大学図書館の歴史は、図書館に対する総長の直接の管理からの独立の歴史としてみることができるであろう。このような観点からみるとき、図書館委員会も〝学長の下〟にある学長の諮問機関としての図書館委員会から、〝館長の下〟にある館長の諮問機関としての図書館委員会への発展が、ひとつの歴史的な流れとして考えられるであろう。そして、館長の諮問機関であると同時に学長の諮問機関でもあるという中間的なタイプは、過渡的な型と言うことができよう（岩猿、一九七一、一六五―一六六頁）。

最後に、河田の述べる図書館商議会が国立大学のみは決定機関的性格が強く、また、決定機関であることを必要とするという説に岩猿は反対している。公立・私立の要項では、いずれも図書館委員会を館長の諮問機関としているのに、国立大学の図書館委員会のみが決定機関というのはおかしいとも岩猿は述べている。そして、「図書館委員会が館長の諮問機関であっても、そこで審議決定されたことは、当然館長を拘束することになる。決定機関でないばあい、その決定は、法的な強制力は持ちえないが、全く図書館長を拘束しえない決定だとすれば、諮問機関じたいが無意味になる。だから、わたしは、図書館委員会は決定機関か諮問機関のどちらであるかを、一方的に決める必要はないと考える。その権限内の事項については、ここだけの審議で十分決定しうるが、とくに重要な事項については、最終的な管理機関のオーソライズを得なければならない」としており、問題は館長の地位、権限の確立をどうするかである、としている（岩猿、一九七一、一六六―一六七頁）。

以上のように、図書館商議会については、以下の三点が主に問題として取り上げられている。

・諮問機関か決定機関か、また総長の下にあるか図書館長の下にあるかといった機関としての性格づけ
・大学評議会や学部、その代表としての商議員といった大学全体との関係
・そういった図書館商議会の問題から見える大学図書館そのものの大学内での地位

だが、各大学の図書館商議会の歴史的な検討は詳細に行われておらず、各大学の大学史や図書館史の一部にかろうじて記述が存在する程度である。東京帝国大学に関しても、戦前の図書館商議会については、その成立や議題について取り上げられている程度であり（東京大学百年史編集委員会、一九八七、一二四九―一二五四頁）、その実際の運営については詳しく述べられていない。

そこで、本章では、東京帝国大学の図書館商議会について、一次資料の検討を中心に、これまで論じられてきた問

題の視点を取り入れつつ、その実際の運営を歴史的に検討していく。

また、本章では、図書館商議会の実態について明らかにした上で、本書の目的である図書館システムの教員にとっての位置づけについて論じていく。その際に注目するのが、中央と部局の関係である。東京帝国大学などの総合大学は、学部や図書館など様々な組織が集まって一つのシステムとしての大学を形成している。図書館も一館だけでなく、学部や講座、学科ごとの図書館が集まって全体を形成することになっていくが、各学部の構成員が揃い、図書館運営について公的に議論するほぼ唯一の場が図書館商議会であった。そのため、図書館商議会の運営について検討することで、中央図書館だけでなく部局図書館を含めた大学図書館システム、特に中央と部局の関係について教員がどのように捉えていたのかについても明らかになる。さらに、大学から見れば中央図書館もまた一部局であり、この検討はその両者の関係についての教員の意識を取り上げることにもなるのである。

中央と部局の関係は図書館システムの大きな問題であり、両者の間には断絶があったとされ、本館、分館、部局図書館間、あるいは部局と大学のシステム問題については、一九五〇年代を中心に日本の大学図書館や大学界において盛んに議論が行われた。だが、図書館システムだけでなく大学システムのレベルでの中央と部局の関係については歴史的な検討が少ない。例えば、先ほどの岩猿の研究においては、歴史的な側面から問題に触れられているが、一部の制度的な側面のみという限定的な検討であった。東京帝国大学は学内に多くの部局および部局図書館が存在し、それぞれが独自の運営を行っていた。そのため、中央と部局の関係は、大学システムについても図書館システムについても大きな問題として特に戦後に取り上げられてきたが、一つのシステムとしての大学内における両者の歴史的な実態の検討は十分になされていない。

また、これまでの章では部局個々の知識基盤に注目してきたが、大学は部局が集まって一つのシステムとして成立している以上、一つのシステムとしての大学の知識基盤を明らかにする必要がある。

そこで本章では、中央と部局の関係に注目し、図書、図書館を中心とした中央と部局の関係から見た東京帝国大学内の全学的なシステム運営を示しつつ、そのシステムの当事者である教員がどのようにそれを捉えていたのかについて述べ、全学的なレベルでの知識基盤への意識を明らかにする。

以上、本章の背景について論じてきたが、本章の目的は以下の二つである。

・東京帝国大学の図書館商議会はどのような運営を行っていたのか。
・教員は図書館システムをその内部の中央と部局、そして大学との関係からどのように捉えていたのか。

まず、日本最初の図書館商議会でありながら、これまで詳細な検討が加えられてこなかった東京帝国大学の図書館商議会の実態を歴史的な問題の文脈を踏まえ、明らかにしていく。そして、図書館商議会は各部局がそろって図書館について討論する唯一の場所であったため、そこで行われていた議論を通じて、教員が図書館システムをどのように捉えていたのかを明らかにする。その際、図書館システム内部の附属図書館と部局図書館との関係、そして図書館システム外部の大学と図書館システムの関係について検討していく。

具体的な検討方法としては、図書館商議会の運営について最も正確に記録している一次資料である議事録の検討を中心とする。検討時期は、主に関東大震災直後の一九二三年から、大学および図書館のシステムや運営にまで第二次世界大戦の影響が大きく及び始める一九四一年までとする。この時期は、すでに述べたように戦前の東京帝国大学の図書館制度が確立されている時代であり、また、この時期以前の図書館商議会の議事録は、関東大震災の影響で焼失してしまっているため存在していない。

1　図書館商議会の運営

(1)　設立過程

東京帝国大学では、中央である大学本部が部局に十分関与できない状態であり、図書館についても部局図書館が独自に多様な発展を遂げていた。だがそれでも、附属図書館の整備は徐々に行われた。その整備に関する大きな提言の一つとして、当時の図書館管理心得であった和田万吉により一八九六年に提出された建議があることはすでに述べた。この中で和田は、図書館職員が専門職ではなく、一般的な事務仕事しかしていないと教職員から思い込まれているため、大学内で附属図書館が分科大学と同様には発展せず、欧米の大学に比べて、附属図書館のみレベルが低いことを指摘している。そして、これを改善するためには附属図書館の規模拡張が必要であるとし、海外の事例を持ち出しつつ、職員の人数の倍増、給与の増額、図書館の独立および図書館評議会の設置、図書館員の職名の変更の四つを具体的な拡張項目としてあげている。そして、この和田の建議に応じる形で、専門職としての司書・司書官(一九〇八年)、図書館商議会(1)(一八九九年)の設置が大学評議会で審議・可決された。

和田の建議で図書館評議会の設置を要求している箇所では、まず、「中央図書館ガ大学本部ニ隷属シ、概ネ大事ハ直接ニ総長ノ命令ヲ奉ジ、其他ハ諸機関ノ指揮ノ下ニ、ソノ業務ニ従ヘリ」と述べ、附属図書館が本部から独立できていないことを嘆いている。そして、その後、「本館ハ、素ト分科大学ト最モ直接ノ関係ヲ有シ、本館ノ消長隆替一ニ之ガ影響ヲ受ケ、又翻リテ之ニ影響ヲ及ボスハ勿論、本館ノ最先目的及ビ方便トモニ総テ分科大学ノ為」であり、分科大学との関係こそが附属図書館の基盤に置かれていることを強調している。だが現状では、「本館ト分科大学トノ関係ハ、明文ノ之ヲ示セルモノ無ク、為ニ本館ハ其ノ立脚地ヲ曖昧」にしている(波多野、一九四二、三〇頁)。

その一方で、欧米諸国の大学図書館は「其大学ノ行政本部ニモ勅隷セズ、又分科大学ニモ附属セズ、大学中ニ在リテ、独立ノ一部局（Institute）」を形成している。ただし、「此部局ノ主長ノ上ニハ、別ニ高等ナル一行政団体アリテ、之ヲ制裁シ、又之ヲ保護」している。この団体が Library Council, Library Committee, Library Syndicate 等といった名称をつけられている「図書館評議会」であり、「大学中職位名望共ニ高ク、且ツ館業ニ対シテ趣味ヲ有スル学員数人ヲ以テ組織」されている。そしてハーバード、イエール、コーネル、ケンブリッジ、グラスゴーという五つの大学における図書館評議会の制度上の規程を引用し、その構成員、学内での地位、機能を述べている（波多野、一九四二、三一頁）。

東京帝国大学では図書館評議会がなく、「凡テノ学員ハ、恰モ各々本館ニ対シテ発言ノ権能ヲ有スルモノノ如ク、其一私意ヲ以テ、直接ニ、間接ニ、本館ヲ動カサム」とし、「本館ニ係ル大事ハ、従来大学評議会ノ審議ヲ煩ハセシガ、同会ハ本館ノ現位地ニ比シテ、余リニ高尚ニ過グルガ故ニ、往々下情ノ通ゼザル」状況である。そこで、「本館ヲ独立セシメテ其立脚ノ地ヲ確定シ、次デ之ヲ監督スル為ニ図書館評議会ヲ設置シ、本館ヲシテ憑ルトコロ」をつくってほしいと最後に述べている（波多野、一九四二、三一―三二頁）。

図書館評議会を設置する前段階として「本館ヲ独立」させてほしいと述べているように、図書館評議会の設置は、附属図書館を本部から独立させるステップとして学部の独立性を利用することにあると考えられる。すなわち、井上毅の改革により学内の管理制度が集中化から分散化へと移り、部局中心の制度に変化しつつあった流れに乗り、学部の独立性を利用して附属図書館の地位も向上させようとしていた。ただし、学内の最高機関に位置づけられている大学評議会が「本館ノ現位地ニ比シテ、余リニ高尚ニ過グル」、さらに、附属図書館の「管理ノ任ニ当レル者ノ位地極メテ卑シ」い、などという記述が見られ、附属図書館の地位は、学内が部局中心の運営になっている中でも、かなり低いことがうかがえる。また、部局図書館の存在については全く言及されておらず、あくまで附属図書館の運営に分科大学の声を反映することを意図し、図書館評議会の設置を要求していることも指摘できる。

さらに、図書館評議会のモデルとしてここであげられているのが日本の大学と組織形態が近いヨーロッパ大陸諸国ではなく、イギリスとアメリカの大学図書館であることも注目に値する。おそらく、和田の前任者であり図書館についても指導を行った田中稲城が主にこの両国で図書館について学んできたことが影響していると思われるが、なぜヨーロッパ大陸諸国ではなく、イギリスとアメリカを選択したのかについては次章で検討する。

（2）図書館商議会の制度上の規程

和田の建議を受けて成立した図書館商議会だが、これに関係する制度は、図書館商議会の成立とともに一八九九年に制定された東京帝国大学附属図書館商議会規程、そして東京帝国大学附属図書館規則の二つがある。これらの規程から商議会の構成員、審議事項、学内での位置づけを見ていく。

まず、構成員については東京帝国大学附属図書館商議会規程に書かれており、図書館商議会は各学部の教授もしくは助教授（一九二八年の改正により教授のみに変更）を商議委員とし、その委員の互選により一名が委員長となり議事を取り仕切る。図書館長および必要に応じて職員が列席するが、商議委員として認められてはおらず、議決には参加できない。

商議委員の就任は教授だけでなく助教授も認められていたが、附属図書館の責任者である図書館長は含まれていなかった。図書館商議会のような全学委員会は他にもいくつか存在していたが、大学評議会をはじめ、建築委員会、衛生体育委員会などの主な委員会（東京大学百年史編集委員会、一九八六、二九六頁）はほぼすべて総長が委員会の長となり、また各学部の責任者である学部長や大学全体の運営に関わる評議員を構成員に含んでいる。(2) 和田がモデルとしてあげたイギリスとアメリカの大学でも、図書館商（評）議会では総長がほぼ含まれており、また、図書館員が含まれているケースも多かった。もちろん全学的な委員会が設立されること自体は学内における重要度が認められたためとはいえ、学部長が委員に含まれていない図書館商議会で検討される議題は他の全学委員会に比べて地位が低いものとならざるをえず、大学評議会は図書館にとって「高尚ニ過グル」という和田による見解の通り、附属図書館についての問題は学内全体では重要度がそこまで高くないこと、さらに、そういった図書館商議会の構成員にすら附属図書館長が含まれておらず、部局の中でも附属図書館の地位が低いことがわかる。

審議事項としては、東京帝国大学附属図書館商議会規程には、第一条において、「図書館規則ノ制定及改廃ニ関スル件」、「図書館ニ関シテ総長ヨリ諮詢サレタ件」、「図書館長ヨリ提議ノ件」の三つがあげられている（一九一九年の改正で商議委員から提議された事項も加わる）。東京帝国大学附属図書館規則でも、一九二八年の改正により図書館商議会の具体的な審議事項が三つ定められている。すなわち、附属図書館証票の交付認定（第一一条）、研究室使用許可（第二六条）、書庫検索の認定（第四五条）である。

和田の建議と同様、部局図書館については審議事項に入っておらず、図書館商議会の扱う図書館とはあくまでも附属図書館だけを想定していたと考えられる。戦後になって図書館システムの改革が必要になった際に出された図書館商議会の進言（東京大学百年史編集委員会、一九八六、一二六七―一二六八頁）において、図書館商議会は「管轄を拡大し全学の図書行政に及ぶものとする」とされていることから、戦前の図書館商議会は、少なくとも制度上は現在と異なり、附属図書館についてのみ図書行政に関わっていたことがわかる。

学内での位置づけについては、第一条に「東京帝国大学附属図書館ニ図書館商議会ヲ置ク」とされ、図書館内の組織であることが述べられている。ただし、第一条ではその後に先述のように審議事項について述べられ、総長から諮詢された事項が含まれている一方、図書館長に関しては「図書館長ヨリ提議ノ件」とされ諮詢とされていないこと、また和田の建議において図書館商議会は附属図書館という「部局ノ主長ノ上」に置かれるとされていることから、図書館長ではなく総長の諮問機関としての性格が強いと考えられる。ただし、総長から諮詢された事項以外についても審議事項に加えられており、諮詢事項と分けていることから、これらに関しては決定を行うことが想定されていたと考えられ、総長の諮問機関としての性格だけでなく、決定機関としての性格もあった。

また、商議委員については総長が任命するのではなく、各学部から一名選出される、とするのみであり、この点はモデルとされているイギリスやアメリカの大学とは異なっている。これらの大学では、総長が選出されるだけでなく、何人かの商議委員が大学評議会から指名されている。これにより、大学内で図書館商議会が、総長や大学評議会の下に置かれていることが明確にされているといえる。だが、イギリスやアメリカとは異なり、権限が管理者にあまりなく、教員に集中していた東京帝国大学では、商議委員は各学部から選出される、とされているのみであった。そのため、総長や大学評議会との関係が曖昧になり、全学よりも各学部の利益が図書館商議会の議論で優先されやすくなってしまっている。

(3)　図書館商議会資料から見る図書館商議会の運営

成立過程、規程を踏まえた上で、図書館商議会の実際の運営について、図書館商議会の議事録から検討していく。議事録は、東京大学の総合図書館に現在も保存されている『図書館商議会記事』二冊（自大正一二年度　至昭和一一年度、自昭和一二年度　至昭和一二年度）に収められている。この資料には、商議会の議事録の下書きと清書、それぞれの回で配布、または使用された資料の一部が含まれている。ただし、多くの議事録の内容は議題の内容とその結論が掲載されているのみであり、各回の出席者の発言や議論の詳しい過程までは検討することができない。検討する範囲は、一九二三年九月二七日から一九四一年九月一二日までの計五四回分である（表5-1）。

表 5-1　図書館商議会の開催年月日

第一回	1923 年 9 月 27 日	第一九回	1928 年 5 月 29 日	第三七回	1936 年 3 月 16 日
第二回	1923 年 10 月 19 日	第二〇回	1928 年 6 月 5 日	第三八回	1936 年 4 月 24 日
第三回	1923 年 12 月 13 日	第二一回	1928 年 6 月 11 日	第三九回	1937 年 3 月 19 日
第四回	1924 年 2 月 1 日	第二二回	1928 年 6 月 15 日	第四〇回	1937 年 4 月 22 日
第五回	1924 年 2 月 8 日	第二三回	1928 年 6 月 20 日	第四一回	1937 年 7 月 2 日
第六回	1924 年 2 月 15 日	第二四回	1928 年 10 月 23 日	第四二回	1937 年 9 月 24 日
第七回	1924 年 2 月 29 日	第二五回	1929 年 2 月 1 日	第四三回	1937 年 10 月 8 日
第八回	1924 年 3 月 14 日	第二六回	1929 年 6 月 14 日	第四四回	1937 年 11 月 5 日
第九回	1924 年 5 月 30 日	第二七回	1930 年 4 月 25 日	第四五回	1937 年 11 月 15 日
第一〇回	1925 年 1 月 23 日	第二八回	1931 年 4 月 24 日	第四六回	1937 年 12 月 17 日
第一一回	1925 年 10 月 9 日	第二九回	1931 年 7 月 2 日	第四七回	1938 年 3 月 22 日
第一二回	1926 年 1 月 22 日	第三〇回	1932 年 4 月 14 日	第四八回	1938 年 7 月 8 日
第一三回	1926 年 12 月 10 日	第三一回	1933 年 5 月 5 日	第四九回	1939 年 3 月 24 日
第一四回	1927 年 7 月 4 日	第三二回	1934 年 4 月 24 日	第五〇回	1940 年 3 月 22 日
第一五回	1928 年 5 月 4 日	第三三回	1934 年 6 月 29 日	第五一回	1940 年 4 月 16 日
第一六回	1928 年 5 月 10 日	第三四回	1934 年 12 月 7 日	第五二回	1941 年 3 月 27 日
第一七回	1928 年 5 月 18 日	第三五回	1935 年 4 月 19 日	第五三回	1941 年 6 月 27 日
第一八回	1928 年 5 月 25 日	第三六回	1935 年 6 月 28 日	第五四回	1941 年 9 月 12 日

図書館商議会の出席者

各学部（法、文、医、工、理、経、農）一名の委員に加え、図書館長、司書官、司書が出席者として名前を主に連ねている（表5－2、表5－3）。制度上では、図書館長以下は「必要に応じて」出席するという形であったが実際には司書官、司書はほぼ毎回出席し、嘱託が出席している場合もあった。だがその一方、商議委員は出席していない場合があり、一定数の商議委員が出席できない場合は、流会になることも何度かあった。商議委員は二年任期で再選可能であったが、実際二年で交代することは少なく、四年から長くて一五年以上務めたものもいた。だが、学部長や、第一高校の校長などに就任すると任期中でも退任しており、商議委員は学部内の重要なポジションと兼任しているものはいないという状況に変更はなかった。

委員長の決定は、商議委員の互選という形で行われてはいたが、文学部、法学部は委員長を多く輩出しており、また、図書館長も選出されていたのは両学部からのみであった。

表5-2　商議会の出席者（教員）

所属	出席者	出席回	委員長としての出席回
法学部	牧野英一	1-8，10	
	高柳賢三	11-15，17-20，25-28，30-31	31
	小野清一郎	32-35	
	田中耕太郎	36，39	
	南原繁	41-49	
	神川彦松	50-54	50-54
文学部	姉崎正治	1-2	1-2
	高楠順次郎	4-12	4-12
	藤岡勝二	14-30	27-30
	市河三喜	31-38，40	
	橋本進吉	41-43，45-49	
	斉藤勇	50-54	
医学部	橋田邦彦	1-4，6-15，18，20-21，25，27，29-40	32-40
	西成甫	41-42，44-54	
工学部	加茂正雄	1-2，4-8，11，13	
	山内不二雄（代理）	10	
	佐野利器	14-15，18，20，23	
	谷口忠（代理）	16-17，19	
	田中芳雄	26-27，29	
	大島義清	30-33，37-38，40-47	41-47
	岸田日出刀	48-49，51	
理学部	松原行一	1-26	14-26
	柴田桂太	28-29，31	
	吉江琢児	32-34	
	寺澤寛一	35-36，39-41，43-45	
	坪井誠太郎	50-52，54	
経済学部	上野道輔	1-2，10	
	舞出長五郎	3-8，31-34	
	大内兵衛	9	
	森荘三郎	11-14，21-25，35（代理），36-40，42-49	48-49
	河合栄治郎	27-28	
	土屋喬雄	50-51，54	
農学部	石川千代松	5	
	麻生慶次郎	10-15，19-25	
	原十六	26-30	
	雨宮育作	31-37，39，42-46，49，51	
	佐々木喬	52	
	江本修	53-54	

表 5-3　図書館商議会の出席者（図書館員）

所属	出席者	出席回
館長	和田万吉	1-2
	姉崎正治	3-31
	高柳賢三	32-47, 49-51
	市河三喜	52-54
司書官	植松安	1-25
	寺澤智了	12
	山田珠樹	27-31
	長澤正雄	32-40
	小野源蔵	41-49
	河合博	50-54
	中田邦造	51, 53-54
司書	武蔵昇	2-9
	東海三郎	3-8
	樋口慶千代	3-8
	畠山源蔵	16-23, 30
	永峰光名	26
	小野源蔵	31-40
	河合博	32-40
	内田力蔵	40-48
	水野亮	41-54
嘱託	山田珠樹	4-20, 22-25, 27
	長澤正雄	14, 25-30
書記	十澤銀十郎	1-29
	手島誠雄	30-31
	武蔵昇	32-38
	武石彌平	39-48

会の進行

まず最初に、前回の議事録に問題がないかを確認した後、審議を行う前に、寄贈図書や職員異動など前回の図書館商議会後の附属図書館に関する事務報告を司書官または司書が行っていた。一九二三年の第三回の図書館商議会においては、附属図書館への寄贈図書については今後図書館商議会で周知することが意見として出され（第三回商議会記録）、以後はこれも報告内容に加わった。商議委員、そして学部への附属図書館に関する情報提供という役割が図書館商議会にあったことがわかる。

開催頻度は年に二、三回が一般的だったが、新館建築の際の規則改正、それに先立つ分類改正、後に述べる洋雑誌の統一購入、この三つが審議された際は年に七―一〇回程度集中的に図書館商議会が開催されている。

議題

各回で取り上げられた議題についてまず時系列で見ていくと、関東大震災からほぼ一カ月後の一九二三年九月二七日に第一回の図書館商議会が開催され、「図書館ノ復興ニ就キテ」という議題の下、まず、附属図書館災害の情況が和田図書館長によって報告された（第一回商議会記録）。書庫をはじめとして、事務室、閲覧室にあった蔵書は、「一部分ヲ搬出シタルモ其他ノ大部殊ニ貴重書室ノ全部ヲ焼失」してしまい、焼失冊数は各部局図書館の焼失冊数も合わせて約五〇万冊、購入価格にして約九四万円とされている。続いて、「復興ニ着手ノ方法」として、以下の八つがあげられている。

・東京ノ外京阪其他ノ他方ニ出張シ極力重要ナル旧刊本及写本ヲ書店其他ニ就キテ蒐集スルコト
・現存著名図書館ニ就キテ其蔵書中重要ナル新古写本類ヲ謄写スルコト
・東京其他ニテトラルベキ新刊本（明治以後ノモノ）殊ニ叢書類ノ主要ナルモノヲ蒐集スルコト
・緒家ノ私刊本（古書ノ影印本等ヲ含ム）ノ再度寄贈ヲ悃請スルコト
・政府出版ノ報告類其他一切ノ刊行物ヲ蒐集スルコト
・在外大公使ノ手ヲ経テ各外国政府ノ助力ヲ請フコトヲ文部省及外務省ニ依頼スルコト
・本学学員中有志ノ義気ニ仰ギ其蔵書中ヨリ寄贈ヲ請ヒ重復等ヲ省キ本学ノ認メテ必要トスルモノヲ受納スルコト但各学部研究室備用ノ為ニ必要ト認ムルモノハ重復ト雖モ之ヲ受納ス
・本学学員ノ著述ニ就キテハ成ルベク好意的寄贈ヲ請フコト

まず何より蔵書の復興について述べられていることがわかる。これは蔵書こそが図書館の中心だと考えられていたからだけでなく、商議委員の教員に最も関係する図書館の事項であったためであると思われる。これにより、様々な図書が寄贈され、附属図書館に蔵書がほぼないという状態からは脱する。

そしてその後、一九二八年の第二四回までに具体的な図書館再建に関する議論が大きく分けて以下の六つが議論された。

・学部図書
・分類
・目録
・新館建築
・中央と部局の関係
・閲覧規則

まず、第二回、第三回、第四回では、学部図書について議論がなされた。第二回では、各学部に対して附属図書館から職員が派遣された場合は便宜を図ることが決まった（第二回商議会記録）。第三回では「図書購入ノ際ハ当該部局ニ於テ其ノ「リスト」ヲ〔附属——引用者注〕図書館ニ送付シテ登録済ノ認証（ママ）ヲ受ケ之ニ伝票ヲ添ヘテ会計課ニ支払ヲ請求」してほしいという提案が附属図書館側からなされた。そして、「右提案ハ大体ニ於テ要当ナルモ其実行ニ付各部局ノ都合ヲ取調ブル必要アルヲ以テ更ニ其ノ調査ノ上決議ヲ為スベキモノト認ム」とされた（第三回商議会記録）。次回には、「図書館長ハ従来各部局ガ購入ノ図書ト共ニ送付簿ヲ図書館へ回付シ物品会計官吏ノ認印ヲ請ケ一方購入伝票ニハ図書館へ送付済ノ印ヲ押シ登記未済ニ拘ハラス代金支払ヲナシ来リタルハ厳密ニ云ハバ違法ナルニ依リ前回仮決議ノ通リ「図書購入ノ際ハ当該部局ニ於テ其「リスト」ヲ図書館ニ送付シテ登録済ノ認証ヲ受ケ之ニ伝票ヲ添ヘテ会計課ニ支払請求スルコト」ニ決定セラレタキ旨」が引き続き述べられ、「種々協議ノ後委員ヨリ各部局ノ購入図書ハ一定ノ期日ニ図書館員ガ出張巡廻シテ館印ヲ押捺シ登録」したいという希望が出た（第四回商議会記録）。その後この希望については、「巡廻図書検印ノ件ハ今直チニ実行ハ困難トスルコト」（第九回商議会記録）と附属図書館側から報告されたが、図書の登記（登録）は基本的に附属図書館で行うという田中稲城が指摘した状況はまだ残っていることがうかがえる。また、外国学位論文に関して、「図書館ヨリ無登記ノ儘各学部ノ配布シ其後ノ処分ハ各学部ノ自由ト責任ニ任カスコトニ決ス」とし、学部が所蔵することが決定された（第三回商議会記録）。

次に、第三回から第八回までは、附属図書館の新しい図書分類の議論と決定がなされた。まず第三回で「分類ハ大綱ヲ示シ細分ヲ各学部ニ依頼シテ年内に提出ヲ乞フコト」また、「分類ハ可成二段迄ノコト」とし、附属図書館の作成した図書館分類表に対し「各学部ノ提案シ各学部教授会ニ於テ別ニ分類方案ヲ作成シテ之ヲ次回ノ商議会ニ提出シ協議スルコトニ決」した（第三回商議会記録）。そして、第八回まで議論が行われ、分類が決定した。第九回、第一〇回には図書目録について、業務内容は不明だが各学部の目録整理委員、カード目録の記入法の決定がなされた（第九回、第一〇回商議会記録）。

第一〇回と第一一回では、分類や目録を実際に活かしていく場として新館建設計画についての紹介と決定がなされた。第一一回には参考資料として、設計立案段取や新館建設のための海外の大学図書館の設備調査報告が示された。その中には、以下のような文言が見られる。

（c）従来本学各学部、特ニ法文経三学部ニテハ講義授業ヲ主トシ参考書ヲ示スコトアルモ其範囲ト性質ト共ニ確実ナラザルモノ少ナカラズ将来学生ノ学修ヲ奨励スル為ニ参考書、必読書等ノ指定ヲ明確ニスルニ至ル傾向アリト信ズ。図書館ニテハ此種指定書ノ陳列閲覧ニツキテ特別ノ施設ヲナスヲ要シ設計上特別ニ指定書閲覧室

ト其位置構造ヲ考慮スルヲ要ス

（d） 各部室図書室ノ設備ハ大体ニ於テ従来ノ如ク各部局ニ備付クルハ自然ナルモ実験室ヲ要セズシテ特ニ図書ヲ主トシテ要スル部局ニ於テハ図書館内ノ Seminary room ヲ利用スルヲ便宜トスル場合多カルベク特ニ複雑ナル特殊問題研究ノ起ルニ従ッテ図書館中ニ研究室用ノ室ヲ要スルニ至ルベシ此等ノ研究室ト中央書庫トノ連絡ヲ考慮スルヲ要ス　ジョンスホプキンス大学図書館ノ如キハ全部殆ンド尽ク特別図書室ノ用ヲナセリ本学ニ於ケル演習、研究ニツイテ将来ノ発達ニ備フル為ニ書庫ニ近ク公衆ト離レタル場所ニ於テ幾多研究室（在来各部局ノ研究室ト性質ヲ異ニシテ或目的及時期ヲ限ルベキ）ヲ設クルヲ要ス

中央と部局の関係を深めるため、指定図書、さらには附属図書館の中に部局図書館を置くなどかなり大胆な変革が出されている。（第一一回商議会記録）。第一二回ではそれに基づいた新しいサービスの一つである指定図書が取り上げられ、以下のように各学部からのリストの配布が呼びかけられ、指定図書用の閲覧室を設けることも述べている。

図書館長ハ指定図書（即チ必要参考書）ヲ其学生ノ数ニ応シ適当ノ部数ヲ図書館ニ備ヘ置キ閲覧セシメタキニ依リ先ツ各学部ヨリソノ表ヲ作リ回付セラレ度、尤モ該図書購入費ノ負担ハ各学部ト協定スルコトニ致シ度旨ヲ述ブ又指定図書ノ閲覧室ハ一般閲覧室ノ外ニ別ニ之ヲ設ケ自由ニ取出シ閲覧セシムル設備ナルコトヲ設計図ニ就キ説明ス（第一二回商議会記録）

指定図書はすでに述べたように商議会記録、実際に導入されたがあまり機能せず、図書の選定をしっかり行ってほしい、とこの後の図書館商議会で述べられている（第三二回、第四〇回商議会記録）。

第一二回の商議会ではまた、附属図書館と部局図書館の連携について述べられており、「図書館長ハ将来建築スル各部局ノ図書室ノ設計ニハ一定ノ制限ヲ附シコレニ蔵書スル図書ノ種類ニモ段階ヲ立テ平素使用セザル図書並ニ不用陳腐ニ帰シタル図書ハ尽ク図書館ニ引継キ整理セシムル方法ヲ執ラルルコトヲ希望スル旨ヲ述ブ」と、不要図書を附属図書館に集めるという図書館システムとしての一つのあり方を希望している（第一二回商議会記録）。次回の商議会においても、「各部局協調ニ関スル希望事項」（第一三回商議会記録）として、以下のようなものが出された。

一、各部局所蔵図書ハ総テ図書館目録室ニテ検索シ得ル様ニシ、図書館ヲ介シテ相互ニ融通利用スル方法ヲ講ズル事

二、定期刊行物各部購入ノ分ヲ照合シテ已ムヲ得ザルモノノ外重複ヲ避ケ（必要ニ応シテ商議会ノ査定ヲ経）且ツ図書館ヲ介シテ相互ニ融通利用ノ方法ヲ講スル事

三、各部所蔵ノ重複本古版本ハ時々整理シテ図書館貯蔵室ニ送ル事

第三項で不要図書を附属図書館に集めるという図書館長の希望が受け入れられていることがわかる。ただし、これはあくまで希望事項であり、また後に洋雑誌の購入が問題になっているので、実質的には機能しなかったと思われる。最後に、第一三回から第二四回においては閲覧規則の改正内容についての決定がなされた。だが、この審議の内容については何も記録されていない。

後にも細かな分類や規則の改正は何度かなされたが根本的な変更はなされず、また附属図書館の新館もこの時期までに完成したことから、関東大震災後の東京帝国大学図書館の大勢がここまでで決定されたといえる。これらの議論については、すでに述べたようにその多くは議題の内容と結論しか残されていないが、最も議論が盛んになされてい

るのは図書分類の決定であり、学部間での議論と調整が行われている。これについては後に述べる。

その後は、附属図書館内の研究室の貸出、図書館証票や書庫閲覧の許諾やそれに関わる規則の改正についてが商議会の主な議題となり、ほぼすべての回でこれらのうちのいずれかについては議論された。特に研究室の貸出については、申請が多かったためか、そのすべてを許可していたわけではなく、貸出を拒否するケースがあった。さらに、貸出の基準も厳格になっていった。例えば、第三五回には、研究室貸出基準について以下のように議論された。


本館研究室試用期間ノ更新ハ研究所万止ムヲ得ザル場合ノ外最大限三カ年ニ止ムルヲ内規トスベキコト、本学名誉教授名誉教師教授教師助教授講師大学院学生公用ノ為ニ官庁ノ照会ニ依ルモノニツイテモ研究室使用ヲ原則トシテ有料トスル主旨ノ本館規則改正案ヲ準備スベキコトヲ決議シ且研究室ニ於ケル研究調査ガ本館備付図書ヲ利用シテノ研究ナリヤ否ハノ調査ヲ為スヘキコトニ関シ商議委員及図書館ノ間ニ意見ノ交換アリタリ（第三五回商議会記録）

そして第三七回には研究室使用料が徴収されることが決定された（第三七回商議会記録）。また、図書館商議会を実際には開催せず、書面の回覧のみでもこれらについての決定は何度かなされた。

これら以外の議題として大きなものは、まず、各所から寄贈された復興図書の整理が一段落し、附属図書館の体制が整ったことによるものか、第三七回には附属図書館の予算の増額が求められた。「本学附属図書館図書購入費ハ僅少ニ過グルガ故ニ現状ヲ以テシテハ本学中央図書館トシテノ機能ヲ完カラシムルコト困難ナリト認ム。依テ将来之レヲ大ニ増額セラレンコトヲ希望ス右決議ス」として、「本館図書費予算増額促進ニ関スル決議」が図書館商議会名義で総長に提出された（第三七回商議会記録）。

また、復興図書のお礼を兼ね、一九三五年に決定した閲覧目録の作成について、第三八回に附属図書館で閲覧目録の作成を行う旨が報告された（第三七回商議会記録）。これと関連して、まず、第三九回、第四〇回に増加図書年報の形式（第三九回、第四〇回商議会記録）が議論された。第四二回には目録の印刷面の体裁、が議論され、「商議会ハ其ノ専門事項ニ属スルガ故ヲ以テ之ガ決定ハ図書館長ニ一任スルコトニ申合ス」こととなり（第四二回商議会記録）、第五三回には目録に対する予算額について議論がなされた(3)（第五三回商議会記録）。

また、第四二回、第四三回には再び学部の図書の登記が議論されている。まず以下のような希望が附属図書館から出された。

教室所属単行本分類ハ従来本館ニ於テ之ヲ行ヒシモ、今後ハ各教室ニ於テ専門家ガ本館所定図書分類表ニ拠リ分類ノ上備付用紙ニ記入シ、現品ト共ニ本館ニ持運ビ受入登記ノ手続ヲ採ラルル様希望ス。斯クスレバ正確ナル分類ニ因ル便宜ノミナラズ、本館トシテハ困難ナル分類事務ヨリ解放セラルル為、速カニ手続ヲ了シ、従来見ラレタルガ如キ本館手続遅滞ニ因ル一部ノ弊害ヲ除去シ得ベク、本館、教室両者共ニ之ガ利便ヲ得クベシ（第四二回商議会記録）

そして、図書館商議会は以下のようにこれを承認している。

商議会ハ今後ノ教室図書分類受入ニ関シテハ図書館ノ希望ヲ承認シ、各学部教授会ニ諮リテ以テ之ガ達成ニ努力スベク、更ニ既存ノ図書ニ対シテモ、各学部ノ事情ヲ調査シ次回ニ報告スベキコトヲ申合ス（第四二回商議会記録）

表5-4　図書館商議会での議題

議題	回数
研究室の貸出	22
学部	21
規則改正	20
図書館証票，書庫閲覧	13
分類改正	13
目録	5
指定図書	4
図書館復興	3
予算増額の上申	2
戦時の対応	1
その他	1

第四三回では、分類を各学部で行うことが承認されたことが報告されている（第四三回商議会記録）。

第四〇回、第四三回、第四四回、第四五回では、外国雑誌の購入法についての問題が議題となり、新たな小委員会を設けるなど活発な議論がなされた（第四〇回、第四三回、第四四回、第四五回商議会記録）。そして、第二次世界大戦の激化する中、一九四一年の第五四回には、非常の際の他官庁への附属図書館の一部の貸出という議題が取り上げられ、図書館も戦争に関わらざるをえない状況に陥っていった。図書館長と商議委員長は、安田講堂を代わりに貸出てはどうか、あるいは学校建物は国際上空爆から守られているが、軍に貸出すことで空爆の標的とされてしまうことなどを主張して反対し、図書館商議会でも議論になった（第五四回商議会記録）。

次に、議題の提出者について見ていくと、商議委員が提議した議題は四、五であり、総長から諮詢された議題は明示されておらず、提議者が明記されている議題はほとんど図書館長からのものだった。さらに戦後になって、総長は図書館商議会について何ら報告を受けていない（東京大学百年史編集委員会、一九八七、一二五六頁）と当時の総長である矢内原忠雄が発言していることからも、いくつかの議題が形式的には総長からの諮詢を受けたものであっても、実際に総長が図書館商議会に関わることはほとんどなかったと思われる。

最後に、議題について取り上げられた回数を見ていくと（表5－4）、戦後の国立大学における図書館商議会でしばしば見られるような（河田、一九七〇、一二九頁）資料の収集方針や資料費の配分等については審議されず、研究室の貸出、規則の改正、図書館証票、書庫閲覧の認定など図書館規則で定められたものが多かった。図書館規則に定められた議題以外の中で、特に多く審議され、議論が盛んになされたことがうかがえる議題は、大きく分けて附属図書館の分類改正と学部についての二つである。以下、その二つについて詳しく見ていく。

分類

分類についての審議の半数は、関東大震災後の新館建築の際に行われた分類改正についてのものである。ここで決定された分類は、現在の総合図書館書庫で用いられているものの原型となっている。審議は、附属図書館が示す大項目に対する小項目を学部が提案し、その内容を商議会で議論するという形式で、学部と商議会がかなり大きな役割を果たしている。

審議の際、法学部、文学部、経済学部に関わる「社会」、「経済」、「商業」、「法律」、「政治及び行政」は分類法についての意見が分かれ、議論が盛んになされた。特に「社会」は法、文、経の三学部ごとに委員を選出し、それに商議委員も加わって議論を行うことが決定された（第五回商議会記録）。「法律」、「政治及び行政」も議論が一回では収まらず、最終的には小項目の順序を、講座が文書に列挙されている順序と合わせることとなった（第七回、第八回商議会記録）。議論が最も盛んになされたのは「経済」、「商業」であり、まず大項目の名称をそれぞれ、「経済」にするか「経済学」にするか、「商業」にするか「私経済」にするかが決定せず、法、文、経の三学部で総合委員会を開くこととなった（第五回商議会記録）。小項目についてもまとまらず、最終的には附属図書館長が第二案を提出することで決定された（第七回商議会記録）。附属図書館の分類は、すでに述べたように部局図書館のものとは異なっており、自らの学部の運営に直接は関わらない部分においても、この三学部は附属図書館の運営に対する参加の意志をある程度持っていたことがうかがえる。具体的な議論の内容は議事録には掲載されていないが、これを受けて作成されたと考えられる一九二八年の東京帝国大学の図書分類は、和書（東京帝国大学附属図書館図書分類表、一九二八）、洋書（Classification of Foreign Books in the Stack Rooms of the Tokyo Imperial University Library, 1928）ともかなり詳細なものとなっている。中でも法律の小項目が洋書については英語、ドイツ語、フランス語、イタリア語と言語ごとに一五、六の小項目があり、例えば小項目の名称も同じ公法について見てみると、英語の小項目では「Public Law（Constitutional Law. Administrative Law.）」、フランス語の小項目では「Droit Public（Constitutionnel & Administratif.）」、ドイツ語の小項目では「Staatsrecht. Verfassungsrecht. Verwaltungsrecht.」、イタリア語の小項目では「Diritto Pubblico. Diritto Amministrativo.」といった具合に、各言語の名称でつけられている。「言語」、「歴史」、「地理」も小項目は多いが、各言語で小項目が分けられ、名称がつけられているということはない。議論が活発になされた分類の小項目は念入りに作成されたことがうかがえる。

この改正以外にも細かい分類改正が何度か行われている。例えば、第一〇回には、司書官の山田珠樹から洋書分類法の記号を大綱目はアルファベットを、細目は算用数字を用いることが提議され、承認されている（第一〇回商議会記録）。また、第二四回には、細かな修正が可決されている（第二四回商議会記録）。

分類改正の中には、商議委員の提議した数少ない議題も含まれている。それは法学部の商議委員南原繁による、法学部の分類に合わせる形に附属図書館の分類を改正したい、というものであり、二回にわたって議論され、南原と図書館長の間で決定することとされている（第四二回、第四三回商議会記録）。ここでも、関東大震災直後の分類改正と同様に、法学部は附属図書館の運営への参加の意志をある程度持っていることがわかる。

学部

学部に関する議題（表5-5）は、和田の建議の際にはほとんど想定されていなかったと考えられるが、取り上げられる回数が多かった。すでに述べたように、関東大震災からの復興の議論の際には部局図書館への希望事項が議題として現れている。議題としては、学部と附属図書館との連絡関係について、とされるような審議が最も多かった。もっとも、これはほとんどが具体的な連絡のための案を出すのではなく、連絡関係を保ちたい、といった程度の図書館長の希望が出されたものであった。

　学部と附属図書館の連絡関係の具体的な事項について検討した議論はいくつかあり、ここでは回数の多かった二つを取り上げる。一つめは、洋雑誌の統一購入である。東京帝国大学では当初、洋雑誌は学部ごとに購入されており、同じ雑誌でも値段が不統一だった。そのため天皇直属の機関として会計の検査、適正化を行う会計検査院の検査が一九三六年に入った際、値段を統一するように指導がなされた。これを発端とし(4)、洋雑誌購入方法について議論が集中的に行われた。

　商議会に最初に議題としてあがったのは、一九三七年の四月二二日の図書館商議会における「本学ニ於ケル外国雑誌価格査定事務ヲ当館ニ於テ総合整理方ノ件」においてであった。まず司書官が外国雑誌は各学部各教室において個々に購入し不統一であるのを「遺憾」として、将来附属図書館においてある程度統一して購入を検討すべき、と述べ、この時点では会計検査院からの指導があったことは言及されなかった。だが、図書館商議会での議論の結果、各学部や教室の特殊な事情があるだけでなく、「其ノ他諸種困難」があるので、図書館商議会ではなく、大学評議会で大方針を決定してもらい、附属図書館が実行方法を考えることとなった。さらに、この統一整理に関係し、関係事務局間の連絡を緊密にするために学内図書関係事務協議会を開催することが決定した。これは、月一回を予定し、各部局図書館主任、各教室図書主任が参加することとなった（第四〇回商議会記録）。

　図書関係事務協議会(5)は一〇月一日に開催され、ここでの議決に基づき、外国雑誌統一購入

表5-5　学部に関する議題の内訳

議題	回数
学部と附属図書館との連絡関係	5
洋雑誌購入方法	4
学部所蔵図書の扱い	4
学部刊行物	3
その他	5

小委員会が、各部局図書館事務関係者および会計事務関係者各計二名によって構成された。[6] この会議については、『商議会記事』に図書館商議会用の資料として三回までの議事の報告が残されている。[7] 一〇月六日に開催された第一回の会議では、附属図書館作成の試案が提出され、次回までに各委員が各学部の実情に照らして検討の上、その見解を持ち寄ることになった。一〇月一三日の第二回、一〇月二八日の第三回では見解を持ち寄った上で審議を行い、試案を採択議決した。統一購入に関する要点は一括注文、配給、支払いの三つであった。[8] 第二回の会議の報告の中では、「外国雑誌取纏めに就ての利害関係」と題し、統一購入に伴う利益と不利益が附属図書館によってまとめられている。利益については以下の八点があげられている。

1 各学部における見積もり入札手続きの簡素化
2 雑誌単価の統一
3 附属図書館一カ所に送ることによる郵送料の軽減
4 まとめて注文することによる原価割引
5 単価の割引
6 価格の不統一や未着雑誌の照会や支払いに対する面倒の回避
7 大学本部の会計課の業務の簡素化
8 交渉の一元化による書店側の処理の簡素化

一方、不利益な点については以下の三点のみとなっている。

1　学部に負担が減った分、附属図書館に新規の複雑な事務が増えること

2　教室に年度始めに移算が行われるので予算の流用が不可能となり、年度末に移算額に不足が生じても追加要求できない可能性があること

3　書店側も今まで長年の取引が自由にいかず、書店の利益や面目に影響を及ぼすこと

そして、不利益のうちの一点は附属図書館の、またもう一点は書店側の不利益であり、学部には何の不利益もないので、統一購入は利益の方が大きいことが強調されている。このような議論を受けて、第三回の会議では最終的に、一括注文は理学部の一部を除いて賛成、配給は法学部、工学部、理学部の一部以外は賛成、支払いは法学部、病院以外は賛成となった。だが、議論の結果、注文は一括して行うことになり、配給も一部の学部以外は取りまとめて行うことになったのに対し、支払いは従来の規程通り各学部が行うこととなった。そのため、購入は各学部協力の下に会計課と附属図書館が行う、配給は学部に応じて附属図書館が取りまとめるかどうかを決める、支払いは従来のように各学部が行う、という形で試案は決定された。

そして、この議論の後、図書館商議会で最終的な議論が行われた。同年一一月五日の図書館商議会では、商議委員からの意見が出された。例えば、同一雑誌の購入価格が問題なのだから、それだけを統一すればよいのではないか、図書購入は各学部に任されているが、今まで不便はなく、一般の事務は各学部を尊重することになっており、附属図書館側としては本務として精進すべき仕事は他の方面に多々あるのではないか、といったものであった。これに対し、附属図書館側は、図書館はあくまで「受身ノ位置」であり、会計検査院の照会に対し総長が将来全学的に統一して購入することに決定し、具体的方法が附属図書館に任されただけで、しかもその方法も学部の希望を集めて案を作っただけであるということを強調した（第四四回商議会記録）。続く同年一一月一五日の図書館商議会では最終的な検討が

なされ、図書館長が各学部に尋ねた結果、一括注文は理学部のみ反対があったが、最終的には可となった。だが、配送の一括化は法学部、医学部、工学部、病院、経済学部、理学部の反対があり反対多数で不可となり、支払いについても法学部、工学部、理学部の一部、農学部、病院の反対があり、一括注文には支払い保証が必要ではあるが、学部の実情に合わせることとなった（第四五回商議会記録）。

最終的には購入が統一されることにはなったが、学部の事務の変更に関しては学部からの反対が多く、会計検査院、総長、大学評議会といった機関からの指示ということを強調せざるをえなかった。また、図書館事務に関しての会議が開催され、当初、三つの統一に関する検討事項すべてが賛成とされたが、わずか二週間後には数的には圧倒的に賛成が多かったにもかかわらず支払いが統一されないこととなった。また、各学部の事務から出された意見と図書館商議会で出された意見が異なり、さらに商議会議事録に残された範囲では十分な理由があげられないまま配送の統一も不許可となっており、学部内の連繫の悪さ、教員に対する事務の地位の低さ、そして外部からのコントロールを嫌う学部の姿勢が見える。

二つめの中央と部局の関係についての具体的な審議事項としては、学部所蔵図書の登記（登録）があげられる。これは、すでに詳しく述べたが、一九二三年から一九二四年にかけて二回、一九三七年に二回、計四回議論が行われ、最初の二回では、学部の図書は購入した際、附属図書館で認証を受けないと会計ができない、ということが決定された。続いて、一九三七年の際には、学部に所蔵される図書の登記の際に、附属図書館ではなく学部が図書の分類を行うことについて議論が行われた(9)。すでに述べた学部における分類による利点が指摘された後、議論の附記として議事録にこの問題についての原因が以下のように書かれている。

図書ノ登記及外国雑誌統一購入ニ関連シ商議会ノ取扱フ事項ノ範囲並ニ各部局ニ於ケル図書ノ購入権能ト其ノ管理権能等ニ関シ各委員間ニ意見ノ交換又ハ質疑応答アリタルガ、問題ノ根本ハ要スルニ現行ノ制度ニ於テ、各部局ニ配布セラルル予算ノ費目中ニハ図書ニ関シテ特ニ図書費ナルモノ存セズシテ備品中ニ一括包含セラレ居ルコト及ビ図書ハ凡テ図書館ノ管理ニ属シ居ルコトノ間ニ見出サルルモノト見ラルベク、即チ一方ニ於テ各部局長ハ図書購入ノ決裁ハナシ得ルモ単ニ備品トシテ行フノミニシテ之ガ管理権ハ除外セラレ居ル状態ナルガ、他方ニ於テ図書館長ハ図書ノ管理権ハアルモ其ノ購入等ニ関シテハ其ノ権限図書館以外ニ及バザルガ故ニ其ノ間不徹底ヲ来ス所アルハ蓋シ当然ノ事ニ属ス。図書館トシテハ管理ノ職責上登記等ニ関シ中央統一策ヲ考慮スルノ要アルベキモ、図書利用上ノ見地ヨリスレバ現状ノママニテモ殆ド差支ナキガ故ニ必ズシモ中央集権的ニノミ考フルノ必要無カルベク、所詮現行制度ノ再討ヲ要スル事ハ各委員ノ見解一致スル所ナルガ如シ（ママ）。各委員ハ現在農・医・法・経ノ四学部ニハ図書ニ関シ各中央管理ノ制度ヲ有シ図書ノ登記ニ関シテハ図書館ト密接ノ連絡ヲ保チ居レルガ、此ノ方法ハ理・工・文等ノ学部ニ於テモ亦実行方ヲ考慮セルベキ旨申合セヲナセリ（第四二回商議会記録）。

学部の予算の費目の中に図書費がないというのは、第1章で述べた講座ごとの予算における図書費が流用可能なものであったことを示していると考えられる。また、学部長の購入決裁権限は備品のみであり、附属図書館長も管理権はあるが図書購入などに関われないという状態を生んでいる原因は、すでに述べた図書の保存は講座、研究室、学科といった学部レベルが行いつつも、その管理は附属図書館が行う、という図書の管理責任の曖昧性にあることを示している。だがそれでも、利用上は問題がないので現状維持とすると最終的にはまとめられ、図書館システムの未整備についての問題は認識されつつも、当時は重要視されていなかったことがうかがえる。

2　考察

以上の検討から、二点についての考察を行う。これは本章の二つの目的に対応するものである。まず、図書館商議会がどのような役割を持っていたのかについて、和田の建議（一八九六）の時点で想定されていたものと比較しつつ見ていく。続いて、こういった図書館商議会の役割から見える図書館システムにおける中央と部局の関係、大学内での部局としての附属図書館の地位について検討する。

（1）　図書館商議会の役割

図書館商議会が果たしていた役割は、主に二つあった。一つめは、附属図書館の運営についての決定である。図書館商議会ですべての事項が決定されていたわけではなく、河合の指摘していた資料の収集方針や資料費の配分等については審議されなかった。だが、研究室使用許可など明文化されていた事項以外にも、分類規則という図書館にとって高度に専門的な事項についても、その形式的な面だけでなく、内容に踏み込んで議論を行っていた。竹林の述べたような図書館運営への有用なアドバイスというのは、東京帝国大学の図書館商議会運営上においても存在していたといえる。この点においては、和田の建議で求められていた事項はある程度達成されていた。

二つめは、附属図書館と部局図書館との連絡調整である。規則には明記されてはいない役割であり、和田の建議で部局図書館については全く触れられていなかった。だが、議題として学部に関する事項がたびたび取り上げられており、特に洋雑誌の統一購入については、図書館商議会で最終的な調整が行われていた。さらに、附属図書館が商議委員以外の事務事項の連絡担当者を求めた審議の中で、図書館商議会以外の事務連絡係は必要ない（第五三回商議会記録）、と結論されており、図書館商議会は実際には附属図書館と学部との学内で唯一の連絡調整機関であったことがわかる。だが同時に連絡調整については、具体的な事項の決定となると、外国雑誌の統一購入の際に見られたように、大学評議会や政府機関からの働きかけが必要であった。

（2）中央と部局の関係から見た教員にとっての図書館システム

東京帝国大学全体のシステムだけでなく図書館システムも、制度上では、中央によって集中管理されたものではなかった。図書館商議会も部局図書館について討論することは想定されていなかった。だが、毎回、司書官または司書が附属図書館に関する事務報告を行い、図書館長が学部への希望事項について提議するなど、附属図書館は図書館商議会を通じて学部と積極的に連絡関係を保ち、中央図書館としての役割を果たそうとしていた。部局図書館についての事項も図書館商議会である程度論じられており、戦後において重大な問題と認識された中央と部局の関係調整については、すでにある程度問題意識があったことがうかがえる。また、関東大震災後の新中央図書館建築の際にも指定図書、さらには附属図書館の中に部局図書館を置くなど大胆な案が出されており、附属図書館内ではこの問題について各部局図書館との調整を行う中央図書館としての地位を得ようとしていたといえる。

だが、実際の運営において附属図書館から学部への影響力の行使は具体的にはほとんどできておらず、制度上からうかがえる部局図書館の不明瞭な位置づけも変わらなかった。このような状態であったのには、附属図書館、図書館商議会、そして学部の三者にそれぞれ一定の原因があると考えられる。

まず、附属図書館側の原因は、附属図書館の部局としての力がそもそも大学内で弱かったため、図書館長をはじめとする図書館員は商議委員ではないなど、図書館商議会で大きな発言権がなかったことにある。実際に、洋雑誌の統一購入についても、会計検査院や、大学評議会の指導の下になされたことで、学部に対して強い態度に出ることができていない。

次に、図書館商議会側の原因は、審議事項に学部についての事項が明記されていないこと、図書館商議会が諮詢機関と決定機関両方の性格を持っていること、そして、モデルであるアメリカやイギリスよりも図書館商議会が各学部の利益を制度上優先しやすくなっていたことにある。このため、学部の利益に抵触する可能性が高い事項は図書館商議会で反対する、もしくは決定しても単なる参考意見にとどめることが可能となってしまっている。洋雑誌の統一購入についても、当初は議論を行うことそのものが拒否されていた。

最後に、学部側の原因は、東京帝国大学では学部の独立傾向が強かったことにある。学部ごとの部局図書館運営が多様であり、内部で運営の分散化がなされている学部も現れ、一元的な統一が学部単位であっても難しくなっていた。そして、外部からの干渉に対して否定的な意見が内部において強かった。洋雑誌の統一購入に関する議論を例として見ると、学部の慣習を守るべきという意見が出されただけでなく、統一購入の際の雑誌の配給と支払いに対して十分な反対の意見が述べられていないにもかかわらず、否決された。さらに、その議論の際の賛否も、より意見の統一の難しい分散的な運営の図書館だった文学部からは反対がないにもかかわらず、学部内部で図書館運営が一元化していた法学部、経済学部からは反対されていた。これは、学部内の運営が統一されていても、外部からのコントロールを受け入れるわけではないという例を示しているといえる。

だが、このように中央から部局への影響力の行使はほとんどできなかった一方、法学部、文学部、経済学部は、図書館商議会の委員選出や、分類の改正に積極的に関わっており、附属図書館に対する影響力を行使していた。特に、法学部や、経済学部は、書庫閲覧（高野、二〇〇六、四五〇頁）に対して特別の措置を講じられているなど、帝国大学成立期から附属図書館に対して影響力を行使していた。さらに学部の図書の登記についても他の学部に先立って分類を行っており、法学部・経済学部は附属図書館と強い関係を持っていたと考えられる。附属図書館は、このように商議委員を出している学部が自らの利益につながるようにコントロールされる部局であった。

東京帝国大学の図書館システムは、制度上は、部局である学部と中央である附属図書館の二つの中心がある状態であった。しかし、運営においては、中央から部局への影響力はなく、部局が中央を一方的にコントロールしていたのが実態だった。すなわち、教員は図書館システムについて、附属図書館ではなく、自らの部局を中心に考え、その権限の拡大を求めていた。

知識の基盤としての図書館システムは、教員にとっては学部の中で閉じてしまっていた。

まとめ

東京帝国大学は学部の自治、講座の自治という旗印の下、部局の力が強く、附属図書館は学部との関係が曖昧となっていた。こういった状態の中で、大学本部からの附属図書館の独立、地位向上を目指すとともに学部の意向を附属図書館の運営に反映するために設立された図書館商議会は、少なくとも関東大震災後には、附属図書館の運営に関して、重要な位置を占めるだけでなく、部局である学部と中央である附属図書館の関係も議論するようになっていた。

だが、附属図書館の地位が学部に比べて極めて低く、図書館商議会も制度上、学部についての決定に強い効力を持てなかった。さらに、東京帝国大学は学部や講座の力が強いだけでなく、外部から運営をコントロールされることに対して否定的な意見が強く、図書の管理体制の整備に対する学部側の意識も低かったため、附属図書館から学部への具体的な働きかけはあまりなされなかった。その一方、法学部や経済学部は、部局図書館からの自部局への介入は拒みつつも、附属図書館運営に対して積極的に関わりを持っていた。

このように、東京帝国大学の図書館システムは、中央から部局ではなく、個々の部局からの中央へのコントロールという側面が強いものであり、教員は図書館システムについて、自ら所属する部局というレベルを重要視し、附属図書館を部局の権限を拡張していく対象と見なし、部局がコントロールされる側に回ることは認めなかった。したがって、知識の基盤としての大学全体の図書館システムということを、教員は意識していなかった。さらに、附属図書館の大学内での地位の低さという限定はつきつつも、図書館システムだけでなく、大学システムに対しても教員は十分に意識していなかったこともここからうかがえる。

注

（1） なぜ図書館評議会が図書館商議会と名称を変更したのか、その経緯については現在のところ不明である。

（2） 衛生体育委員会の前身である衛生委員会は、総長はオブザーバーという形であり、教員はほぼ医学部のみから選出されていた（東京大学百年史編集委員会、一九八五、九六〇頁）。

（3） 目録については最終的に、一九二二年から一九三五年までの和書では「法律・政治」、洋書では「総記及雑載」に分類される資料を収録した本目録が一九四三年に、また、ここで論じられている年報の発展したものと思われる一九三五年以降の資料を収録した増加目録が一九三八年から一九四五年まで戦前期には刊行されることとなる（東京大学百年史編集委員会、一九八七、一二二二―一二二六頁）。

（4） 「為替相場の変動による洋書及び洋雑誌の値上がりに伴う図書費の不足」が原因となっているという指摘もある（日本図書館協会、一九九三、二八八頁）。

（5） 戦前、この会議はこの時期以外に開催が確認できていないが、戦後になると、一九六〇年から同種の会議が行われている（東京大学百年史編集委員会、一九八七、一二三三頁）。

（6） 七学部に加え、医学部の附属病院からも代表者が出されていた。

（7） その後解散したかどうかは不明だが、会議内で一応の結論が出されているので解散したと思われる。

（8） 年度始めに雑誌購入費を各学部から附属図書館へ渡しておく移算を手続き行うかどうか、が論点であった。

（9）すでに述べたように、学部は附属図書館とは異なる独自の分類を行っていたが、ここでの分類はおそらく学部独自の分類ではなく、附属図書館の分類だと思われる。東京大学総合図書館に現在も残されている東京大学附属図書館図書原簿に記録されている分類は、附属図書館のものだからである。

引用・参照文献

岩猿敏生（一九七一）「国立大学の図書館委員会について」『Library and Information Science』一六一―一六七頁
河田政雄（一九七〇）「国立大学図書館委員会――その現状と問題点」『図書館界』第二二巻第四号、一二二―一二四頁
黒坂東一郎（一九六九）「大学図書館運営委員会について」『私立大学図書館協会会報』第五二巻、二九―三三頁
篠塚富士男（一九九〇）「昭和初期の大学図書館」『大学図書館研究』第三六巻、一―一一頁
高野彰（二〇〇六）『帝国大学図書館成立の研究』ゆまに書房
竹林熊彦（一九四二）「図書館商議会の研究」『図書館雑誌』第三六巻第一二号、八七三―八八三頁
東京大学百年史編集委員会編（一九八五）『東京大学百年史　通史二』東京大学出版会
東京大学百年史編集委員会編（一九八六）『東京大学百年史　資料三』東京大学出版会
東京大学百年史編集委員会編（一九八七）『東京大学百年史　部局史四』東京大学出版会
日本図書館協会編（一九九三）『近代日本図書館の歩み　本編』日本図書館協会
波多野賢一（一九四二）「和田万吉先生伝――協会創立前後並びに大学図書館奉職当時の（二）」『図書館雑誌』第三六巻第六号、三九三―四〇〇頁
「大正十二年九月二十七日　第一回商議会記録」
「大正十二年十月十九日　第二回商議会記録」
「大正十二年十二月十三日　第三回商議会記録」
「大正十三年二月一日　第四回商議会記録」
「大正十三年二月八日　第五回商議会記録」
「大正十三年二月二十九日　第七回商議会記録」

「大正十三年三月十四日　第八回商議会記録」
「大正十三年五月三十日　第九回商議会記録」
「大正十四年一月二十三日　第一〇回商議会記録」
「大正十四年十月九日　第一一回商議会記録」
「大正十五年一月二十二日　第一二回商議会記録」
「大正十五年十二月二十日　第一三回商議会記録」
「昭和三年十月二十三日　第二四回商議会記録」
「昭和九年四月二十四日　第三二回商議会記録」
「昭和十年四月十九日　第三五回商議会記録」
「昭和十一年三月十六日　第三七回商議会記録」
「昭和十二年三月十九日　第三九回商議会記録」
「昭和十二年四月二十二日　第四〇回商議会記録」
「昭和十二年九月二十四日　第四二回商議会記録」
「昭和十二年十月八日　第四三回商議会記録」
「昭和十二年十一月五日　第四四回商議会記録」
「昭和十二年十一月十五日　第四五回商議会記録」
「昭和十六年六月二十七日　第五三回商議会記録」
「昭和十六年九月十二日　第五四回商議会記録」
「東京帝国大学附属図書館図書分類表（書庫内）」（一九二八）
Classification of Foreign Books in the Stack Rooms of the Tokyo Imperial University Library, 1928.

第6章　大学図書館システムのモデルとその運営の実態

はじめに

本章では、これまでの東京帝国大学の各図書館や図書館商議会を対象とした実証的な検討を踏まえ、図書館システム運営の際の意識を規定していたモデルに注目する。

東京帝国大学は、他の帝国大学のモデルとなっており、大学図書館についても他の大学に大きな影響力を持っていた。これは、日本最初の大学であるというだけでなく、大学教員の中心的な輩出機関となっていたからである。そして、東京帝国大学にも、自らのモデルとなる大学が存在する。中山の指摘するように、オックスフォード、ハーバードなど欧米の伝統ある大学が、国家や宗教勢力など自らを取り巻く様々な状況との摩擦や統制を受けつつもそれを跳ね返し自己のアイデンティティを形成してきたのとは東京帝国大学の成り立ちは大きく異なっている。すなわち、東京帝国大学はそういった外部の状況の一つである明治政府の創作物といってよく、ほぼ歴史的蓄積のない状況から大学が築き上げられたということである。大学に固有の制約や歴史がないので、政府は自由に大学のタイプを選択できた。そこで、政府は欧米先進諸国に日本の大学制度のモデルを求めた（中山、一九七八、三四―三五頁）。図書館も大学システムが確固としたものになった後、これと同様一定のモデルを輸入するという選択肢を取った。

そこで、本章では、日本の大学や図書館は海外からの輸入という側面が強いことを考慮して、近代における、日本がモデルとしうる大学と大学図書館のタイプを見ていく。次に、東京帝国大学の図書館やその所属する大学システムがどのようなモデルを取り入れたのかについて、大学と図書館両者の立場から検討していく。そして、両者のモデルを確認した上で、附属図書館の運営実態と、図書館が教員にどのように位置づけられていたのかについて検討する。

1　大学図書館のモデル

大学の現在も共通する大きな機能として研究と教育があり、専門分野を重視し、研究と親和性の高いヨーロッパ型と、総合的な教育を行うアメリカ型の大きく二つがある（金子、二〇〇七、三九頁）。そこで、本書においても当時の大学図書館のモデルを研究型と教育型に分ける。そして、両者の代表的な例を取り上げる。一つめは、近代的な大学と図書館の嚆矢となっており、研究を重視していたドイツである。もう一つは、そのドイツの影響を受けつつ教育への比重を高めた独自のモデルを築き、特に二〇世紀に世界の大学図書館の発展の中心となったアメリカの図書館（Danton, 1963, p. xx）である。そして両者の検討を通して、研究型と教育型の図書館の特徴を明らかにする。

（1）　研究型モデル

研究型モデルは、大学の研究機能を主に補佐する図書館である。その典型例がドイツのゲッティンゲン大学などの近代的な大学の図書館であり、これらの図書館は大学同様、一定のモデルとして広く世界に普及した。

大学の歴史的展開

ドイツにおいて図書館の母体である大学は、中世のパリ大学やボローニャ大学を模して、プラハ、ウィーン、ハイデルベルクなどに一四世紀後半に開設され始めた（プラール、一九八八、六一頁）。プラハ大学のカルル四世、ウィーン大学のルドルフ四世、ハイデルベルクのルプレヒト一世といった具合に（ディルセー、一九八八a、二六四—二七一頁）、その地方または都市の首長が、皇帝と教会という二つの大きな権力に対して特権を持ち、組織はパリ大学、学生団体はボローニャ大学を模しており、ドイツの大学だけの特徴というものはほとんど見られなかった[1]（プラール、一九八八、六二—六四頁）。授業も他の大学と同じ方法、教本を用いていた（ディルセー、一九八八a、二六八頁）。

一五世紀末になると、ヨーロッパの大学の同型性は崩れていく。これには、領邦君主が自らの功名心と他宗派の領邦と張り合うために、ヴィッテンベルク、イエナなど多くの大学を創設したことが背景にある。だが、思想や財政についての将来的なプランがないまま、大急ぎでギムナジウムを昇格させたような大学もあったため、その多くは大学を長期に維持することができなかった（プラール、一九八八、一〇五—一〇七頁）。その一方、中世以来の自治の伝統はまだ崩壊していなかったが、領邦国家が力を増すことで、大学と政治権力との確執が始まり、大学の構成員は、国際的なものから大学が所在する国出身のものへ移行していった（ディルセー、一九八八a、三〇四頁）。そして、「二つの普遍権力から特権を保障されたかなりの程度に自律的な「大学」という制度が、次第に、領邦君主の監督下に立つ国家施設に」なり（プラール、一九八八、一〇七頁）、「誕生しつつあった国民、集権化を志向する領邦国家の一機関と化し」た（ディルセー、一九八八a、二九九頁）。

その一方で、イタリアに始まるルネサンスによる人文主義の運動がドイツにも波及し、古代の古典が重視され、正確な形での復元、スコラ哲学的な解説書の廃棄、そして詩、修辞学、古代言語が脚光を浴びた。これに伴い、カリキュラムの改革がヴィッテンベルク、エアフルトなどの大学で起こった（プラール、一九八八、一一二—一一三頁）。だが、この改革は、宗教改革の中でルターなどのプロテスタントから否定され（ディルセー、一九八八a、四六九頁）、カトリックの反宗教改革では肯定されたが（ディルセー、一九八八a、五〇七―五五二頁）、両者の争いに巻き込まれ、影響力を落とした。

領邦国家においては、宮廷、都市、教会、学校など様々な場所で人材が必要となり、彼らに仕える専門的な資格を持つ官僚、法律家、聖職者、教師養成を大学が担った（プラール、一九八八、一二六―一三二頁）。そして、ウエストファリア条約や、その根底にある近代法に見られるように、国家の影響力が非常に大きくなり、特にプロテスタント圏では大学間の知的交流はいよいよ難しくなった。そうした中、一七世紀中葉から末にかけてデカルト哲学が広がり、ドイツでもプロテスタント神学の発展に大いに貢献した（ディルセー、一九八八b、四二一―六四頁）。そして一六九四年ルター派の拠点としてハレ大学が開設され（ディルセー、一九八八b、一〇二頁）、他にも一八世紀にはゲッティンゲン、エアランゲンといった大学が啓蒙主義の理念を取り入れる形で開設された。これらの大学では、国家に資するための官房学の精神に基本的には貫かれたままであったが、講義がラテン語ではなくドイツ語で行われ、哲学や、他の科目も含め、研究を重視し、実験室、研究所、図書館、資料保管所などが置かれた（プラール、一九八八、一四三―一四四頁）。カリキュラムは根底から組み替えられ、「一八世紀中葉には、もはや講義と命題討論だけに終始するのではなく、次第に実務的な演習と実例による具体的説明、コロキウムとゼミナール形式に移行していった」（プラール、一九八八、一五〇―一五一頁）。

ただし、この改革の流れは必ずしも一枚岩ではなかったことを津田はパウルセンを引用しつつ、以下のように指摘している。ハレ大学はフランス風の宮廷人を範とした教育の近代化、実学主義、プロテスタントの考え方に基づいていて、ゲッティンゲン大学は啓蒙主義やプロテスタントと対立する人文主義の影響が大きかった。そしてそれは両者の図書館についての扱いの違いに大きく反映している。ハレ大学では図書館は軽視された一方、ゲッティンゲン大学の図書館は、当時最大規模であったイエナ大学のそれと匹敵するほどであった。そして、ゲッティンゲン大学における図書館の発展には、人文主義や新しい学問に基づきつつ、それらの知識を得るための図書を重要視する博識主義の影響が大きいと津田は述べている（津田、一九八八a、一一二頁）。また、ゲッティンゲン大学が創設された時代には、ハレ大学はその繁栄のピークをすでに過ぎており、その改善策の一つとしてゲッティンゲン大学のように図書館を充実すべきとされていたことが指摘されている（津田、一九八八b、七一頁）。

また一方で、官房学的な精神を否定し衰退していた大学は、中世からの伝統を受け継ぎ、称号や儀礼を重視し、時代の要求に応えることができなかった。それが時に先述の新しい大学を含めたすべての大学の解体への要求にまで発展しており、ヨーロッパ全体で見ても、大学は没落傾向であった（プラール、一九八八、一四五―一四七頁）。

一八世紀後半から一九世紀初頭には、エリートによる上からの改革という、国家と結びついた理想主義の下、大学には大きな改革が起こった。フランスやイギリスの啓蒙主義の進歩的理念、新人文主義の教養思想、プロイセン官僚機構の改革思考が弁証法的に融合した理念として、シュライエルマッハー、フィヒテ、シェリングの大学構想が生まれた(2)（プラール、一九八八、一八〇―一八三頁）。彼らの考える大学にとって科学の統一は重要なものであり、「大学の統一は理念の統一の上に立つという、共通の公式の中に包括されるといっても過言では」なく、また一般的なものの最上位の統一は哲学であった（皇、一九五五、一五五―一五六頁）。そして、教員と学生の関係も外的権威によらない関係でなくてはならず、研究と教育の間にも差を設けず、学生は積極的に研究を行い、教員はそれに手を差し伸べていく。そういった精神的財産を持つ教員を学生たちは自由に求め集まっていく（プラール、一九八八、一八四―一八七頁）。

だが、抵抗する勢力との兼ね合いにより、この思想は大幅な譲歩を強いられる（プラール、一九八八、一八七―一八八頁）。そして、観念としての大学の理想と現実との妥協は一八四八年の三月革命の失敗によって、明確なものとなった。それまで復古的な国家に反対するリベラルな組織としての体裁を保っていた大学が、革命敗北後は反動し、「皮相な理論（例えば俗流唯物論者たち）あるいは官憲国家への忠言（たとえば「講壇社会主義者たち」のそれ）」が哲学や社会科学で蔓延した（プラール、一九八八、一九二―一九四頁）。一八六六年のプロイセンのオーストリアへの勝利以後は国民主義的な性格が全面に現れ、大学は国家に従っていった（アンダーソン、二〇一二、一八五頁）。

一九世紀末には、大学は国家以外にも産業界と関連を持つようになる。産業界は、行政的な能力を持つ労働力の提供と自然科学や技術的な研究成果の活用、という実用的利益を大学に期待した。その結果、経済的利害に左右される、官僚や教員、そして科学者、法律家、企業の専門家の養成機関として大学は発展した（プラール、一九八八、一九五頁）。産業と結びつくこととなる科学の発展についてベン＝デービットは、そういった科学は実験が中心であることを指摘している。これはそれまでの思弁的な理想主義に反するものであったが、それを受け入れるだけのキャパシティが当時の大学にあったとも指摘している。その原因としてベン＝デービットは、科学における大学間の競争と優れた人材をリクルートしようという意志があったことをあげている。そして、これが学者間の団体による大学への圧力を生み出した（ベン＝デービット、一九七四、一五八―一六七頁）。大学で行われる競争は、当初は純粋に学問としての競争であり、社会とはかけ離れたものであった。そういった中で、大学の教員は実験を指揮する監督者となっていった。だが、先述のように産業界が科学の成果を実利的な技術として利用するようになるにつれ、社会と科学は関係を持つようになっていった。実験心理学、歴史社会学、経済学といった社会科学も同様に最初は学問の内的な問題から発展したが、現実の問題に取り組むようになっていった（ベン＝デービット、一九七四、一六九―一七四頁）。

ドイツは、理想とする一般教育と実利的な専門教育との狭間で悩みながらも、経済との結びつきという傾向にうまく乗り、世界の大学のトップに躍り出る。だが、教員たちは肥大した自意識を持つようになり、ドイツ帝国内や彼らの学問分野内で権威主義や勢力拡張主義的態度をとるようになっていった（プラール、一九八八、一九一―一九六頁）。これは、研究領域の拡大、研究組織の肥大化といった問題が起きる中で、大学は膨張しつつも正教授が中心の旧態依然とした機構をとり、割合が増えた助教授以下のポストの地位は低いままであることにも現れている。特に、新しい領域が次々と登場してくる自然科学、社会科学においてあてはまり、以前は純学問的意義だけが競争のメカニズムだったのが、自分の領土を守ることに正教授は特に専心するようになった。それに対する改革に対しても、正教授が常に反対した。工学等の新しい応用的な学問を大学に取り入れることにも、彼らは最後まで抵抗した（ベン＝デービット、一九七四、一七四―一七八頁）。

第一次世界大戦に敗れ、ワイマール共和国が成立したとき、ドイツには再び大学改革の機会があった。特にプロイセンの文部大臣ベッカーは「フンボルトの改革理念を出発点にして、細分化された専門分野の寄せ集めの学問の大企業になってしまっているドイツの大学を、理念的にも組織的にも改革しようと努力している」（プラール、一九八八、二八〇―二八一頁）。大学は国家と和解し、学問を身につけたエリートが国家を支えていく必要がある。そのためには、大学は、職業教育よりも一般教育に力を入れていかねばならない、というのがベッカーの目指したものである。ベッカーは実際に哲学の再発見をはじめとした改革を打ち出すが、大多数の教員の反対で中途半端なものとなり、学生が自治団体を通じて自分たちに関する事項の決定権を得たといった程度に改革はとどまった（プラール、一九八八、二八〇―二八三頁）。

大学図書館の歴史的展開

こういった大学の変化の中で大学図書館はどのような歴史をたどったのだろうか。

大学が創設された中世から大学には図書館がすでにあった。だが、大学で必要とされる図書は聖書を中心にほんのわずかだった。そのため、大学図書館は多くの蔵書を必要とせず、複本（同じ図書を複数所持すること）が多かった。それでも、図書という高価なものを購入できない学生にとっては重要な場所だった。ルネサンスの時代になると、弁論術、レトリック、詩といったギリシャ、ローマの古典を教えるために必要な図書が重要視され、歴史等の人文主義の学問にも関心が持たれた。だが、中世同様に知識の発展にはあまり関心が持たれず、また古典作品はそれほど多くなかったため、この時代の大学図書館もあまり多くの図書は求められなかった。宗教改革が起こっても、大学のカリキュラムに変更はなく、学者に必要な各分野の知識もあまり多くはなかった。大学図書館も教員が個々に持っているprivate libraryで需要が満たされていたため、そちらが重要であり、大学図書館の発展はむしろそういった教員によって阻害されていた（Kunoff, 1982, pp. 6–10）。

それでも、先述のように一八世紀には、ハレ大学やゲッティンゲン大学など、新しい考え方の大学が生まれた。こういった大学の思想が図書館の発展を後押しした。歴史や古典研究に対する見方がこれまでと変わり、ただそれらをまねして、たどっていくのではなく、批判的な文献検証などが行われるようになっていった。そして授業も、単なる講義だけから、科目の方法論を示し、必要な資料を引用し、研究の技術が示され、最近の発展が討論されるという形に変わっていった。このように、一八世紀になると、学生は受動的ではなく、能動的に学ぶことが求められるようになった。大学は、知識ではなく、学問がどのように発展し、またそれを評価するかについて教えるようになった。知識は自習するということになり、自習のため大学図書館の必要性も出てきた。また、文献学ゼミナールはその最も重要な目的として、レファレンスツールや書誌を用いたテキスト批評の方法を学ぶことにあったため、大学図書館が必要であった。ゼミナールのために必要な一次資料や主要な作家の重要な版などは大学図書館で揃えていた。ゲッティンゲン大学やハレ大学のゼミナールを指導していたゲスナーやハイネ、ウォルフは図書館員でもあったので、このニーズは大学図書館にうまく伝わっていた（Kunoff, 1982, pp. 68–83）。また、こういったゼミナールは教育だけでなく研究とも密接に関係し、新しい考え方の大学では教員に対して、これまでのように教育のみを行っていればいいのではなく、新しい知識を積み重ねていく研究も重視していくべきであるとしていた（Kunoff, 1982, pp. 84–86）。

特にゲッティンゲン大学では、こういった新しい流れをサポートした大学図書館が大きな影響力を持った。これには、大きく三つの原因がある。まず、先述のような図書の知識を得るための手段を重視した博識主義の影響があった。次に、専門図書の分野の重なりや出版量が一八世紀後半になると増えたことである。そして、個人の蔵書では自分の研究範囲をまかなうには資金がかかりすぎるようになってしまい、さらには自分のprivate libraryを同僚や学生にも開放するものが減ってしまったことが三番目の原因である。こういったことが追い風になり、ゲッティンゲン大学図書館は大学や政府から援助を受け発展した（Kunoff, 1982, pp. 10–13）。その理念としては三つあげられる。まず、単なる保存のための施設ではなく、教員と学生という利用者を中心とした組織とすることである。次に、そういった彼らの行う近代的な科学研究をサポートするために、持続的な選書方針を立てることである。そして、個人レベルではカバーできない高価な図書や全学部に関係するような図書を収集する機能を持つことである（津田、一九八八c、一六〇―一六二頁）。

他の大学でも一九世紀になると徐々に財政などの面で改革が起こった（Danton, 1963, p. 13）。一八世紀にはすでに、購入について、優れた質の新しい図書を重視することや、現在の方が過去より優れており、知識の発展に貢献すべきだという啓蒙の思想が図書館員の間で共有されていた。そのため、選書の際には、新しい内容を含んでいるか、より優れた視点から論じているか、古今東西の理論を解明しているか、に注意が払われるようになっていた（Kunoff, 1982, pp. 106–107）。

一九世紀には、これの影響を受けたと考えられる選書方針が立てられ始めた。この中では一般的に、翻訳より原典を重視し、学術的なもののみを集め、教育用・娯楽用・導入的なものは対象外とされていることが多く、ドイツの大学図書館の一つの特徴となった（Danton, 1963, p. 24）。例えば、最も早い時期に立てられた選書方針である一八二六年のエアランゲンで公布された大学図書館についての規則では、以下のように述べられている。まず、大学図書館では真の科学精神を高め、そのための資料を包括的かつ計画的に収集することが目的とされる。続けて、そのため、重要でないものや、単に好奇心や初心者の要求を満たすものは収集しないこと、優れたものや時を超えて価値のあるものはどんな分野であっても収集し、もれているものがあればできる限り早く収集する。そして、翻訳されたものより、できるだけ原典を集め、翻訳は特に優れたもの以外は収集しない、というものである（Danton, 1963, pp. 23-24）。ただし、学術的な図書を収集するという大前提は一致していたが、予算的な問題に加え、二つの理由でそれ以上の選書方針はあまり確固としたものにならなかった。一つは、図書館商議会が、専門の司書が誕生する一八七〇年代まで、選書を含めた図書館運営を行っていたことによる。商議会の構成員は、図書館長と学科から一名ずつを選任することが多く[3]、図書館員は、指示された図書の収集は行ったが、選書は行わなかった。もう一つは、一九世紀においては、図書購入費は教員や部局に対してつけられていたためであり、この方式は二〇世紀においてもある程度続いていた（Danton, 1963, pp. 24-26）。

また、ドイツでは二〇世紀前半から、Referatesystemという現代も続く分散型のシステムが成立した（Danton, 1963, p. 35）。これは二つの図書館から構成され、一つは中央図書館であり、国の資金で、図書館員が選書していた。もう一つは、部局図書館であり、部局で管理されていた。

このシステムが生まれる契機としては、professor-librarianがなくなり、専門職としての大学図書館員が生まれ始めたことが一つにある。一九世紀になった頃から、図書館に専門職が求められていた。これは、規則の制定、図書館員の資格への注目、資料の増加、書誌的知識や技術に関する図書館学の成立、そして司書の仕事が増えたことにより、教授が図書館員になりたがらなくなったため等の理由による。そして、ゲッティンゲン大学が一八世紀において例外的に一定のトレーニングセンターになっていたが、図書館専門職が育つのはなかなか難しかった。やがて、知識が個人で追いきれないほど広くなり、多くを知るよりも、研究方法や知的労働のテクニック、研究者のニーズを把握することが大学図書館では重要となった（Kunoff. 1982, pp. 59–62）。

一八七〇年代に、フォルスターマンらの努力により、大学図書館の専門職導入は広がり始めた。subject specialist（Referenten）と呼ばれた専門職になるには博士号、二年間の図書館教育、国家試験に合格していることが求められた。また、専門職は、現在および過去の資料の選択と、いくつかの分野のコレクションの一般的な構築に責任を持っていた。そうすることで、彼らは、いろいろな分野の先進的な内容やそれらの間の関係を理解し、バランスのとれた蔵書を構築できるようになった。こうして、教員からは学術的な事業として大学図書館が認知されることとなった。だが、Referenten は少なく、それに比して資料の量が非常に多く、選書に割く時間もあまりとれなかった。当時の選書では、（1）三〇から五〇の主要専門雑誌、（2）*Publishers' Weekly* や *Deutsche Bibliographie* など定期公刊されている主要書誌、（3）専門雑誌や一般雑誌のレビュー、（4）中古カタログ、（5）毎週一〇〇ぐらいの主にドイツ語の図書、（6）注釈つきの推薦スリップを入れる、ということが行われていた。これは、勤務時間外に家でも選書を行わなければならないほど非常に時間がかかった。最終的には、多くの大学で毎週、または隔週の購入会議（Kaufsitzungen）が行われることになった。これは、図書館員が開催し、Referenten が購入すべきと考えた図書を紹介するもので、六人から一二人程度の参加者が一五〇から二五〇タイトルを紹介していた。図書の紹介は簡潔なものだったので、その分野や図書に詳しくないものはほとんどコメントできず、その結果、購入が拒否されることはあまりなかった。また、東洋や中近東の言語や文学、物理や生物学に強い Referenten は生まれにくかった（Danton, 1963, pp. 36–42）。

こうして中央図書館は大学の中で独立した地位を築き、一定の専門性を持つこととなったが、その一方、図書館商議会が強い権力を持っていた。図書館商議会は、（1）教員と図書館管理との関係を築くこと、（2）大学図書館へ適切にアクセスできるよう適度な影響力を行使することが目的だったが、（1）は行われず、（2）を悪い意味で実行し、

自らの部局の利益を優先した（Danton, 1963, pp. 36–37）

また、一九世紀後半には、学術文献の量の増大、スタッフの不足、学生のニーズの増大、財政的サポートの不足から中央図書館の運営は限界を迎えた。部局のゼミナール形式の授業への対応なども限界となり、教員と図書館員双方の利益のために、多くの部局図書館が創設された。資金は、部局の構成員からの徴収、（特に科学や応用分野においては）学会、経済界、産業界、大学外の研究グループからの研究補助金、国からの定期的予算などでまかなわれた。この予算が高名な人物を教員に迎える際の魅力の一つにもなった。そして、学問の中心は中央図書館から部局図書館に移っていった。部局図書館についての権限は教員にあり、先述のように、彼らは自分たちの部局や講座を完全にコントロールしていたため、中央図書館はほとんど顧みられなかった。部局図書館の運営は図書館教育を受けていない若い大学院生や高校卒業レベルの学歴の女性に任せていた。利用については、表向きは誰でも受け入れる姿勢を取っていたが、実際には、閲覧室がないなどの理由で謝絶し、部局の構成員やその分野の研究者に限っており、貸出も不可にした。部局の長が頻繁に変わるため、長期的な蔵書構築はほとんどされなかった。これに影響されて、部局から中央図書館への図書購入の要求も、教員の個人的な関心に基づくもののみとなった。また、総合目録が作成されなかったため、部局で購入した図書は学内の目録にも載らず、分類も独自に行っていた（Danton, 1963, pp. 43–49, Wehmer, 1964, p. 495）。部局図書館で研究ニーズが満たされるので、多くても二五パーセント、たいていの統計では一〇パーセント程度の教員しか中央図書館を利用しなくなってしまった(4)（Danton, 1963, p. 51）。こういった部局図書館の独立の背景には、これらの理由だけでなく、大学よりも産業界や学界、あるいは自己の部局のみと研究者が強く結びつきがあったことも考えられる。大学のフォーマルな組織よりも強い影響力を持つ学者による共同体の影響力、そして教授が自身の地位を守るためにとった権威主義的、保守的な態度が部局図書館の独立とつながっていた。

(2) 教育型モデル

教育型モデルの大学図書館は、大学の教育機能を主に補佐し、場合によっては娯楽機能も提供する図書館である。その典型例がアメリカにおける、イエール大学やハーバード大学などの伝統を持つ大学の図書館である。

大学の歴史的展開

アメリカの大学教育は、ハーバード大学から始まった。「彼らの目的は複雑だったが、彼らは、何にもまして、アメリカに古いイギリスの一部を再生しようとした点で一致していた。(中略) そして、彼らのカレッジは、彼らがオックスフォードでさらにはケンブリッジで知っていた、ピューリタンの神学とピューリタンの抱負が特段に要請される、イギリスのカレッジであった」(ルドルフ、二〇〇三、二九頁)。このようにアメリカの大学教育はイギリスの影響が強かったため、イギリスの大学教育がどのようなものだったかを最初に見ていく。

イギリスの大学教育は、基本的にはエリートのための教育であった。全寮制の少人数教育によって、「教師と学生が一つのカレッジのなかに住み、古典文献を読み、その内容の理解のしかたを学ぶ。そればかりではなく、話し方、他人とのコミュニケーションのしかた、立ち居振る舞いをも含めて、ジェントルマンとしての資質に磨きをかける、これがカレッジ教育の目標であった」(潮木、二〇〇四、六—九頁)。この全寮制の学校の教員は、カレッジ・チューターと呼ばれ、学生との間には親密な関係が結ばれた。中にはほとんど指導を行わないものもいたが、基本的にはしっかりと職務を果たし、学生に様々な面で大きな影響を与えた。例えば、一七世紀の教員の中には「学問を職業にするという目的で大学にやってきた者のためにではなく、楽しみや装飾として役立つような学問、すなわち学識というよりも教養をめざして大学にやってくる者」を念頭においた読書リストを作成していたものもいた。このように、カレッジのチューターは「自分の担当する学生に対して規定されたシラバス以外に幅広く書物を読むよう勧めることはできたこと、また（中略）多くの学生がチューターの助言にしたがったことはほとんど疑問の余地がない」（グリーン、一九九四、二四二―二四六頁）。

こういったイギリスのジェントルマンを育てるための大学教育から影響を受けたアメリカの大学は、先述のように一七世紀のハーバード大学で始まる。ハーバード大学はケンブリッジ大学をモデルとしており、その他の大学もほとんどがオックスフォード大学やケンブリッジ大学など、イギリスの大学から大きな影響を受けた（ルドルフ、二〇〇三、四七頁）。教育はプロテスタントと人文主義がその源泉にあり、キリスト教が重視するラテン語とアリストテレス、人文主義が重視するギリシャ語とギリシャの古典が優先され、入学において必要とされたのはこの二つであった（ルドルフ、二〇〇三、四六―四八頁）。

一九世紀になってもアメリカの大学はドイツに比べて非常に規模が小さく、教育水準が低く、大学の担う機能に違いがあった。すなわち、ドイツの中等教育機関であるギムナジウムの役割をアメリカの大学は担っており、あくまで子供を一人前のジェントルマンに仕上げるための学校だった。教員が見張る中で、学生は寄宿舎で共に生活し、全員が同じカリキュラムの授業を受けた。授業内容は、基本的にはテキストの復唱であり、どれだけ正しく読み、翻訳できるかが問題で、内容の吟味は行われず、学生たちの学習意欲も高くなかった。唯一、他と性格の違う授業として、最上学年で受ける道徳哲学があり、これは学長が道徳とジェントルマンのあるべき姿を説くもので、カレッジにおいては知識を伝えるよりも、人格の陶冶を目指す場所であるということをはっきりさせるものであった（潮木、一九九三、二四―三五頁）。

こういった中で何人かの改革者が一八二〇年代に大学の改革に乗り出した。ハーバード大学のティクナー、ユニヴァーシティー・オブ・ナッシュヴィルのリンズレーなどが、伝統的なイギリスをモデルとする大学のあり方に疑問を投げかけ、改革を行った。だが、いずれも失敗に終わり、アメリカ社会にドイツのような大学を導入することは時期尚早であることが明らかとなった（ルドルフ、二〇〇三、一二七―一三四頁、潮木、一九九三、三八―九四頁）。逆に、一八二八年のイエール大学によるイエール報告書では、先述のような改革の流れに対抗し、人間の精神の陶冶には古典語と数学の訓練が有効であり、リベラル・アーツが唯一の普遍的教養とされた。そして、カレッジに入学する学生は自分に適した科目を選択するには若すぎる、という点を論拠に、既存のカレッジ、カリキュラムが擁護された。イエール大学の持つアメリカ大学界への影響の大きさから、この報告書は強力な擁護となった（潮木、一九九三、八二―八八頁）。

だが、改革の波は再度勢力を盛り返す。この大きな要因となったのが、自然科学の興隆と、一八六二年のランドグラント法に基づいて農業と機械工学を教えることを目的としたランドグラント大学の開設である（ルドルフ、二〇〇三、二三八―二四〇頁）。ランドグラント大学の開設は、農業と工業の発展に対応する教育がなされていないことが、中産階級の改革者の中で問題視されたことに帰因する。この問題意識が、旧式の学問ではなく、農業と工業という実用的な科目を重視する大学開設のための財政的援助を目的とするランドグラント法を生み出す原動力となった（ルドルフ、二〇〇三、二三九―二四七頁）。

さらに、一八七〇年代からはハーバード大学のエリオットなどに代表される新しい考えを持った学長が就任するようになり、多くの改革が行われた。彼らは大学の拡大成長、組織の複雑化、無数の問題に対処するために多角的な活動を積極的に行った（ルドルフ、二〇〇三、三八〇―三八五頁）。特にエリオットはその先頭に立って、ロースクール、医学教育、さらには中等教育まで幅広い改革を行った（ルドルフ、二〇〇三、二七六頁）。彼の改革の中で最も大きな影響力を持ったのは、科目選択制の導入である。科目選択制の導入の背景には、当時の大学一般が直面していた、学生の学習へのモチベーションの維持の問題があった。

伝統的に、アメリカのカレッジはイギリスのように聖職者の育成が主であった。だが、この時代になると進路の多様化が進み、古典的なカリキュラムでは学生の関心を引くことができなくなっていた（潮木、一九九三、一一三―一一四頁）。また先述のように、そもそも授業が学生にとって退屈なものであったため、学生の関心はむしろ、それ以外の課外活動に向かっていた。

まず、啓蒙主義の影響の下に発達した、復唱では満たされない知性の需要のために、文学同好会が結成された。文学同好会は、一七五三年のイエール大学を皮切りに、まもなくプリンストン大学とハーバード大学にも結成された。文学同好会では理性的な議論が交わされ、またしばしば文芸雑誌が発行された。そして、何より文学同好会の図書館活動が特殊であった。「文学同好会の図書館は、しばしば収蔵図書数においてカレッジの図書館を凌駕していたばかりでなく、幅広い範囲の選書が知性の働きに対して通例のカレッジ図書館の狭い宗教的なメニューよりも遥かに大きな機会を与えていた」（ルドルフ、二〇〇三、一五〇頁）。小説、歴史、政治、科学に関する図書を学生が読むことができたのは文学同好会の図書館を通じてであり、文学同好会は古典的なカレッジに欠けている部分を補完するものとなった。そして、その後、文学同好会に代わるものとして広まったのがフラターニティーである。文学同好会の図書館に匹敵する大学図書館をカレッジが作り出し文学同好会が衰退したこと、また、フラターニティーが文学同好会よりも社交的な集団として高い忠誠心を作り出したことが、その発展の要因となった。こういった社交的現世的な集団としてのフラターニティーは、カレッジの掲げる宗教的な目標よりも学生にとっては重要なものとなった。そして、学生たちは社交だけでなく、運動分野にも自らの場所を見いだした。一八四〇年代後半から一八五〇年代にドイツの移民たちが「体育クラブ」を移入し、多くの都市に広がった。特に野球は全国的な広がりを見せていった（ルドルフ、二〇〇三、一四六―一六一頁）。

学生の授業へのモチベーションの低さ、そして課外活動にそれが消費されてしまうことへの対処策として科目選択制は生まれた。さらに、様々な学問が発達し、それらを四年間ではすべて教えきることができない、という状況に対する対応策としても科目選択制は採用された（潮木、一九九三、一二七―一三二頁）。そして、この制度はアメリカ中に広がり、イエール大学など伝統的なカリキュラムを重視していた大学も大なり小なりこの科目選択制を取り入れた。そして、科目選択制は、学術水準の高い学生に合わせ、教員と学生の間の連帯感を生み出していき、学術的興味の分野を広げ、大学をカレッジからユニバーシティーへと発展させる原動力となった（ルドルフ、二〇〇三、二八八頁）。

また、ギルマンを学長とするジョンズ・ホプキンス大学はヨーロッパの大学に影響を受け、大学院を中心とした大学の整備に着手した。教員はギルダースリープ等ドイツ帰りのものを集めた。彼らは、何より研究を重視し、それまでの伝統的なカレッジの教員のように、学生の監視係のような役割は一切担わなかった。学生への教育は、授業よりも、むしろ自らの研究する姿を見せることによって行った。そのため、授業の時間や期間は教員が自由に決めるのが一般的であった。こうした研究重視の姿勢は、学会などの制度が整えられ、やがてそういった研究者コミュニティでの評価が重視されるようになるという研究の制度化が、一九世紀後半に進んだことによりさらに強まった（潮木、一九九三、一四九―一八四頁）。

このジョンズ・ホプキンス大学の方向性は、イエール大学やハーバード大学等の既存の大学の考え方を揺るがした。エリオットはそれまでは大学院に対してあまり関心がなかったのが、ジョンズ・ホプキンス大学が開設された一八八〇年代になると、大学院の充実を図り、それまでの卒業生中心の教員編成から、研究者として能力があるものを積極的に登用する体制に変えた。また、新設の大学の中にもジョンズ・ホプキンス大学の影響を受けた大学が現れ始める。クラーク大学、シカゴ大学等の大学院を中心とした大学の開設である（潮木、一九九三、一八五―二三四頁）。

かくして、研究重視の考え方がアメリカの大学で一時期大きなウエイトを占めるようになったが、クラーク大学もシカゴ大学も大学院だけでは成立しなかったということからもわかるように、教育重視の考え方も一方では残っていた。一九二〇年代になると、それが大きな反動的な動きとなり、エリート主義と民主主義、イギリス的とドイツ的、ヒューマニズムと科学主義の調和が求められるようになった。これは、学生が、専門化した学問の根幹を見失い、また学科を自由選択できるようになっても独立独行を果たせなかったことが大きい（ルドルフ、二〇〇三、四〇五―四〇八頁）。この反動は、一九一九年のコロンビア大学に始まり、ハーバード大学等にも広がった、最低限の共有されるべき知識を教える一般教育科目の導入へとつながった（ルドルフ、二〇〇三、四〇九―四一四頁）。

大学図書館の歴史的展開

アメリカの大学図書館の始まりは、一六三八年には設置されていたハーバード大学の図書館である。これはジェントルマン養成のための図書館で、当時の教養人が最も関心を持っていた神学についての図書が蔵書の六五パーセントを占めていた。他にも古典作品や翻訳もあり、例えばチャップマン訳のホメロス、ノース訳のプルタルコス、またベーコンやデカルト、さらには英詩などの文学、科学、哲学の図書もあった（Hamlin, 1981, pp. 4-5）。これは、イエール大学やプリンストン大学等他の大学でも、蔵書の規模に違いはあれど同様であった（Kraus, 1972, p. 156）。だが、ハーバード大学がモデルとしたケンブリッジ大学では、大学図書館の果たす役割は小さかった。さらにハーバード大学ではケンブリッジ大学よりも生活の規律は厳しかったのでそれはなおさらであった。また、植民地時代のアメリカでは、いくつかの機関が学生から費用を徴収していた以外は大学図書館に予算はついていなかった。職員は臨時雇いの教員で、しかも図書館員になっても給料は増えなかった。蔵書は寄贈や private library からの遺産贈与によるものであった（Hamlin, 1981, pp. 5-19）。

アメリカがイギリスから独立した後も、大学は古典的プログラムのままだったので、大学図書館の地位は低いままだった。ミズーリ大学のハドソン学長、イエール大学のウールジイ学長などは、図書館は大学にとってそれほど重要ではないことを指摘している。だが、より広い分野での学習を行うため、また教員が教育を行う際の補助として、図書館を重視する大学もあった。ミシガン大学は学長のタッパンが図書館の資金を地元のアン・アーバーの市民から一八五〇年代に集めたため発展した。ブラウン大学のウェイランドもすでに一八三〇年代に同様の資金集めをしていた。何よりハーバード大学は図書館を重要視しており、シブレーは後に述べるように、特に一八四一年の図書館長就任から研究者向けに、あらゆる印刷物から手稿までを網羅した蔵書構成を目指した（Hamlin, 1981, pp. 22-27）。

それでもやはり、ほとんどの大学では図書館は十分に発展していなかった。独立した館の建築がなされたのも、一八四〇年にサウスカロライナ大学が初めてであった。一八五〇年代までは多くの図書館の開館時間は週に数時間であり、場所がないので図書館内での閲覧は実質的に禁止であった。ハーバード大学やイエール大学などの例外を除いて、専門の図書館員も置かれなかった。定期的予算も非常に少なく、寄贈や、学生から資料費を捻出してもらう程度であった。選書は大学外部の運営機関である理事会が最初は担当していたが、数年後に教員たちから構成される運営機関である大学評議会へと移った。選書内容は主に伝統的な図書が中心となり、新しいものは購入されなかった（Hamlin, 1981, pp. 27-37）。最新の図書を読みたい学生は、こうした図書館のあり方に反発し、先述のように文学同好会を結成し、その図書室にウォルタースコットやフェニモア・クーパー、バイロンなど当時の流行の図書を中心に収集した。文学同好会の図書室は、誰でも自由に利用でき、選書や管理は学生たち自身で行っていた（Hamlin, 1931, p. 38-39）。

こういった図書館の状態が大きく変わるターニングポイントとなったのが一八七六年であると、ハムリンは指摘している。アメリカ図書館協会（ＡＬＡ）の創設、*Library Journal* の創刊、Library Bureau（図書館専門家具屋）の創設、*Public libraries in the united states of America* の出版、デューイ十進分類法の公開、カッターの『辞書体冊子目録規則』の刊行といった図書館の地位を高める動きが一度にこの年に起こった（Hamlin, 1981, p. 45）。この頃には、ドイツモデルの影響がアメリカの一部の大学で強くなり、大学が研究の中心となったため図書を多く必要とし、またドイツモデルの影響があまりない大学でも、研究者による蔵書拡大への要求から、図書館は「大学の心臓」になっていった

（ロースティーン、一九七九、二七―二八頁）。具体的な変化として、大学図書館では、（1）蔵書の保存から効果的な利用の重視、（2）効率的なサービスの提供、（3）カリキュラム以外での教育的役割の担当、（4）図書の増加に伴う、主題による図書の分類、（5）様々な書誌事項を記した目録の作成、（6）部局図書館の設置、（7）ＩＬＬなどの他館との協力体制の促進、などの変化が起こった。文書化はされないが、選書方針も広く立てられるようになった。これには、図書館員も多少は関わり始めたが、依然として教員中心で行われていた（Hamlin, 1981, pp. 48-49）。教員は、学問の知識、教員のニーズ、そして学生のニーズをよく理解していると考えられていたためである（Danton, 1963, p. 35）。具体的な選書は、中央図書館を含めた図書館の図書費を各部局に割り当てるという形で行われた。一九一〇年頃には、図書館商議会を通じて、部局に図書費の割り当てが行われ、それぞれの部局の教員が責任を負った（Edelman & Tatum, 1976, p. 226）。この図書費は、中央図書館のために使われることがほとんどで、部局図書館の費用に充てられることは基本的になかった（河井、二〇〇九、三四一頁）。

図書館の改革を主導したのは、ウインザーやデューイが中心であった。ウインザーは、一八六八年から一〇年間ボストン公共図書館の館長を務めた後、ハーバード大学の図書館長になり、アメリカ図書館協会の初代会長の任にも当たった（常盤、一九八四）。デューイは、一八七二年からアマースト大学で図書館員として働き始め、一八八三年から一八八八年までコロンビア大学の図書館長を務めた。デューイ十進分類法の発明、*Library Journal* の創刊や図書館学科の設立など図書館界に多大なる影響を与えた（竹内、一九八四）。

彼らの先駆者としては、ウインザーの前任者であるシブレーがあげられる。一八四一年にハーバード大学図書館で働き始めた彼は、大学図書館にふさわしいすべての資料の収集を始め、そのおかげで図書館の資料と予算が爆発的に増えた。これがアメリカの大学図書館の一つの特徴となり、その後も、一定の質を備えたものという範囲内での収集を目指したヨーロッパに対し、アメリカでは、研究に役立ちうるすべての印刷物を手に入る限り収集した（Edelman

& Tatum, 1976, p. 226）。また、ゼミナールの導入などで多様化していく学部学生の教育に役立つように、多様な図書が収集され（Edelman & Tatum, 1976, p. 228）、リザーブブックのような方法も導入された。さらには、図書館は学生を研究者に育てるだけでなく、ジェントルマンにもなるよう広い教養を身につけさせるべきであるというポッターなどの主張（Shiflett, 1981, p. 148）に基づいて、文化的な図書も注目された。

ウインザーやデューイはシブレーの改革に加え、利用面についても改革した（Hamlin, 1981, pp. 49–51）。ウインザーは学長のバックアップを受けつつ、リザーブブック、ＩＬＬ、開架、カードカタログを始めた。リザーブブックは、すでに附属図書館の検討の中で述べたが、学生は必読することと教員が指定した講義に直接関連する図書であり、それによって学生の自主的・自発的学習を促進しようとする教育形態である（北島、一九七〇、一〇四頁）。すなわち、リザーブブックは教育と図書館を密接に関連づけ、アメリカでは現代でも一般的に行われている制度である。史学、社会学、人文学において教科書の代わりに図書館の資料を読むようカリキュラムが大きく変更され、また、優秀な学生のためのゼミナールを設けたことで、図書館が複本を用意し、それらを別置し出したことからリザーブブックの制度は始まった（Lyle, 1961, p. 1–2）。

デューイも学長のサポートを受け、開館時間の延長、開架化、カードカタログの整備、図書館利用教育の促進、レファレンス課の設置を行った（Hamlin, 1981, p. 51）。

こうして、アメリカの大学図書館は大きく発展し、しっかりした大学院教育を行っている大学は質の高い図書館を持っていた（Edelman & Tatum, 1976, p. 225）。ただし、図書館の発展はすべての大学に及んだわけではなく、南部では改革を行うための予算がない大学もあった。また、大きな図書館でも組織構造は単純で、図書館の発展は図書館長の能力に応じていた（Hamlin, 1981, p. 53, 56）。

一九三〇年代は大恐慌により図書館の蔵書などはあまり増えなかった。だが、*Library Quarterly* (1931), *the Jour-*

nal of Documentary Reproduction（1938）, *College and Research Libraries*（1939）といった雑誌、北米研究図書館協会（ARL）（1938）、大学・研究図書館協会（ACRL）（1932）といった団体が生まれた（Hamlin, 1981, p. 60）。

アメリカの部局図書館については、一九世紀中葉に、コロンビア大学で新しく創設されたロースクールや鉱業学のスクールが大学のメインキャンパスから離れた場所に置かれたため、新たに図書館を建設せざるをえなくなったことに端を発する。そして、組織がさらに大きくなり、学部が設置され始めると、個々の教員が図書を購入するようになった(5)（Hamlin, 1981, p. 171）。だが、部局図書館は徐々に中央図書館員へと管理者が移り（Works, 1927, p. x）、一元的に管理され、できるだけ重複を避け、選書は分散的に行っても図書の購入は集中化し、総合目録も作成しており、教員や学生が自由に図書を使える図書館であった。ドイツにはなかった「システム」という視点がアメリカの大学図書館にはあった（Danton, 1963, pp. 58–61）。

また、アメリカでは公共図書館の発展も著しかった。これにはアマチュア歴史家の増大がある程度関わっている。彼らは資料を求め、ドイツの大学やそこに所属する研究者に追いつくために公共図書館に貴重書などの収集保存を求めた。これがアメリカの公共図書館発展の重要な要因の一つとなった（シェラ、一九八八、二二〇—二三六頁）。

2　東京帝国大学のモデル

これまで、戦前の大学図書館の二つのモデルを取り上げたが、次に日本がこれらをどのように輸入したかを見ていく。まずは、帝国大学がどのようなモデルを取り入れようとしていたか、そして次に大学図書館がどのようなモデルを取り入れようとしていたかを見ていく。

（1）　大学のモデル

モデルを採用する場合には、数ある西洋モデルの中からいずれかのモデルを選択するにせよ、受け入れ側である非西洋諸国が完全なる自由裁量権を発揮しながらよいところだけを部分的に借用する「部分採用」方式と、一つのモデルを「全面採用」する方式の二つがあるが、戦前の日本は前者を選択することとなった（中山、一九九二、一三五―一三六頁）。

日本に大学が設置される前の明治初期には、学校取調御用掛の洋学者が諸外国の大学について調査をしていた。やがて、お雇い外国人の出身国からモデルが選ばれ、留学生もその国々に送り出された（天野、一九七四、四―一六頁）。岩倉具綱自筆の「海外留学生規則案」（一八六九）には、それぞれの国の長所と学ぶべき科目が書かれている。教育制度についても書かれており、ドイツを「諸学校ノ法」のモデルとしようとしたことがうかがえる。中山は岩倉の分析を「明治初年にしては、あまり的はずれでない海外事情の認識をもっていたといえる」（中山、一九七八、四二―四三頁）としている。「海外留学生規則案」はドイツ以外にもアメリカやイギリスをはじめ様々な国のケースが掲載されている。このように取り入れる学問について様々な国をモデルとしたのは、一国とだけ特別の関係を結んで植民地的支配をされるよりも、いろいろな国をモデルにして勢力の均衡を図ろう、という意志が働いていたと、中山は述べている。また、西欧の学問は専門化しているので、日本の学問も専門化させる必要がある、と考えたのではないか、とも指摘している（中山、一九七八、四四頁）。こうして、それぞれの学問領域において最も優れた国を指定し、そこから教師を招き、言語を教育させ、その国に留学生を派遣するという方針が固まった。ただし、外国人教師は、自国の慣行以外は知らないため、自国の制度を持ち込もうとし、特定の学問＝特定の国＝特定の外国語＝特定の外国人教師＝特定の大学制度という関係が成り立った（天野、一九七四、九頁）。

その後、東京帝国大学が設立された当時の文部大臣、森有礼が、「東京大学の実情を探求し、欧米諸国の実例を参酌し、深く考へ遠く慮り、鋭意考査して略成案を得」（東京大学百年史編集委員会、一九八四、一二七頁）た帝国大学令によって東京帝国大学の近代的な組織と制度の基本的な骨格を整えた。森が欧米の特定の国の大学だけにそのモデルを求めた、と見ることは難しいが、国家の大学であり、加えて組織としての整備が最も進み、学術技芸の最高水準の大学として、ドイツを最重要のモデルと考えたのではないか、と天野は指摘している（天野、二〇〇九a、九一―九二頁）。

また、一八八一年に、明治一四年の政変が起こり、これ以後、日本がドイツ的な政権を目指すようになったため、東京（帝国）大学においてもドイツ式官僚制育成に倣い、法学部に特権を与えて強化し、他の学部は自由放任となった（中山、一九七八、七〇頁）。学生や教員の留学先も一八八一年頃からはドイツが多くなり、留学目的も研究者による高度な専門学の研究となってくる（石附、一九七二、二四〇―二四九頁）。

ただし結局は、法科官僚制を構築することしか考慮しなかったので、結果的に、東京帝国大学はドイツの大学とはあまり似たものとはならなかった。神学やレトリックなど西洋では重視されていた科目がすぐに廃止されたこと（中山、一九七八、三九―四二頁）に加え、官吏ではない自由な科目の私講師はあまり歓迎されず、初期には必修科目しか設けられなかった。さらに、大学間の競争システムも存在しなかった（中山、一九七八、六一―六九頁）。東京帝国大学はドイツのモデルを細部にわたって受け継いだというよりも、教授の権威主義やエリート主義的体質ばかりを受け継いでいた。大学の自治（学問の自由）も受け継ぎはしたが、それが機能したのは、政府から干渉を受けた時だけのことであった（中山、一九九三、一四六頁）。

初期の大学では、中山の指摘する以下のような官僚制の論理と学問発展の論理との間で葛藤が起こっていた。

官僚制の論理からすれば、西洋への窓口は一つにしぼりさらにその中身を講座制でしばったほうが能率的で無駄がなく、また管理もしやすい。学問の論理からすれば、アモルフで競争的ふんいきの醸成されることが望まし

い。（中山、一九七八、七一頁）

「国家の須要に応じる」という大学の目標上、官僚の育成を前面に出す必要があるという考え方と、国際的な学問の世界で一定の地位を得なくてはいけないという考え方の溝は、容易に埋まるものではなかった。また、帝国大学ができるまでには多くの留学生を海外に派遣し、学問ごとに様々な国のシステムを別々に導入した。そのため、帝国大学は学問ごとに別々の高等教育機関が形成された後に、それらを半ば強引に統一する必要があった。その結果、すでに述べたように部局ごとの独立の傾向が強くなった。

このように、「ドイツ的」な国家中心の大学構想をある程度取り入れつつ、森有礼は強権的な大学を作ろうとしていた。だが、それも森が倒れたことで、変更を余儀なくされ、第1章で述べたように教授会や講座制を導入した井上毅によって、それぞれの部局がある程度の自治を行えるように変更された。

だが、ドイツの制度をそのまま取り込むのは、やはり日本の制度とうまく合わない部分が多かった。そのため、井上の帝国大学令の改正によって、帝国大学を官僚組織の中にもっとしっかりと位置づけ、講座制も、帝国大学をよりよく管理しようという意図を含みつつ導入されたものとなった（中山、一九七八、一四七―一四八頁）。帝国大学への講座制の導入、「専門」の強調という一連の政策は、伊藤博文がドイツの宰相ビスマルクから教わった大学対策で、政府はこの政策により教員たちから政治的関心を奪った（木村、一九六四、一七〇頁）。

こうして作られた講座の初代担当者は、前述のように主にドイツに官費で留学し、帰国後お雇い外国人に代わって帝国大学教授の地位に就いたものがほとんどである。明治政府に養育された彼らにとっては、明治政府は絶対的であり、政府を通じて何事も行うべしという発想があった。例えば、長岡半太郎は講座制の導入された一八九三年にドイツに留学しているが、ドイツの大学教授がポケットマネーで研究資材を購入しているのを見て驚いた、という例を中山は紹介している。日本では当然、そういった資材は政府の費用でまかなわれるのが常識だったからであろうと指摘している。そうしながらも、訓練を海外で受けた帝国大学の教員は、自身にとって利益となる主張を政府に向けて発していた。一八八九年に外山正一ら帝国大学教員が提出した「帝国大学独立案私考」などがその例で、この中では、軍部の統帥権の独立と同様の権利確立を大学や研究者の目標としていた（中山、一九七八、一四八—一五〇頁）。

かくして、一八八〇年代後半の帝国大学による権利独立の主張により、帝国大学は明治国家のなかで「一小国家」となった。そして、講座制は、教員を政治に関わらせないようにして大学の効果的管理を果たす機能とともに、その反面、天皇の後ろ盾によって容易に侵されない相対的独立の地位を政府から勝ち得る機能も持つこととなった（中山、一九七八、一五〇—一五二頁）。

講座制以外の管理制度でも、大学評議会に集中していた学問的事項に関する諸権限が、制度改革を契機として、次第に分科大学に移行していった。一九〇〇年代には、学位令改正についての諮問が大学評議会でなく、教授会になされている事実もあり、大学自治の性格変化が起こりつつあった（寺崎、一九七九、三三四頁）。そして、一九〇五年の戸水事件、一九一四年に京都帝国大学で起こった沢柳事件において、教員任免権などについて分科大学側が勝利し、人事権でも優位であることが示された（天野、二〇〇九b、三四二—三五〇頁）。

こうして（東京）帝国大学は、一つの大学でありつつも、内部は独立した部局や講座が寄せ集められただけという体制となり、様々な分野が自由に学べる総合大学としての利点はなかった。総合大学であることを学生にアピールすることを重視するという考えも、何も工夫をせずとも学生が集まってしまう（東京）帝国大学の存在の前には効力を持たなかった。（東京）帝国大学の総合性が主張されるのは、実際には学内の連帯がなくとも「一流品は何でも揃えています、というデパート的権威の共同体の維持」と、法科大学を卒業することで得られる高級官僚への法科出世コースとの「虚名の連帯」をその出世コースには実際には乗っていなかった各分科大学が失いたくなかったからであった、という中山の指摘（中山、一九七八、一六八頁）がまさに当てはまる。

こういった帝国大学のあり方への改革は何度か試みられている。それは、日本の大学制度自体の改革の試みとある程度リンクしており、その最大のものは明治後期から大正中期にわたる大学改革である。そこでは大学以下の学校の教育、大学卒業までの修業年限、そして官公私立の主に単科の学校を大学と認めるか否かといった課題が議論された（東京大学百年史編集委員会、一九八五、二〇七―二一一頁）。政府がこの課題を論じるために一九一七年に設置した臨時教育会議における、単科大学を認めるかどうかの議論の中で当時の帝国大学について、江木千之は以下のように論じている。まず、天や神に関わる真理を扱う哲学部、人間と人間との間の真理を扱う法学部、人間と人間の主体の関係の真理を扱う医学部、人間と空間、時間との関係の真理を扱う理学部、この四つに人間の真理を研究する学問は理論上分けられ、理学部の応用として工学、農学があることを指摘している。そして、大学では人間の真理を取り扱う以上、これらの学問を取り扱うのが理論上当然であり、これらの学部は互いにヒントを与え合い、提携し合い、奨励し合うことで初めて発達することができる。したがって、本来は単科大学というものは必要ない、と指摘している（資料臨時教育会議、一九七九、一九―二一頁）。山川健次郎も、東京帝国大学においては、各分科大学の間でお互いに接する機会が学生にも教員にもあり、学問のこと等について意見を交換することがあると主張している（資料臨時教育会議、一九七九、四一―四二頁）。ただし、江木も山川も現状においては単科大学も必要であることを述べている（資料臨時教育会議、一九七九、二二頁、七八―八〇頁）。また、嘉納治五郎は、総合大学でも、実際のところ分科大学間の関係はあまり密になっておらず、自分の専門とは異なる分科大学の授業に出席する学生もあまりいないことを指摘している（資料臨時教育会議、一九七九、三九頁）。古市公威は、工科については総合大学のように他の学科と同じような教育を行うことは好ましくないとし、また各分科大学にはできるだけ自由を与えることが重要であると述べている（資料臨時教育会議、一九七九、四七頁）。鎌田栄吉も、古市と同様、各分科大学に自由を与えることの必要件を指摘している（資料臨時教育会議、一九七九、六一―六二頁）。少なくとも現状では、単科大学の存在を認める意見が大勢を占めていたが、大学の総合性を最終的には重視する意見と、学部ごとに独立した大学を望む声が対立していることがうかがえる。

こうした議論を経た上で一九一八年に発布された大学令では、単科大学も例外的に認められつつも、結局総合大学を理想とすることになった。また、分科大学という名称を学部に変更し、大学の総合性を高める方向性が示されている（東京大学百年史編集委員会、一九八五、二二一頁）。大学令に続いて一九一九年に帝国大学令も改正されたが、ここでも、大学の総合性が強調され、帝国大学は数個の学部を「総合した」ものとする、また、教授・助教授はそれまで分科大学に所属していたものを帝国大学に所属することとするとされている（東京大学百年史編集委員会、一九八五、二三二頁）。

だが、実際の帝国大学の統治機構にほとんど変化はなく、大学評議会で教授・助教授の人事については平賀粛学等の例外を除いて扱われず、教授会が人事を扱っていた（東京大学百年史編集委員会、一九八五、二九二―二九七頁）など、学部が独立した運営を行っていたといえる。また、ドイツとは異なり、学問の統一という論理は機能しておらず、さらに部局の独立傾向は強かった。これにより、学生を引きつけるための教育的な設備であり、一つの大学としてまとまるためのシンボルでもあり、授業と関連する図書や教養的な図書を揃えた教育型の全学的な附属図書館はあまり重要ではないこととなる。

（2）図書館長の目指したモデル

続いて、図書館の館長（管理）がどのようなモデルを取り入れて図書館を運営しようとしていたのか、主に館長の留学先や海外視察先を中心に検討していく。検討する館長は、第4章と同様に田中稲城、和田万吉、姉崎正治までとする。戦前の図書館長はあと数名いるが、彼らの時代にほぼ東京帝国大学図書館の方向性が決定づけられていたと考えられるためである。

田中は、大学図書館に限らず公共図書館も含めた図書館一般について学ぶために留学したが、留学先である国々の記録には、大学図書館についての記述もある。それは、最初に訪問したハーバード大学についての報告で、部局図書館との関係についても含めて、以下のように論じている。

以前ハ各館独立ノ姿ニテ何モ相互ノ関係ナク、重複ノ書ヲ買入レ多数ノ人ヲ役シ、無益ノ費用不少ヲ以テ、今ノ館長就職ノ初メ経済上ヨリ一統之議ヲ出シ、二点マデハ本部図書館ニテ統轄シ、其以外ニ於テ各自ノ法ヲ用ヒル事ト為シタリト云フ、即チ当時ハ各館ヨリ図書買入ノ請求アル時ハ、其注文買入ヨリ目録編纂マデ本部ニテ取扱ヒタル上其書籍ヲ引渡スコトナリ、尤モ其書籍ハ甲館ヨリ乙館ニ、乙館ヨリ丙館ニ流用シ務テ彼我ニ便シ無用ノ費ヲ省クノ方法ナリ。（中略）

大学図書館ノ建築ニハ、第一講究セザルベカラザルハ支館ヲ設クルノ可否ナリ、此迄ノ見聞ニヨレバ支館ヲ設クルハ必要ト思ヒシニ、過日当大学ノ史学教授ニ乞テ其高等生ヲシテ自分研究ヲ為サシムル方法ヲ見テ、其史学図書館ヲ特設セザル所以ヲ尋ネタレバ、氏ハ答テ、高等生ノ研究ハ、決シテ如此有限ノ書コリスルニ非ズ、大ナル図書館ニ入リ諸書ヲ参見シ、殊ニ多ク記録類等ニ就キ事実ヲ捜索セザルベカラズ、如此モノ悉ク史学図書館ニ分ツベケンヤト云ヘリ。（中略）

小生モ今少シ諸方ヲ巡視シタル上其研究ノ結果ヲ御通報致スベシ、但今日ノ卑見ニテハ右ハ各得失アリ、便利ヨリ云ヘバ支館ヲ設クルニ如カズ、整頓上及ビ火災予防上ヨリ云ヘバ堅牢ナル一宇中ニ分室ヲ設クルニ如カズ、就イテハ両制ヲ折衷シ、必用中ノ必用ナルモノノミヲ支館ニ分チ、其他ノ書籍ハ仮令各専門ニ属スルモ、本部図書館ニ場所ヲ定メ配置スルノ法ト為サンコトヲ希望ス。乃チ支館ハ教場ニテ可然（当大学ニテモ神学部・法学部ノ外ハ特別ノ建物ナシ）ニ付、此度ハ新築ハ堅牢ナル図書館閲覧中ニ分室ヲ設ケ、各学部ニ配当スルコトト相成タシト考フ、猶内部ノ便否ニ付テハ追々御通報致スベシ（竹林、一九四二、三八八頁）。

日本的折衷の考え方だが、ここでのポイントは「必用中ノ必用ナルモノ」のみを支館＝分館におき、他の資料は「仮令各専門ニ属スル」ものであっても本部図書館＝中央図書館に置くべきであるとして、中央図書館中心のシステムを考えていることである。また、部局図書館に置くような専門的な図書も、むしろ中央図書館の中に置くべきことを述べている。また、田中はその後も図書館システムのあり方について、分館は「庶務、蔵書、目録等殆ド独立」してはいるが、「書籍ノ購買、館員ノ養成、目録編纂等皆中央図書館ニテ処弁」するべきであると述べている（文部省、一九一二、七―八頁）。これは主に公共図書館を中心として論じているが、大学図書館が他の図書館から未分化であったという当時の状況を考えれば（岩猿、一九九八、一頁）、大学図書館についても同様に考えていたと思われる。ここから、教育型のモデルに近い、中央図書館と部局図書館とのつながりを踏まえた図書館システムを志向していることがわかる。

次の図書館長である和田万吉は、何度か引用した「帝国大学図書館ノ規模拡張ニ関スル建議」の中で、アメリカ、ドイツ、フランスといった海外の事例を紹介しているが、図書館評議会の箇所では、第5章でも指摘したように、ハーバード、イエール、コーネル、ケンブリッジ、グラスゴーという五つの大学の図書館評（商）議会について述べている（波多野、一九四二、三九九頁）。図書館商議会というシステムは、ドイツでも設置されていたにもかかわらず、あえてアメリカとイギリスの図書館を選択していることから、和田がアメリカやイギリスの大学図書館に大きな関心を寄せていることがわかる。

この後和田は、一九〇九年に官命で欧米の図書館視察旅行に出かけている。まずサンフランシスコに向かい、大学と市立の両図書館を視察、スタンフォード大学などを見つつ、シカゴ、ニューヨーク、ボストン、ワシントンとアメリカを回り、その後、ロンドンをはじめとしてイギリス、そしてフランス、ベルギー、オランダ、そしてドイツへ入り、ライプチヒ、ドレスデン、ミュンヘンを回った。そして、イタリア、スイスなども見学した。視察した図書館は、イギリス、イタリア、オーストリア、ハンガリーが八程度、フランスは一六だったが、ドイツは二四、アメリカにいたっては五九にもなっている（弥吉、一九八七、一六―一九頁）。

「重きを学校図書館に置いた」[6]（和田、一九一〇、二頁）という発言に現れているように、大学図書館が視察の中心であった。特に、アメリカの大学図書館は、人員の数、実質について世界に誇る内容であるとしており、視察についての談話でしきりに引き合いに出している（和田、一九一〇）。このように和田もまた、アメリカに代表される教育型の図書館をモデルにしていることがわかる。

最後に、姉崎正治の採用したモデルを見ていく。姉崎は、関東大震災で資料が損壊したことの責任をとって辞任した和田に続いて図書館長に就任した。その事情は以下のように語られている。

国宝級の貴重書が数知れず灰となったわけです。そこで当時の館長は自然、身を引くことになり、大学当局はその後任にどういう人をえらぶかという問題に当面することになりました。時の総長は古在由直さんでしたが、おそらく図書復興委員長の山田三良さんとも幾度か談合があったのでしょう。その結果、このさい法学部とか工学部とか、そういう場違いのところから持ってくるよりも、これはやはり従来の慣習どおり文学部畑からえらぶべきであろうということとなったようです（水野、一九七四、七〇―七一頁）。

姉崎が館長に就任したことは、図書館にポジティブな影響を与えた。学内で地位が高い学部長クラスの教員が館長になったことで、図書館への障壁がある程度なくなったことが指摘されている（永峯、一九六八、一八六頁）。

　そして、一九二五年から復興の計画を立てるために図書館員の永峯光名とともに渡米している（永峯、一九六八、一八五頁）。研究者としては一九〇〇年からドイツ、イギリスなどに留学している。その最中の高山樗牛との手紙のやり取りの中では、ニーチェやショーペンハウエルに心酔している様子が見られるが、「君よ学術の最も進歩したりと称せらるるドイツの今の学術が、此くまでに無統一無精神に陥りて、思想が思想としての品位と信用とを失墜せしは」（高山、一九一八、四一五頁）、「僕の宿に五六人ドイツ人が居る。皆ハイカラの極で嘔吐を催する。国に居るドイツ人とは大違いで可笑しい。他に人の話にも、此地に居るドイツ人は、生意気の半可通が多いとの事。彼等のショヸニズムは国に居る時だけで、他国に出ては海月の如くなる（ママ）」（高山、一九一八、四四三頁）と、ドイツについては批判的な態度をとるようになっており、ドイツからの影響、ひいては研究型の図書館モデルというものの影響はそこまで大きくなかったと考えられる。

　帰国後の姉崎の図書館運営を見ても、そのことはうかがえる。それまでの図書館運営は、「大学の授業は授業、図書館は図書館という形で連絡しあうということはなかったんです。それだからある図書を見せただけのという傾向」（永峯、一九六八、一八六頁）があり、こういった状態を脱するため、姉崎はいくつかの改革を行い、特に指定図書の設置は、授業と附属図書館を結びつけるものであった。指定図書制度は、アメリカの大学図書館におけるリザーブブックをモデルにしていることは第4章で述べた。阪田は、こうした改革により附属図書館は教育に力を入れた図書館となっていったことを指摘している（阪田、一九九三、一一七―一一八頁）。また、「大学の行政に図書館がまったく、つんぼさじきに置かれて、たとえば新しい学科の創設があるんでしょう、そうすると学生の使う図書にひびいてこなきゃならない、それがなかったんですね「制度としては困ったことだよ」と［姉崎は――引用者注］いっておられましたが、困ったことがあったんだと思いますが、われわれにはわからないですが」（永峯、一九六八、一八八頁）と、大学や学部と図書館との連携を希望していたと永峯は示唆している。

以上、東京帝国大学図書館の図書館長の採用したモデルを見てきたが、アメリカをはじめとする教育型の影響が一貫して強いことがわかる。

日本の図書館界全体においてもアメリカの影響力は強かった。これには、初めての図書館専門団体であるアメリカ図書館協会の発足など、当時のアメリカで先進的な試みがなされていたためというだけではなく、文部官僚で教育者の手島精一の影響も大きいと思われる。彼は、博物館や工業教育など様々な分野で活躍しているが、日本の図書館の立役者としても無視できない人物である。図書館に直接関わったのは、一八八六年から一八八九年までの四年間の東京図書館の主幹としての立場からのみだが、先述の田中の留学を斡旋し、図書館独自の官制の設置などの事業を行っている（上野、一九七八、三九—四一頁）。そして、手島が図書館論を展開する際には、必ずといってもいいほどアメリカの事例を取り上げており（倉知、二〇〇三、四八頁）、アメリカの図書館思想に強い影響を受けていた。

ここで注意すべきなのは、基本的に図書館界では公共図書館が中心であったということである。先述のように、アメリカでは公共図書館が大学図書館が担うべき学術の面まで取り込むほど発展しており、手島も社会教育の場であるアメリカの公共図書館を前提に置いていた。ただ、すでに述べたように当時の日本では館種の意識が未成熟であり、大学図書館は学校図書館と同じカテゴリに入れられてしまう程度にしか認識されていなかったため、当時のアメリカの図書館制度が、公共図書館だけでなく、日本においてすべての館種で取り入れられた結果が、このような三館長が採用したモデルへ影響していると思われる。

（3）実際の図書館システムとそのモデルとの関係

ここまで、東京帝国大学とその図書館の運営モデルの考え方を見てきたが、では実際に、東京帝国大学図書館がシステムとしてどのように運営されていたか、どういったモデルを採用していたのか、そしてそれは教員の図書館に対するどのような考え方を表したものであるのかを、ここまでの成果を踏まえつつ検討していく。まず、第1章、第2章、第3章、第4章で特に注目してきた蔵書という観点から、中央と部局の図書館それぞれの位置づけを見ていく。そして次に、第5章と本章で取り上げた中央と部局の関係という視点から見ていく。

蔵書の管理から見た運用形態

第1章で検討したように、図書館の蔵書の予算上の購入主体として、大学が国家から完全に独立していたわけではなかった。ただし、国家が蔵書に大きな影響を与えていたとは考えづらい。また、外部からの研究費補助は、理系中心で、文系はあまり受けていなかった。蔵書購入予算の学内における実際の分配は不明だが、学内の管理制度から類推する。東京帝国大学は、管轄の異なるいくつかの学校が半ば強引に合併してできたものである。また、特に一八九三年に始まる井上毅の改革以後は、国家や大学本部から、権力が学部や講座に移行しており、東京帝国大学は、個々の講座や学部はある程度発展しても、それらを一つの大学としてまとめる求心力がない分散的な制度であったといえる。これは図書館の制度も同様である。一八八六年に制定された帝国大学図書館規則の第一条は、附属図書館を「大学院及ヒ分科大学ノ図書ヲ貯蔵スル所」とし、部局図書館については明記されていないが、すでに見たように実際には、部局図書館は遅くとも一九〇〇年頃にはすでに存在していた。そして、一九一八年の図書館規則の改正により、部局図書館の存在が制度上も容認され、学内の図書は、制度上でも分散的な管理がなされることとなった。

部局図書館は、各部局ごとに多様な形で図書館運営が行われていたが、形態は大きく二つに分けられる。一つは、蔵書の扱いも含めて運営が集中している学部である。これには、経済学部と震災後の法学部、駒場時代の農学部、部分的ではあるが震災後の医学部があたる。もう一つは、学科、研究室ごとに分散して運営されている学部である。これは、理学部、工学部、文学部、そして震災前の法学部と医学部、本郷移転後の農学部が当てはまる。

本書で検討した両運営形態の代表といえる心理学研究室図書室、経済学部図書室両者において、図書室は研究室の内に置かれ、所属する教員や学生は利用ができ、選書等の重要な業務は教授を中心とした教員によって運用されていた。したがって、教員は有利に利用できたと考えられる。ただしその蔵書は、心理学研究室図書室では最初期は各教員の研究と強い関連を持っていたが、徐々に関連がなくなり、和書はほぼ購入しないという方針は維持しつつ、心理学一般との関係が強くなっていった。経済学部図書室でも、蔵書は経済学部の分野を広くカバーしており、あまり特定の教員に偏った選書は行っていなかった。すなわち、両図書室とも、教員の専門分野にとって重要なものではなくなっていた。

各教員個別の専門性に対応していたのは、図書室としては開放されていない私蔵書であったと考えられる。学問分野の増加に対応をしては講座数が増えず、教授に匹敵する能力を有していても助教授にとどめられ、そのため研究能力から見た教授の講座内での地位は低下した。そうした状況下で教授が地位や権威を守るために、他者と共有するのではなく、研究に有用な図書を独占するということが起こったと思われる。例えば、第二次世界大戦中の思想弾圧が厳しくなった時代に形成された阿部勇や大内兵衛らのグループは、大学で表立って研究ができないという制約があったとはいえ、大学の図書室を用いず、外国の経済雑誌を資料として自分たちで集め、『資本論』の輪読等を行っていた（大内、一九六〇、二四七―二五〇頁）。慶應義塾大学は図書館を重視したともいわれているが、一九二四年から図書館監督（館長）になった小泉信三の時代においても「教授達も当時は私蔵書の多さを以て誇りとし、図書館の本を利用することは比較的少なかった」と、図書館よりも教員の私蔵書に重きが置かれていたことが指摘されている（慶應義塾三田情報センター、一九七二、一一六頁）。野々村一雄も「学者の生活は、まず、本代との格闘である。学者になるには、できるだけたくさんの本を買って持っていなくてはいけないが、その本代をどうして支払うかということが、大変な問題である」と、私蔵書をいかに多く持つことが日本の学者にとって重要かについて述べている（野々村、一九七八、一二頁）。もちろん経済学部における土屋喬雄のように、自分の専門分野に関連する図書を部局図書館に積極的に購入させるものもいるが、それは例外的で、経済学部図書室でも予算を自らの研究と関連する図書を購入するために積極的に利用しようとした例はあまりなかった。

しかし、教員が私蔵書を重視していたといっても、部局図書館はある学問分野について、一定のレベルを保ちつつ、幅広い図書を収集することで、学生の研究の基礎となる役目を果たしていたのではないかと考えられる。さらには、部局図書館はその分野の学部、研究室としてのアイデンティティを保つ機能さえ有していたのではないかとも考えられる。例えば、心理学研究室図書室と経済学部図書室は、附属図書館とは異なった、それを見るだけでもその分野の全体を把握することができる図書分類をしていた。また経済学部図書室では、演習と図書室を積極的に関連づけており、学生が演習の調べ物のために図書室を利用し、そういった学生を図書室で指導する教員もいた。

一方、附属図書館は部局図書館ほどではないにせよ、物理的に文系の学部の近くに置かれ、大学を卒業したものを多く含む司書、司書官を中心として運営が行われていたが、利用者である教員や学生とは距離があったといわざるをえない。姉崎は、大学の情報が図書館に十分に伝えられず、新しい学科が創設されても、それが附属図書館の蔵書の利用には反映されなかった（永峯、一九六八、一六頁）と述べている。そして、初期の附属図書館は、図書をただ保管する場所であったか、あるいは部局とは別個に集書をしていたと思われる。一九二〇年代後半には学生の意見や売捌者である書店などの意見を多少取り入れつつ、和洋書主任や館長といった図書館員が選択して購入していた。教員の意見は、図書館長や司書官を除いては、あまり反映されなかった。こういった図書館の改革として、例えば姉崎正治は授業と連携するという指定図書の制度を導入したが、これも徹底がなされず、中途半端なものに終わった。さらに、新刊書の収集は非常に難しい状態で、寄贈の割合が非常に高く、教育的、研究的問わず計画的な蔵書を構成することすら難しい状況だった。これらから考えると、附属図書館は、教員にとってほぼ物置に近い状態だった。第5章で述べたように、図書館商議会の中で附属図書館自身も各部局から不要になった図書を送ってもらうよう希望していた。

東京帝国大学の図書館システムは、大きく部局図書館と中央図書館に分かれるが、両者は独立した運営を行いつつ、教員の研究への補助に関してはあまり力を入れていなかった。特に、部局図書館はその学問分野全体の図書をまんべんなく収集しており、教員個別のニーズに対応した図書を購入することはなくなっていった。教員の研究は附属図書館や部局図書館ではなく、教員個人の蔵書によって担保されていた。そして、附属図書館は教員とは全く切り離されており、寄贈が中心だったので、大学内で附属図書館独自のアイデンティティを確立するのは難しかった。

中央と部局の関係

最初期には、附属図書館は集中的な運営が行われようとしていたが、部局図書館が設置されてしまい、学内に図書館が複数並存することになった。また、部局図書館の蔵書の管理責任は附属図書館と部局両方が持つという複雑な状況になった。それでもその後も、附属図書館は中央図書館として、図書館商議会を通じて、学内における洋雑誌の統一購入を提言することで部局図書館をコントロールしようという意志を見せていた。だが、附属図書館のその提言も官庁等の外的な要因に基づいたものであり、結局のところ、部局の抵抗によって、十分に機能はしなかった。附属図書館のこうした提言等はアメリカ的な集中型の図書館システムを構築しようとする意志の現れと見なすことができる。だが一方、東京帝国大学自体は、学部や講座ごとに権力を集中するというドイツ的な分散型の運営を志向していた。図書館長が姉崎になるまでは、ドイツ型が優勢を占めていた。

さらに、図書館商議会の記録によれば、附属図書館をコントロールしようという意向が一部の部局にあり、中央図書館としての附属図書館の独立は学内的に必要とされていなかった。この部局主導による大学図書館の運営は、中央と部局がそれぞれ並存するというドイツ型とも異なる日本的研究型スタイルといえる。それぞれの部局は部局図書館の運営を独立して行い、各学問や各学部、各講座というレベルで必要な図書を収集、保管し、利用できるようにする。そして、各部局は、極端にいえば、自分の部局に都合がいいサービスをすることだけの役割を附属図書館に望み、附属図書館の予算も部局に回す、という考え方さえ各部局は持っていた。実際、記録には残っていないが、商議会の議事録の草稿では、附属図書館は不必要ではないか、という意見が出され、結論は出なかったので、次回改めて議論することになっている（第一回商議会記録）。

東京帝国大学は、ドイツの理想主義や博識主義の涵養や、教養を持ったジェントルマンの育成といったアメリカの理念など、あるべき大学像の歴史や理想を持たず、中山が指摘したように、そもそも別々の学校が半ば強引に合わされ、政府の意向に沿って開設されたものであった（中山、一九七八、三四—三五頁）。つまりは、国家に奉仕するための官僚の養成や、現実の政治とは切り離された専門研究者の育成を目的としていた。そうした経緯や目的が教授の権威主義をはびこらせる講座制の確立へとつながっていった。すなわち、東京帝国大学には、大学や学問を総合的に捉える視点が欠けていた。それぞれの学問や部局は別々のディシプリンの下、個別に運営されていた。

そういった状況は図書館に対する考え方にも反映されていく。

欧米の大学は、研究型、教育型問わず、すべての学問を統合し、学生を教育するという理念から出発し、そうした理念を体現するものとして、各学問を総合的に一望できる中央図書館を「大学の心臓」と位置づけていた。その一方、東京帝国大学では、学問が個別に導入されたことにより、そうした理念は理解されなかった。東京帝国大学の各部局図書館では、その部局が対象とする学問分野を主題とする通り一遍の図書は収集、保管されていた。しかし各教員それぞれが専門的な研究をする際に必要となる図書は、各教員が私蔵し、広く公開利用されることはなかった。ドイツやアメリカの大学中央図書館がまがりなりにも「大学の心臓」とされてきたのに対し、そうした考えは、東京帝国大学の図書館行政において、一部の図書館関係者にのみにしか抱かれなかった。管理的には、各学問を総合的に扱うことは、各部局の講座制によって担保される教員それぞれのなわばりを侵犯するものであり、既得権の面からも許容されるものではなかった。思想的には、そもそも学問とは個別独自なものであり、総合できるものではない、という考えを、実学の導入を望む政府や、その意向の下に設立された東京帝国大学は持っていた。教員たちもそうした状況で養成されたので、個別の領域のみを扱う講座という制度を超えて、学問への総合的な視点や認識を持つのは難しかった(7)。

こうして教員らにとって中央図書館としての附属図書館とは、大学や学問を一つにまとめるシンボル的存在ではなく、自分が所属する部局の利益に奉仕するためだけに利用する存在でしかなかった。そして、こうした教員の附属図書館に対する考え方は次世代にも継承、再生産され、附属図書館の重要性はさらに低くなっていく。すなわち、附属図書館は重要ではなく、部局図書館は一定の必要性は有するが、教員にとって本当に重要な図書は私蔵するという図書館システムの捉え方が、各学問をますます専門という閉域へと追いやることになった。

学問が高度に専門化していき、専門家の育成が要請される中では、無駄な知識は極力省き、専門に関わる知識だけを効率的に学ぶことが重要になる。それが、後進国であった日本の発展の近道であり「国家の須要」を満たすものであった。こうして、東京帝国大学付属図書館はその存在意義を換骨奪胎されていったのである。

まとめ

本章では、東京帝国大学の図書館システムの教員から見た位置づけについて、そのモデルや実際の運営から検討した。

図書館に限らず東京帝国大学の制度は海外からの輸入によって成り立っていたが、当時の図書館システムのモデルは二つあった。

一つは、ドイツの大学に代表される研究型である。このタイプでは、親機関である大学が官僚養成を目的としながらも、理想主義という全学共通の基盤を持っていた。各部局の教員の権力は強い。図書館においては、中央と部局は独立して並存しており、学問的価値の高い図書だけ購入している。

もう一つは、アメリカの大学に代表される教育型である。このタイプは、研究だけでなく教育を重視しており、組織運営機関である理事会もジェントルマンの育成を主眼に置いていた。図書館においては、部局図書館が存在していたとしても、中央による一元的組織体制が構築されており、研究目的だけでなく教養教育に資する資料や図書も収集していた。

東京帝国大学は、研究型の官僚育成の側面を重視し、官吏養成機関としての法学部を重視した。各部局は、大学として一元的にコントロールされるのではなく、独立して運営されることを望んだ。図書館は教育型よりも研究型の傾向が強かった。その一方、附属図書館の基礎を築いた三人の館長は教員型を重視していた。

東京帝国大学の図書館システムは、部局図書館と附属図書館が個別に運営されており、ドイツ的な研究型に近かった。ただし、部局図書館も附属図書館も研究目的での教員による利用がされていない点は共通しており、教員の研究は教員個人の私蔵書が担保していたと考えられる。部局図書館は、一定レベルの蔵書を構築することで、学問のアイデンティティを保つ役割を担っていた。そして、附属図書館が部局図書館をコントロールすることはできず、逆に一部の部局からは自分たちの都合のいいようにコントロールされる、あるいは、必要とされていない存在でしかなかった。

そもそも、東京帝国大学自体が統一した理念を持たないで開設されており、これが、本来は知識を広く共有する図書館という存在の否定につながったと思われる。東京帝国大学は、ドイツ的な研究型をモデルとしているが、行われる各研究の根底に通底する理念はない、と結論できる。

注

（１）プラハ大学は、その当初は教員と学生両者が選挙、被選挙権を持つという点で、教員のみが権力を持っていたパリ、学生団体のみが権力を持っていたボローニャとも違うより民主的な組織であったが、この独自性はすぐに廃れ、パリ的な組織となっていった（島田、一九六七、七四―七五頁）。

（２）その中でもフンボルト、そして彼の構想の下に一八一〇年に開設されたベルリン大学は重要なメルクマールであると二〇世紀以降考えられてきた。だが、今日ではフンボルトの思想は当時知られておらず、二〇世紀初頭に再発見されたもので、また、彼の思想と合致するものは一九世紀中葉まではは っきりと成立していなかったというのが一般的な捉え方である（アンダーソン、二〇一二、五五頁）。

（３）例えば、キール大学のもの（Ordnungen der Universitätsbibliothek zu Kiel, 1847）があげられる。ここでは五人の構成員のうち、図書館長一名と各学部の教員一名、主として教授、となっていた。

（４）一方アメリカでは、同様の統計はないが、八〇パーセント以上の教員が中央図書館を利用していると考えられるとダントンは指摘している（Danton, 1963, p. 51）。

（５）ただし、ドイツの大学の影響を大きく受けたジョンズ・ホプキンス大学などを除く多くの大学は、よく使う図書や特定の利用者を対象にした図書を別置したゼミナールコレクションを中央図書館内に持ち、そちらに力を入れていた（Hamlin, 1981, p. 53）。このゼミナールコレクションには図書館のスタッフは置かれず、その分野の教室、縄張りとして考えられていた（Hamlin, 1981, p. 172）。

（６）当時、学校図書館と大学図書館に区別はなかった。和田は現在でいうところの学校図書館は視察していない。

（７）教養主義という考え方が特に大正時代広く大学生の間で流布したが、それは主に旧制高校が担っていたと考えられる。ただし、これについては今後検討していく必要がある。

引用・参照文献

天野郁夫（一九七四）「日本の高等教育発展過程における『モデル』問題」『大学史研究通信』第八巻、四―一六頁
天野郁夫（二〇〇九ａ）『大学の誕生〈上〉――帝国大学の時代』中公新書
天野郁夫（二〇〇九ｂ）『大学の誕生〈下〉――大学への挑戦』中公新書
アンダーソン、R、D、安原義仁／橋本伸也訳（二〇一二）『近代ヨーロッパ大学史――啓蒙期から一九一四年まで』昭和堂
石附実（一九七二）『近代日本の海外留学史』ミネルヴァ書房
岩猿敏生（一九九八）「戦前のわが国における大学図書館研究」『大学図書館研究』第五四巻、一―八頁
上野一（一九七八）「手島精一と図書館」『図書館学会年報』第二四巻第一号、三七―四四頁
潮木守一（一九九三）『アメリカの大学』講談社学術文庫
潮木守一（二〇〇四）『世界の大学危機――新しい大学像を求めて』中央公論新社
大内兵衛（一九六〇）『経済学五十年』東京大学出版会
金子元久（二〇〇七）『大学の教育力――何を教え、学ぶか』ちくま新書
河井弘志（二〇〇九）『図書選択論の視界』日本図書館協会
北島武彦（一九七〇）「大学図書館の指定図書制度に関する一考察」『東京学芸大学紀要　第1部門　教育科学』第二一巻、一〇三―一一二頁
木村毅（一九六四）『早稲田外史』講談社
倉知典弘（二〇〇三）「手島精一の「社会教育」論の検討――実業教育と社会教育の関連に関して」『京都大学生涯教育学・図書館情報学研究』第二巻、三九―五八頁
グリーン、V、H、H、安原義仁、成定薫訳（一九九四）『イギリスの大学――その歴史と生態』法政大学出版局
慶応義塾大学三田情報センター編（一九七二）『慶應義塾図書館史』慶応義塾大学三田情報センター
阪田蓉子（一九九三）「大正期の高等教育政策と東京帝国大学附属図書館」『梅花女子大学文学部紀要　人文・社会・自然科学』第二八巻、一〇一―一二二頁

シェラ、J、H、川崎良孝訳（一九八八）『パブリック・ライブラリーの成立』日本図書館協会
島田雄次郎（一九六七）『ヨーロッパ大学史研究』未來社
皇至道（一九五五）『大学制度の研究』柳原書店
高山樗牛（一九一八）『文は人なり』博文館
竹林熊彦（一九四二）「田中稲城著作集（一）」『図書館雑誌』第三六巻第六号、三八五—三九三頁
津田純子（一九八八a）「「近代的学術図書館の先駆」（＝ゲッティンゲン大学）成立についての一考察（i）」『図書館情報学会年報』第三四巻第一号、一—一〇頁
津田純子（一九八八b）「「近代的学術図書館の先駆」（＝ゲッティンゲン大学）成立についての一考察（ii）」『図書館情報学会年報』第三四巻第二号、六八—七七頁
津田純子（一九八八c）「「近代的学術図書館の先駆」（＝ゲッティンゲン大学）成立についての一考察（iii）」『図書館情報学会年報』第三四巻第四号、一五七—一六九頁
ディルセー、S、池端次郎訳（一九八八a）『大学史（上）——その起源から現代まで』東洋館出版社
ディルセー、S、池端次郎訳（一九八八b）『大学史（下）——その起源から現代まで』東洋館出版社
寺崎昌男（一九七九）『日本における大学自治制度の成立』評論社
東京大学百年史編集委員会編（一九八四）『東京大学百年史　資料一』東京大学出版会
東京大学百年史編集委員会編（一九八五）『東京大学百年史　通史二』東京大学出版会
永峯光名（一九六八）「姉崎正治先生と図書館」『図書館雑誌』第六二巻第五号、一〇—一八頁
中山茂（一九七八）『帝国大学の誕生——国際比較の中での東大』中公新書
中山茂（一九九三）「日本の高等教育に対する西洋のインパクト」アルトバック、P、G、セルバラトナム、V編、馬越徹、大塚豊監訳（一九九三）『アジアの大学——従属から自立へ』玉川大学出版部、二〇九頁
野々村一雄（一九七八）『学者商売』新評論
波多野賢一（一九四二）「和田万吉先生伝—協会創立前後並びに大学図書館奉職当時の（二）」『図書館雑誌』第三六巻第六号、三九三—四〇〇頁

ベン＝デービット、J、潮木守一／天野郁夫訳（一九七四）『科学の社会学』至誠堂
プラール、H-W、（一九八八）『大学制度の社会史』法政大学出版局
水野亮（一九七四）「姉崎図書館長の思い出」、姉崎正治先生生誕百年記念会編『姉崎正治先生の業績――記念講演集・著作目録』姉崎正治先生生誕百年記念会／東京大学出版会、六七―八三頁
文部省編（一九一二）『図書館管理法』金港堂書籍
弥吉光長（一九八七）「和田図書館学の実証としての欧米図書館の視察」『図書館学会年報』第三三巻第一号、一六―二二頁
ルドルフ、F、阿部美哉／阿部温子訳（二〇〇三）『アメリカ大学史』玉川大学出版部
ロースティーン、S、長沢雅男訳（一九七九）『レファレンス・サービスの発達』日本図書館協会
和田萬吉（一九一〇）「欧米図書館の現況一班」『図書館雑誌』第一一巻、一―一四頁
『資料臨時教育会議　第四集』（一九七九）文部省
「大正十二年九月二十七日　第一回商議会記録」
「常盤繁」ウィンザー、J、藤野幸雄編（一九八四）『図書館を育てた人々　外国篇Ⅰ　アメリカ』日本図書館協会、二七―三四頁
「竹内悊」デューイ、M、藤野幸雄編（一九八四）『図書館を育てた人々　外国篇Ⅰ　アメリカ』日本図書館協会、七五―八四頁
Danton, J. P. (1963) *Book Selection and Collections: a Comparison of German and American University Libraries*. Columbia Univ Press, first edition.
Edelman, H. and Tatum, M. (1976) The development of collections in American university libraries. *College and Reseach Libraries*, Vol. 37, pp. 222–245.
Hamlin, A. (1981) *The University Library in the United States*. University of Pennsylvania Press, 1981.
Kraus, J. W. (1972) The book collections of early American college libraries. *Library Quarterly*, Vol. 43, pp. 142–159.
Kunoff, H. (1982) *Foundations of the German Academic Library*. Amer Library Assn.
Lyle, G. (1961) *The Administration of the College Library*. Wilson, 3rd edition.
Shiflett, O. L. (1981) *Origins of American Academic Librarianship* (*Libraries and Librarianship*). Ablex Pub.

Wehmer, C. (1964). The organization and origins of german university libraries. *Library Trends,* Vol. 12, No. 4, pp. 491–512.

Works, G. A. (1927) *College and University Library Problems,: A Study of a Selected Group of Institutions Prepared for the Association of American Universities.* American library association.

Ordnungen der Universitätsbibliothek zu Kiel. Serapeum: Zeitschrift für Bibliothekwissenschaft, Handschriftenkunde und ältere Litteratur: im Vereine mit Bibliothekaren und Litteraturfreunden, Vol. 8, pp. 1–, 1847.

おわりに

現在、大学図書館は大きな変革を求められる中で、自らの役割や歴史を見返す必要が生じている。そこで本書では、大学図書館の原点に返り、特に一九〇〇年頃から一九四一年までの東京帝国大学図書館について、大学教員にとって知識の基盤として図書館が持っていた役割を解明し、現在の大学図書館の原型を導出することを目的とした。そのために、東京帝国大学の附属図書館だけではなく、部局図書館とその両者を含んだ図書館システムを対象に検討を行った。その際、東京帝国大学の教員にとっての知識の基盤としての役割を担い、そして当時の図書館に必要不可欠な蔵書に着目した。本書の目的は以下である。

・東京帝国大学の教員の研究にとって大学図書館システム、特にその蔵書とはどのような存在であったか。

まず、大学における図書購入の主体と大学、そして大学図書館の制度について検討し、部局図書館の典型である分散型の文学部心理学研究室図書室と集中型の経済学部図書室と中央図書館である附属図書館について、大学図書館に必要不可欠な要素である蔵書と、大学制度史、学問史、部局史といった蔵書を規定する要因との関係を検証した。そして、蔵書を中心に、部局と中央の図書館としての役割の違いについて述べた。次に大学内での部局と中央の関係について、図書館商議会から検討を行った。最後に、大学と図書館との関係について、大学と図書館がそれぞれモデルとした研究型と教育型の違いから検討をした。

本書のまとめ

本書では日本の大学図書館に大きな影響力を与えたモデルの一つであった東京帝国大学の図書館システムについて取り上げ、教員がどのように図書館システムを位置づけていたのかを検討し、日本の大学における図書館システムの原型の一つを明らかにした。

東京帝国大学は、分散的なシステム形態をとっており、学内の各部局図書館もそれぞれが独立して運営されてきた。部局図書館は、教員の専門研究のために存在するのではなく、各部局の学問領域についての通り一遍の図書を収集することで、部局のアイデンティティを示す図書館として位置づけられていた。教員が自分の研究で利用する専門図書は教員自らが購入し、私蔵していた。

一方、中央館である附属図書館は人文社会系の学問を重視していたが、計画的な蔵書構成は行えておらず、教員にとってはほぼ意味のない存在であった。

これらの各図書館が構築していた図書館システムにおいては、附属図書館が一定のリーダーシップを発揮しようとしても、各部局はそれについて否定的な見解を示し、逆に各部局は自分の部局の都合のいいように附属図書館をコントロールしようとしていた。教員は、自らの所属する部局を中心に考えており、図書館を全体的なシステムとして捉える視点は教員になかった。

大学全体においても、一つの中心を置いた運営という考え方は否定されていた。

図書館は、当時の教員にとっては非常に重要なツールである図書を扱う、知識の基盤として存在していた。そして、少なくとも学部や講座といった各学問の内部、そして部局図書館内では一定の学問体系が意識されていた。教員にとって、学部や講座、部局レベルでは知識はある程度共有されるものだと認識されていた。だが、教員にとって最も重要な最先端の研究についての知識（図書）は共有されることはなかった。さらに、東京帝国大学全体に通底する理念や共通の学問体系の必要性が教員に抱かれることはなかった。

当時の東京帝国大学の教員たちにとっての学問とは、ドイツの近代的大学を建設した理想主義者たちやアメリカにおける一般教育の推進者たちが描き、描こうとした一つの学問体系に基づいたものとはひどく異なっていたといえるのではないだろうか。明治政府は富国強兵の旗印の下、体系としてではなく、様々な国から目的に応じて個々バラバラに実学として学問を輸入した。そして、大学の中に「独立国家」である学部や講座を設置し、それぞれのテリトリーで研究者は細分化専門化していった。その結果、教員はある分野の専門家として大成したとしても、自分の専門的な分野の蔵書は私蔵してしまい、図書館を通じて他者に公開して知識を共有するなど、学問全体の有機的なつながりを構築することもついになかったと考えられる。

今後の課題

本書は、東京帝国大学において複数の図書館からなる大学図書館システムがどのように位置づけられているのかについて検討した。

だが、戦前の大学図書館や研究者の知識の基盤についての研究は端緒についたばかりで、山積する課題は多い。今後の検討の方向は主に三つに分けられる。

まずは、図書の利用についてである。本書の第2章、第3章、第4章では、図書館の蔵書の構築を中心に検討し、各教員の学問の知の基盤がどのように整備されたかについて述べてきたが、蔵書が実際にどのように教員に利用されていたのかについてはあまり触れることができなかった。今後、蔵書の利用実態を検討していくことで、知の基盤という制約の中で、学問の蓄積がどのようになされ、新しい知へ展開していったのかを明らかにすることができる。おそらく、それはクーンの通常科学化への動きやパラダイム転換、フーコーの述べる認識の断層、ラトゥールの実験室人類学などの成果も視野に入れた展開となるだろう。具体的な手法としては、文献の丹念な読解だけでなく、引用分析、テキスト分析といった計量書誌学的な展開も必要となるだろう。

次に、教員の私蔵書や丸善をはじめとする書店、帝国図書館や公共図書館といった大学図書館外の環境が教員にとってどのような役割をしていたのか、についてである。これまでの章で教員の私蔵書が研究においては重要な役割を果たしてきたことは間接的に示した。それに関して、より詳細に検討する必要がある。例えば、心理学研究室の千輪文庫など、歴代の教員が大学に残した図書を検討するなどの方法が考えられる。ただし、教員は大学に蔵書を寄贈する際にも、最も重要な図書については寄贈していない可能性があり、それに留意しつつ検討する必要がある。

書店についても、見計らい図書を通じて図書館の蔵書に大きな影響を与えていることが明らかとなった。書店の多くは明治時代にでき、徐々に成長していった。そして、すでに述べたように丸善は、教員から依頼されれば、神田の古書店街で図書や資料を探し回ることまで行っており、洋書の輸入にとどまらず、図書館的な機能まで持っていた（丸善、一九八一、九〇三頁）。こういった書店や、見計らいのプロセス、選書法などについて、書店に残された資料や当時の関係者へのインタビューなどを通して検討していく必要がある。また、帝国図書館は大学生がよく利用しており（高梨、二〇〇八、二〇〇―二〇一頁）、学術的な図書の収集もある程度行っていたと考えられる。こちらも、本書で培った手法を用いて、同様の蔵書の検討が必要となるであろう。

そして、最後に、本書で主に焦点を当てた教員に続く大学図書館の利用者であり、将来、教員となる可能性を持つ学生がどのように図書館を位置づけていたのかについてである。第3章の経済学部図書室の検討において見た、ヴェンチヒの提言をきっかけに教育のための図書室の必要性が求められていたこと、あるいは第4章では、教科書のほかに授業で参考とする指定図書が附属図書館に設置されていたことは述べた。だが、今後はこれをより発展させて、指定図書とまではいかなくとも授業と関係する図書、あるいは「教養」を学生が身につけるものための基盤としての図書館の役割について述べていくことが必要となる。そこで、重要となる要素は助手という存在である。助手は、多くの部局図書室では蔵書の構成や実際の管理や学生の利用指導についても関わっており、学生の図書館の意識の形成に大きな影響を与えたと考えられる。

現代に比べ、海外から知識の移入が難しい時代において、教員の知識の基盤としての図書、そしてそれを管理する図書館や書店といったものの役割は、現代より大きな意味を持っていた。この図書や図書館をめぐる問題は、ひいては日本における知識の全体構造というものを明らかにすることに通ずる。本書がその最初の一歩となることができていれば、幸いである。

引用・参照文献
高梨章（二〇〇八）『図書館・アーカイブズとは何か、明治・大正期の「帝国図書館」素描』藤原書店、一九六―二〇三頁
丸善（一九八一）『丸善百年史　下巻』

あとがき

本書は筆者の東京大学大学院教育学研究科に提出した博士論文に、大幅に修正を加え、平成二七年度愛知淑徳大学出版助成を受けて刊行されるものです。

本書は図書館についての研究ですが、ここでは、本文で十分に触れられなかった、より広い文脈に位置づけた場合に有する射程について簡単に述べてみます。

学問において、図書とそれを扱う図書館に類する組織は長い間重要な役割を担ってきました。例えば、ある学説を理解するためには、その学説を唱えた人物から直接教えを乞うことがまず考えつきます。また、その学説を理解しているとする人物から教えを乞うこともできます。ですが、その学説が遠い昔に唱えられたり、遠い異国の地で唱えられたりする場合、直接教えを受けることはできません。その学説を理解しているとする人が本当にそうなのかも定かではありません。一方、学説を唱える側にとっても、学説を自分の考えた通りの形のまま広めることができるかは大きな課題です。そして二〇世紀の分析哲学などは文字や言語が価値中立的な透明なメディアではないことを明らかにしています。つまり学説が文字や言語をもとにして、図書というメディアで伝えられるかぎり、その過程で何らかの変容を被ることは避けられません。

しかし、学説を提唱・拡散する側と理解する側の両者にとって、文字を使った図書とそれを収集・保存・提供する図書館のような場は、もっとも利用しやすく信頼できる存在として位置づけられてきました（もっとも、図書や図書館自体が権威化し、一人歩きすることでいささか信頼が傷つく場面もありましたが）。

そして、その図書は単純に抽象的なものとして存在しているのではなく、そこには言語や版刷の違いがあり、さらに内容が全く同じであっても、それが存在する場所（現代ならば、書店や図書館、研究室、家庭など）や、置かれる場所（書棚など）の蔵書構成の違いなどの外部要因によって、その図書の位置づけは変わります。

例えば、ある図書Cが、Aという図書館とBという図書館にそれぞれ所蔵されているとき、A図書館の図書Cも、B図書館の図書Cも、内容はもちろん全く同じです。しかし、その図書Cを取り巻く蔵書構成の違いによって、A図書館の図書Cと、B図書館の図書Cは異なる存在になります。

つまり、図書とは、同じものであっても、それが置かれる状況によって、その位置づけがそれぞれ異なるという特徴を持つメディアなのです。

こういった特徴を持つ図書とそれを収集する図書館を扱えるのが図書館情報学であることは、目録作成のための概念モデルであるFRBRからも明らかです。FRBRは三つのグループの実体群からなっています。第一のグループは、著作、表現形、体現形、個別資料からなります。これは、「抽象的な著作が手元の一点ずつの情報資源として具体化される過程に沿って捉えられたモデル」であり、著作が学説にあたり、個別資料がそれぞれの図書館などにおいて具体的に所有された一点一点の図書にあたります(1)（所有者についても他の実体での規定があります）（谷口、二〇一三、一九—二四頁）。このように、図書館情報学においては、学説という抽象的なものの存在だけではなく、それが現実に存在する一冊の図書としてどこに所有されているのかまでを必ず検討することが求められています。影浦峡も「手続きとしての図書選択論だけではなく具体的な蔵書に関わる蔵書構築論が図書館情報学の重要な課題であることは、このような［社会に実際に存在するものを扱う——引用者注］図書館情報学の位置づけを典型的に表している」と指摘しています（影浦、二〇一四、一〇頁）。

また、図書館情報学における十進分類法などの分類法は、すべての図書を分類することが形式上できます。図書館はそれぞれの分類に当てはまる図書を満遍なく収集することで、「すべての知識」を図書館という一つの枠組みのなかにおさめることができるのです。つまり、もし物理的・予算的制約がなければ、理論上は、無限の学問的広がりを図書館は包含できるのです。したがって、現在も広がり続ける学術知識の全体像を、図書館は歴史的に常に体現してきたといえます。もちろん、新たな知識が出現するたびに、既存の分類は改訂されてきています。それでも、図書館と分類法は共犯関係を紡ぐことで、そこにすべての知識が包含可能であるというイメージを担保してきました。

こうして、図書館情報学は、分類法によって学術知識の全体像を描き、蔵書によって知識の現実的存在様態を明らかにする学問であることがわかります。

そして、学術知識が最も生産・消費されてきた場所は、特に近代以降は、大学であると考えられます。大学においては、研究によって学術知識が生産され、それが教育によって伝達されます。特に日本では、後発国としての特殊性から、東京（帝国）大学に学術知識の集中化が図られていました。もちろんこれに対抗する形で京都（帝国）大学をはじめとする旧帝国大学や早稲田大学、慶應義塾大学をはじめとする私立大学も存在していました。しかし、学術知識の構築のためには、これらの大学も東京（帝国）大学を常に意識せざるをえませんでした。したがって、学術知識や図書の取り扱いにおいて特権的地位にあった東京帝国大学の図書館にこそ、近代日本の学術知識の様態が可視化されているといえます。

そして、ここまで示してきたような特徴を持つ図書館情報学こそが、こうした図書館における知識の様態について、その全体像と歴史を踏まえながら論じることができる学問なのです。

もちろん、それが可能なのは図書館情報学のみではない、という批判もあるかと思います。しかし、図書館情報学が、単に図書館の実践を擁護するための学問や司書教育課程ではなく、他の学問と同じ土俵に立つ学問であることを示すことができれば、筆者の試みはとりあえず成功したといえます。特に、これまで図書館に関心がなかった人たちが、本書を通じて図書館情報学に興味を持ってもらえたならば、「はじめに」で少し触れた図書館に関する議論をより一層生産的なものへと高めることにもつながると思います。

以上、本書の位置づけを簡単に述べましたが、最後に謝辞で本書を締めくくりたいと思います。本書を執筆するにあたっては、様々な方々のご助力をいただきました。まず、指導教員である根本彰慶應義塾大学教授には、本書の全過程においてご指導をいただきました。影浦峡東京大学教授、東京大学大学院教育学研究科図書館情報学研究室の院生の方々には、本書の論理構成等についてご指摘をいただきました。小国喜弘東京大学教授、橋本鉱市東京大学教授、牧野篤東京大学教授には、博士論文の副査として有益なコメントをいただきました。三和義秀愛知淑徳大学教授、佐藤朝美講師、浅石卓真助教をはじめとする愛知淑徳大学人間情報学部の教員の方々には、出版にあたり多大なるご援助をいただきました。薄久代氏には、東京帝国大学司書時代の貴重なお話を聞かせていただきました。東京大学総合図書館には、貴重な史料の提供をしていただきました。東京大学文学部心理学研究室の方々、特に事務の萬木・赤松両氏には、購入目録をはじめとする心理学研究室の貴重な資料を閲覧させていただきました。東京大学出版会の木村素明氏には、本書の出版に当たって様々な面から御助力いただきました。これらの皆様に厚く御礼申し上げます。そして、なによりもいつも自分を支えてくれた両親と家族、美しい花の名前を持つＳ・Ｋに本書を捧げたいと思います。

注

（1）第二グループは、第一グループの表現者や所有者にあたり、第三グループは、著作の主題を表現するものにあたります。

引用・参照文献

影浦峡（二〇一四）「1.1 知識・情報・言語」根本彰編『シリーズ図書館情報学1 図書館情報学基礎』東京大学出版会、一一一頁
谷口祥一（二〇一四）「情報資源組織論I――資源組織化」根本彰／岸田和明編『シリーズ図書館情報学2 情報資源の組織化と提供』東京大学出版会、一五―六〇頁

人名索引

ま　行

や　行

わ　行

事項索引

著者紹介
1982 年　東京都生まれ
2005 年　東京大学文学部卒業
2013 年　東京大学大学院教育学研究科博士課程単位取得退学
同　年　東京大学大学院教育学研究科特任研究員
2014 年　東京大学博士号（教育学）取得
現　在　愛知淑徳大学人間情報学部講師

主要著作・論文
『図書館情報学教育の戦後史』（分担執筆，ミネルヴァ書房，2015 年）
「東京帝国大学図書館組織内における附属図書館の位置づけ」（『図書館情報学会誌』58 (2)）
「図書館商議会の運営からみる東京帝国大学図書館の中央と部局の関係」（『図書館情報学会誌』56 (3)）

東京帝国大学図書館
図書館システムと蔵書・部局・教員

2016 年 3 月 10 日　初　版

［検印廃止］

著　者　河村俊太郎《かわむらしゅんたろう》

発行所　一般財団法人　東京大学出版会
代表者　古田元夫
153-0041 東京都目黒区駒場 4-5-29
http://www.utp.or.jp/
電話 03-6407-1069　Fax 03-6407-1991
振替 00160-6-59964

印刷所　株式会社三陽社
製本所　牧製本印刷株式会社

ISBN 978-4-13-003600-9　Printed in Japan